地名の研究

柳田國男

講談社学術文庫

自　序

始めて自分が日本の地名を問題にしたのは、この本の中にもある田代・軽井沢であった。田代がどこに往ってもかなりの山の中にばかりある理由が何かあるらしく思われたのが元であった。算えてみるともうその頃から、優に三十年を越えている。三十年もかかからなければ一冊の本も出せぬような、大きな研究項目ではもちろんない。むしろあまりに小さくかつ煩瑣なる仕事であるがゆえに、多くの人がこれに入ってみようとしなかったのである。私は境涯と資性と、ともにおそらくは誰よりもこれに適していると信じたので、さまでの努力を要せずに自身衆に代ってこの労務に服せんとしたのであるが、それでもなお中途幾たびとなく休息し、また往々にして決意の撓むことを免れなかった。今頃これくらいのものを纏めて世に問うことは、少なくとも内に省みて自ら責むべきものあるを感ずる。

我々の仲間では、問題解決の主要なる動力のいつでも外にあることを認めている。いかに不退の熱心をもってじっと一つの不審を見つめていようとも、いまだ時到らずして依拠すべき若干の事実が見つからない限りは、その疑惑はなお永く続かなければならぬのである。各人の刻苦の効を奏する途は、練習によってできるだけ敏活に、必要な知識の所在を突き留め、またその一片をも無用に放散せしめず、それぞれの役目を果さしめるより他にはない。

そうしてこの間における学問の楽しみは、不十分な資料によってかりに下したる推断が後日これを検してまさしくその通りであったのを知ること、及び問題を愚痴雑駁なる附随物から切り離して、最も簡明また適切なる形として他の同志に引き続ぐことにあるのである。自分などもただこれを温かい日の光と仰いで、広い野外にひとり働いていたのであるが、年を取るにつれてこの心持が少し変って来た。まことこの問題が次に来る日本人にとって、必ず究明せられねばならぬ好い問題であるかどうか。今日の仮定説の果してどの部分が、中らなかったねと言って笑われることになるのであろうか。それがだんだんと心もとなくなって来るのである。この際に当ってわが山口貞夫君が、自身この『地名の研究』の全篇を精読せられたのみならず、これを総括して改めて世に遺すことを慫慂せられ、さらにその整理校訂の労までを引き受けてくれられたことは、自分としては抑制しあたわざる欣喜である。望むらくはこの少壮地理学者の判断と趣味が、やや多数の新時代人と共通のものであって、必ずしも好むところに偏したものでなかったことを、この書の寿命によって証明するようにしたいものである。

　地名は数千年来の日本国民が、必要に応じておいおいにかつ徐々に制定したものである。その趣意動機の千差万別であるべきことは始めから誰にでも判っている。それをアイヌ語ならアイヌ語のただ一側面ばかりから説こうとすれば、かりに論理は誤っていないにしても、なお脱漏がありまた強弁があることは免れない。私の地名解は年数が永いだけに、自分の知識のいろいろの段階が干与している。ある時は旅行で得た直覚、またある時は方言や口碑の比較の間からも暗示を得、中にはまた文庫の塵（ちり）の香の芬々と鼻を撲（う）つものもなしとしない。前後に幾多の態度の矛盾があるが、それはまた地名発生のいたって自由なる法則とも相応している。その上に根本において、これを設けなしたる人生が、終始裏附けをしているという一点だけは、忘れぬように心掛けていた。その人生を明らかにすることが、実は地名を研究する唯一の目的ということも、見落してはおらぬつもりである。だから一部分の失敗によって、この巻の全部の意義を、揺がされるような懸念はないと思っている。郷土の昔の姿を知ろうとする人々には、前駆者の蹉跌（さてつ）もなお一つの経験となるであろう。従うて著者は決して満幅の信頼を期待してはいない。むしろ犀利（さいり）なる眼光をもってこの書の弱点を指摘せられる読者の、できるだけ多からんことを熱望しているのである。

昭和十年十二月

目次

地名の研究

自序　3

地名の研究

地名の話

一

三年ばかり前のことであった。山上氏の手紙の中に、確か神保（小虎）氏の話であったかと思うが、日本の地名には意味の不明なものがはなはだ多い。アイヌなどとは大いに違うと平生いっておられるということを聞いた。この一言は予にとっては感謝すべき刺戟であった。又聞きであるからもちろん趣旨を間違えているかも知れぬが、自分はこの言葉をこう解した。日本内地における地名の大多数は、今まで学者先生の研究ではまだ説明することができないものが多い。これをだんだん研究し説明して行くならば、将来地理学上・言語学上むしろ広く文化史学上に大なる利益があるであろう。おそらくはこういう意味かと解釈した。前申すまでもなく地名は人の附けたものである。日本の地名は日本人の附けたものである。前住民が附けたとしても少なくとも吾々の採用したものである。新たに附けるのも旧称を採用するのもともに人の行為である。すでに人間の行為であるとすれば、その趣旨目的のないはずはない。近世のいわゆる風流人の中には退屈の余りに、何々八景とか何々十二勝とかいう無用の地名を作った人もずいぶんあるが、未開人民にはそんな余裕がない。すなわちもともと人の必要から発生した地名であるとすれば、人間生活との交渉が何々八景・何々十二勝よりもいっそう痛切であるべきはずである。またかりに前住民の用いたものを踏襲したとしても、その相続は吾々が野原で矢の根石を拾うなどとは事変り、幾度か耳に聞いてこれに習熟しなければならぬ。すなわち二個の民族が同じ土地に共棲(きょうせい)しておったことを意味するのである。非常に重大なる史実を傍証するものである。語を換えていえば、意味がないという事実は、とりも直さず大なる意味を含んでいるものといい得るのである。

しかしながら、国民も個人と同様に、年を取ると物忘れをする。今ここに吾々が僅々(きんきん)百部内外の古書、『日本紀』とか『古事記』とかの古い書物を持たぬとすると、千年以前の日本人の生活の中で、今日吾々の記憶し自覚し得るところのものは果して幾許(いくばく)であろうか。しかもその世に遺っていた古書とても決して普遍周到な全国民の記述ではなかった。社会の上層下層に平均してはおらぬ。いわば都会に濃厚で田舎(いなか)に稀薄(きはく)であること、昔は今よりもいっそう甚だしいのである。ゆえに昔は最も通俗の日本語であったのを、吾々がとんとどう忘れをしているものがあるかも知れない。従って一つの地名が一見して意味が分らぬといっても、すなわち自分の所有物と言う記憶がないからといっても、これによってただちに他所(よそ)からの借物であると断言することは、注意深き老翁(ろうおう)のあえてなさざるところであると思う。しかるに現代語ですら解釈のできる地名さえ、とかくよそからの借物と認めたがる人の多いのは不思議な現象である。

自分は永田方正氏の『蝦夷語地名解』を熟読した。なるほどアイヌの地名の附け方は単純にして要領を得ている。彼等は長い地名をも意とせずに附けている。十シラブル十五シラブルの地名を無頓着に用いている。これに反して吾々の祖先は、夙くから好字を用いよ嘉名を附けよという勅令を遵奉して、二字繋がった漢字、仮名で数えても三音節、ないし五六音節までの地名を附けねばならなかった。そのために元来はさほど下手でなくても、いかにも痒い所に手の届かぬというような、多少謎に近い地名の附け方をするようになったのかも知れない。たとえば横田という地名がある。それは何の横にあるのかまた田地が横に長いというのか分らぬ。つまり主たる語を二字とか三字とか合わせただけであるために多少曖昧な地名が多くなった。日本の地名の意味が分りにくいのは、一つは法令の結果だろうと思う。

しかしながら二種の民族の地名の明不明は、決してそう無造作な理由のみで説明することはできない。もっと根本的の理由がなければならぬ。試みに彼と此とを比較してみるに、第一に考えねばならぬのは地名の数である。もちろんアイヌの地名は永田氏の著がその総目録ではあるまい。がとにかくにその広い面積に割り当ててもきわめてわずかのもので、しかもその中には驚くべき類似と重複とがある。これに反して内地の方の地名の数はこれに数百千倍している。何山とか何川とか言う山川の名前は別として、単にある一定の地域に附与せられた名称のみでも四十六府県七十市五百余郡のほかに、いわゆる新町村の数がまず一万二千、その町村の大字が多い町村と少ない所とあるが、明治十九年の表によるとだいたい十九万はある。その他に東京、京都のごとき大市街の町の数が約一万ある。右の十九万の町村大字はすなわち以前の村であって、さらにこれが字（あざ）に分れている。字はごく概括的の話をすると多い村には一箇村に百ぐらい、少なくても三四十を下る所はないのである。ほぼ平均五十と仮定しても全国に約一千万の字があるのである。その字の下には地方によっては小字（こあざ）がある。それがまた一つの字に五つも六つもある。あるいはもっとある所もある。また小字を中（ちゅう）字（あざ）と名づけ、さらにその下に十くらいの小字のある地方もある。

これら地名の数はもちろん人口の多少と比例しているものであろう。北海道には事実上の人跡未踏の地が今日でもあるということだが、内地では富士山の絶頂までもいずれかの町村の大字に属している。ゆえにかくのごとく多いのである。しかしなお別にまだ有力な理由がなければならぬ。それはいうまでもなく土地利用の状態いかんである。たとえば定住産業に従事せぬ人民は土地を区劃する必要がないので、土地の命名は等しく生活の必要に基くとしても、狩猟や採取またはそのための旅行の目的のみに土地を使用している者には、地名を附ける必要は単に目標用である。甲の地と乙の地とを区別しておけばそれでよろしいのである。これに反して一段進んで定期の占有を必要とする職業、たとえば林業・農業等に従事する者に至って、初めて細かな地名を附けて、忘れないでおくという必要が生ずるのである。

従って第二に考えなければならぬことは、命名の目的の複雑さということである。一例を言うなら同じ一つの谷川の落合でも、猟のためにその附近に出掛けるくらいの者であれば、これに川合（かわい）とか川俣（かわまた）とかいう簡単な名を附けておけばよろしい。数の観念がこれに加わっても一ノ沢・二ノ俣（また）というような名で済ましておくのである。またもう少し観察力が細かくなったところで、その辺の草木に注意して三本松とかウルイ沢くらいの名を附けておけば十分である。それが今一段進んでその辺で炭を焼く、石灰を焼くとかいう段になるとそれでは済まぬので、あるいは炭焼沢であるとか灰谷であるとか七之助竈であるとかいう名を附ける。次いで権兵衛なるものが来て切替畑を作るようになると、権兵衛切、権爺作り、権ヶ藪などの名が起ろう。また川を渡るのに初めはびちゃびちゃ水の中を歩いているが、それでは不便であるから橋を架ける。すなわちその橋の側であるゆえ新しい地名は橋本である、柴橋である。ある時馬が柴橋から落ちて死んだから馬転ばし、その馬の供養に馬頭観世音をまつると観音岩、そこに行者でもいれば行者谷というような名が附く。さらに後世風流な隠居・坊さんなどが隠居して茶でも立てて呑むようになると、とうとう村の者にも意味の分らぬ紅葉菴だの寒月渓などという名が附かぬとも限らぬ。その中にはいろいろの原因の組合せからあるいは新しい名に人望が集まり、あるいは依然として古い名を記憶していることもあって、結局同じような地形に向って新旧種々な地名が生じ、一人旅の地理学者が即座に地名の意味を会得することができるという点においては、とうていわが北方の同胞に及ばぬこととなり、さもさも物体の特性を弁別する才能を欠く者のごとく批評せらるるに至ったのは是非もなき次第である。

　地名とはそもそも何であるかというと、要するに二人以上の人の間に共同に使用せらるる符号である。これが自分の女房子供であるならば、我々は他人をして別の名称をもって呼ばざらしめる権利を有っているが、その他の物名になると、どうしても相手方の約諾を要する。早い話がわが家の犬ころでも、せっかくハンニバルとかタメルランとかいう立派な名を附けておいても、お客は断りもなくその外形相応にアカとかブチとか呼んでしまう。ゆえに一部落一団体が一つの地名を使用するまでには、たびたびそこを人が往来するということを前提とするほかにその地名は俗物がなるほどと合点するだけ十分に自然のものでなければならぬのである。これ地名にほぼ一定の規則のあるべき所以(ゆえん)であって、兼ねてまたその解説に趣味と利益とのあるべき所以である。

これから本論に入る。もし許可を得て学者臭い言葉を使うならば、元来地名の附け方には客観的と主観的との二面があるべきである。旅客その他の往来の人が通りすがりに附けて行く名前はいわゆる客観的の地名であって、そう言うのは優勝劣敗がことに甚しい。よほど顕著なる地名の特性を抽象しかつ適当に批評しておかぬと永くは残っておらぬ。吾々が友人などと遠足して興に乗じて楽屋落(がくやおち)の地名を附けておいた所などは自分でも覚えておらぬ。従ってこの種の古い地名は多くは今日に伝わらぬ訳である。別の言葉で言ってみればこれを永く伝えるためには強い人の意思が必要である。これに反して第二種の地名は人の占有経営に伴なうものであって、ずいぶん無理なこじつけの地名を附けておいても、それで押し通して永続することができるのである。ゆえに非常に片よったひとり合点の命名をしておいても、それが残って行って年月の経つとともにここにまた不明を生ずる。今日の新町村の名を見てもずいぶん気まぐれな附け方をしたのが多い。明治村や協和村の類を始めあるいは明治二十三年市町村制施行当時の社会情態を想像せしむる材料ともなろうが、十三の大字を集めて十余(とよ)

三村といったり、七つの大字を合わせて七会村といったり十一の大字で仲よく暮そうというので土睦村といったりするのは、後には何のためにこういう名を附けたのか分らぬことになるかも知れぬ。また大字の頭字を一つずつ持ち寄って名を附けている所もある。『地方名鑑』などを見るとたくさんの例がある。出雲の簸川郡日御崎の附近で鵜峠・鷺浦の二大字を合わせて鵜鷺村というのがある。もっと甚しい例は甲州の北巨摩郡に水上・青木・折居・樋口の四つの大字で水と青という字を合わせて清、折と口を合わせて哲、清哲村とした。これなどは他日清哲という坊さんでも開いたということになるかも知れない。政治上の力によった地名は何といっても仕方がないのであるが近い処では横浜の町と遠い所では大連の町の名を見ても、どしどし新しい地名を附けてしまった。昔もそういう例がたくさんあったのである。たとえば『和名鈔』の郷名を見ても建部とか壬生とかその地に土着した人の姓をもって郷の名にしている。しかし私の仮定説ではあるが、これはおそらくわが国本来の風ではなかったろうと思われる証拠がある。すなわちこれらの地においては郷名として特に名家の姓を採用したことあたかも大連の児玉町・乃木町と同じである。また足利末の新大名が城を築くに勝山とか勝尾とかいう縁起の好い字を選びあるいは福徳鶴亀などを山、もしくは岡の字に結びつけて城の名にしたものが諸所に見られる。それからまたすでに存在している地名を改正あるいは廃止したのもある。廃しただけならまだよろしいが殿の仰せでお前の村名をこう取り替えよと定められたこともある。このために古い地名の消滅したのもまた多いかと思われる。しかしこれとてもつまりは生活上の必要に基かないのはないのである。気儘な御大名の気まぐれな思附きでも一方から見ればその大名の好事心、世話焼心を満足せしめたという結果があり、他の一方から見れば地頭殿の御機嫌を損ずるという危険を避ける生活上の必要があったので、言わば土地命名の動機がだんだん複雑になって行く一つの例と見られるのである。

これと似たのはいわゆる客観的地名すなわち外部の指称の勝利、これに対する主観的地名の敗北である。これは交通の盛んでない時代には、ほとんど経験するあたわざりし現象であった。一例を言うと出羽の庄内鶴ヶ岡である。これはツルガオカであるが、諸方から入り込む人がツルオカと呼ぶために今では土地の人までも自らツルオカというようになってしまった。大和の月ヶ瀬のごときも月瀬が本当であろう。拙堂の文章などから誤られたのかも知れぬ。山陽の紀行が一たび出てからは、豊前の山国谷は土地の車夫までが耶馬渓というようになった。小豆島の寒霞渓なども神掛とはいう者が少なくなったろうと思う。木曾の福島はフクジマと濁って上声にいうべきであるが、今日は岩代の福島などと同じになってしまった。人の苗字にも同じような誤りがいくらもある。誤って呼ばれるのは迷惑千万であるがつまりは商売人や宿屋の亭主の身としてはやたらに言葉咎めをしては商売が繁昌せぬゆえに、よんどころなくお客の良い加減な判断に従ってしまうので巧みなる土地繁栄策の一つかも知れぬ。今一つの理由としては田舎の人はとかく自信がなくて、古く自分どもの呼んでいる言葉も、都人士が呼ばぬところを見ると、あるいはいわゆる訛言葉かも知れないとすこしく心細くなって、他人の言うに従ってしまうということもあり得るのである。ところが外部の人ことに一知半解の旅客などの地名の呼び方は勝手至極なものであって多くは文字に基いて智慧相応の呼び方をしている。たとえばここに有名なある一つの金沢がカナザワと唱えていると、他の金沢でカネザワ、コガネザワ、キンザワというべき所があっても、ことごとく皆これをカナザワと言ってしまって、そのために本来の意味の分らなくなることがずいぶんある。元来字や小字の名は久しい間人の口から耳に伝えられていたもので、適当な文字はなかったのである。しかるに地図ができて文字を書き入れなければならぬようになって村の和尚などと相談してこれをきめた。その文字は十中の八九までは当字である。しかも大小種々なる智慧分別をもって地名に漢字を当てたのは近世の事業であって、久しい間まずは平仮名で通っていたものである。しかるによし来たと『康熙字典』を提げてその解釈に従事せられるのは聞えぬ。自分等が少し珍しい地名を人に言うと、誰も彼もいい合わせたようにそれはどんな字を書きますかと聞かれる。そのどんな字がはなはだ怖ろしいのである。

以上列挙したほかにもまだいくらも理由があろうが、要するにその意味の不明に帰しやすいことしかもその不明に帰しやすき意味を討究する面白味の多種多様であるのは、一定の地域に与えられた名称である。自然の地形に与えられた名称でなく、人の考えをもって区劃した若干の面積に対して与えられた地名である。厳格なる意味における土地経営の始まってから後のものである。すなわちアイヌのいまだ到達せざる境涯における命名である。

二

私が説きたいのは主としてこの種の地名であるが、順序としてその前にすこしく第一期の地名のことをいいたいと思う。何ゆえにそれを言わなければならぬかというと、地名には一種の拡充性ともいうべきものがあるからである。最初は一地点または一地形に附与した名前を、これを包含している広い区域にも採用して行く風習があるのである。たとえば女夫岩（めおと）という二つの岩の屹立（きつりつ）している所があると、それに接続している数町歩の田畑または村里の字（あざ）をも女夫岩という。ドウメキ、ザワメキ、ガラメキなどはもと水の音を形容した地名であるが、瀬の早い川の岸にある部落または田畑で百目木（どうめき）、沢目鬼（さわめき）などという例はいくらもある。その次に今一つの特性として開墾の後までも、その土地の経営が始まらぬ前からある地名を踏襲して行く風がある。踏襲性ともいうべきものである。すなわち久木野とか柚原とかいう村はもとその名の原野があって、開墾土着の後まで旧地名をそのまま採用したのである。何久手（くて）・何沼・何々ドブという地名も田地になる前の湿地の地名を踏襲したものである。以前の人口のごく稀薄な平原に入って開墾するとか、または今までなかった海岸・寄洲（よりす）に埋立新田を開くというような場合に至って、始めて新たに字・小字を製造する必要を見たのであった。最初の土着者は他日人口が殖えて分区・分村の必要を見るまでは、地名などのために心力を費すだけの余裕がない。無造作を専一とした。村の字の多くがいわゆる客観的地名と似ている理由は、まったく右の拡充性と踏襲性との致すところである。

　しかるにこの類の地名の中にも今日となっては意味の分らぬものがたくさんになって来た。その原因は一言もってこれを蔽えば単語の忘却である。老人の物忘れである。日本語の中にも山川地形を現わす言葉はまさしくその目的物の数だけあって、また相応に些細な特色について区別的命名をすることは怠らなかったのである。ただいかんせん京都附近の地形は比較的単純で、北野とか東山とか、名のみ立派でも変化に乏しくかつ小規模であった。しかも著述でも世に遺そうという人に、忠実なる旅行家が不幸にしてなかったのである。藤原実方が歌枕を見て参れと奥州へやられた事実は非常に悲しむべき不幸と考えられた。歌枕を見て来るとは、和歌に用いられる地学上の用語を実物と比較して研究することであって、今日の学問から言えばむしろ名誉なる事業であるが、実方はそのために恨み死をして雀になったのである。この状態であるから『新撰字鏡』とか『和名鈔』とかいう平安朝の語彙の中には、山扁土扁などの語ははなはだ少ないので、せいぜいで五十か七十はあろうが、それすら後世の文章や歌などには半分も使用されておらぬ。しかし田舎に行ってみるとかくのごとき名詞はまだ口語としてたくさん残っている。ただ口語であるために地方的の異同がかなり烈しい。のみならずこの種の地方語はいわゆる田舎言葉としておいおい擯斥せらるるようになった。今日でも府県郡の教育会の人たちの中には、単に東京のごとき新しい砂原の中で使用せられておらぬということを理由として、ややもすれば地方在来用語の使用を廃してしまおうとするのである。いわゆる方言矯正の事業はいかにも有害な殺伐なるありがた迷惑極まる事である。それがためにせっかく地学の研究は発達しても、諸君はまずもって漢語を二字ずつ繋いで使うために、非常なる難儀を見なければならぬ。新しい学問を国語で学ぶというありがた味は、何だか大分減少するようである。

　もっともよく気をつけて見ると、今日からでも地理学の教科書に採用して頂きたい言葉が全国にわたってたくさん残っているのである。それは今晩の問題ではないが、ホンの一二例をいうと、たとえば河内・水内等という語である。河内はコウチ・カワチ・カッチなどと発音して、地方により音韻上の小異はあるけれども、意味は常にいわゆる盆地すなわち渓間の小平地をいうのである。タワ・タオ・トウというのは山峯続きの中で、両側の谷の最も深く入り込んで嶺のそのために低く残っている部分、従って山越に便なる箇所である。陸軍などの人は御職掌がらか鞍部と言われている。タワ・タオのごときはいわゆる標準語として承認せられたことのある語で、『新撰字鏡』にも出ている。それから川底の低下によってできた谷の両側の高い平地、諸君が段丘などといいあるいは外国語のままでテラッセなどと仰せある所、あれはハナワまたはウワノである。塙と書き上野とも書く。それから海岸でも山の中でも水流の屈曲によって造ったやや広い平地で、従って耕作居住に適した所をふくれるという意味から福良といっている。それと同じように水の動揺によって平らげた岸の平地を由良とか由利とかいっている。すなわちユラグ、ユルなどという言葉が転じたのである。それから山中で少しく平らな所をナル・ナロと呼ぶ。ナラスということで、大和の奈良を平城と書くのも同じことである。また谷川の両岸の山の狭まっている所をホキ・ホケ・ハケという。

これは今中国四国などに残っているが大分広い区域にわたっている。吉野川の大ボケ小ボケなどはその一例である。東北その他の地名にノゾキという地名がある。山形県の最上から羽後の院内へ越えようとする所の小さい停車場などもその一つであるが、ノゾキは本来野のソキすなわち境上の原野ということである。こういう言葉はまだたくさんにある。おいおい再度の採用を願いたいと思う。あるいはそんな古臭い言葉は新しい学問に適しないといわるればそれまでであるが、支那でも日本でも流行せぬ新熟字の漢語を苦しい思いをして案出するよりは少しばかり賢くはないかと思う。これらの地理上の語は今日普通名詞として存在する地方ではいずれもかなり適切にこれを地名に用いている。この事はアイヌなどとよほど似ているのである。すなわち最初普通名詞として無邪気に用いていたのが、いつとなく文法書にいわゆる固有名詞と変って行きつつあるのである。吾々が始めて土地に名を附けた時には名詞の普通・固有の区別などはなかった。たとえば海岸に近く島が一つあるとそれを島と呼ぶが、二つ並んでいると区別をしなければならぬので、大島・小島とか東島・西島とか区別する。また木のある方をその色で黒島、ない方を土の色で赤島、黒島に二つ村ができれば南黒島・北黒島などと、だんだんいわゆる固有名詞らしい地名になって行く。市場などでもそうである。一つならばどこへ行く、市へ行くまたは町へ行かぬかなどといえばよろしいのであるが、二つになると布市・馬市とかあるいは市日によって三日市・四日市などというようになって、それが一つの固有名詞になる。開墾に際して新たにできた地名とても皆同じことで、初めはアイヌと同じくきわめてナイブなもので、目的は単に他と区別をすればよろしいのだから、別に装飾的意匠を必要としない限りはこれらの普通名詞の前後へちょっと何か区別の語を添えればよかった。それが占有の思想が発達していよいよ細かな分割を必要とするようになるか、または大規模の開発で一時に数十百の区劃を設けなければならぬとなるととうていあり合せの地名だけでは間に合わず、是非なくできる限りの手軽なる方法、便利なる工夫を尽して地名を決定したのである。

元来開墾の歴史は日本ほどの狭い国でも長くかつ複雑なものを有っている。一つの谷一つの入に何回も何回も開墾が繰り返されていることもある。屋敷田畑はしばしば捨てられて素地の状態に復した。これはいくらも証拠がある。ところがいずれの村でもその土着の年代の古いのをもって名聞とするから、村の伝説は皆田村将軍以前からとなっている。しかしおよそいつ頃の開墾であるかは多くの場合に地名がそれを証明するのである。等しく開墾を意味する言葉であっても、その時代と場合の異なるに従ってその名称が数十通りある。北海道に行くと何々農場という地名ができている。那須郡などの大字の地名に何々開墾というのがある。これらは最も新しい固有名詞である。それより以前最も普通のものは何々新田という地名である。新田の中でも何村新田というのは村事業としての開墾で、何右衛門新田というようなのは個人の事業である。徳川幕府領ではたしか享保度に大きな新田検注があった。ゆえにいわゆる天領・旗本領ならば新田といえばその頃以後の土着であることがわかる。越後の方では新田より一段古い新田で、古新田、外新田などという村がある。すなわちいずれも徳川期に入って後の経営に違いないがその年代に区別がある。越後ではこれら新田と併立して何々興野という地名がある。これはやはり開墾地を意味する語で、山形県・秋田県にも大字の地名が多い。宮城県に行ってあるいは同じ音で高野と書き、関東の二三地方で幸谷という文字を用いているのも同じことで、その本来相当の漢字は荒野である。これらは僧侶が学問を独占した時代あるいはそれより以前の旧ハイカラの所為で、在来の日本語を漢字のまま音読する、今も絶えない一種の趣味である。明治の初めに用掛のことをヨウケイなどといった類である。話が多岐にわたって相済まぬが上総・下総で峠と書いてヒョウというのは標の音である。標はシメである。また澪標のツクシである。これは堺ということを意味する古い言葉である。これがいつの間にか何々ヒョウと言うような音読になった。これも地方歴史または文書に与った法師などの始めたことで、越後などの何々興野と同じ例である。興野が荒野で開墾地を意味することは、確か大田蜀山の『玉川披砂』という見聞録の中に、多摩川南の関戸村の某氏の古文書中に、天文頃小田原北条家の出したもので、新宿興行に付き七年荒野申し付くる云々というのがある。すなわち資本を投じてここの新宿に土着する者の権利として、土地が屋敷または田畑となって後も七年の間は荒野同様の取扱いをしてやるという免状なのである。今日の地租条例の用語でいえば、地価据置年期に当って一種の開墾奨励策である。後世の新田にも多かったことである。また荒野の字を避けていろいろほかのめでたい字を用いたのは、荒が一方に凶作を意味する不吉の文字であるからで、飛驒の荒城郡を吉城郡と改めたのと同じ例である。

開墾奨励の他の方法としては特に租額定免の制度を永久に存続する策もあった。古くから請負場（うけおいば）または請所（うけどころ）ともいっている。また何村受・何右衛門受などいう村名は皆かくのごとき条件の下に、永久にやや軽き租額以上には増課せぬことを定められた地方を意味するのである。しかしその土地が本田同様の熟田（じゅくでん）となり、かつ権利移転が頻繁になって後は、新旧の田畑の間に賦課が不均衡であるのは経済上有害であるゆえに、できる限りは年限を設けその年限の終りに至って検注を行う代りに、それまでは無税同様にしておくというのが、右の七年荒野・十年荒野というものになるのである。開墾者の側からは年期終りの検注を縄を受けるという。何年縄とか丑（うし）年縄受などという大字の名は、この事実をもってただちに地名にしたものである。今日縄手という普通名詞なども、測地のための幹線というのが元で、長く通った道路を意味するように転じたのかと思う。

　関西地方のように早くから人口が稠密（ちゅうみつ）で一村の分限の狭い所では、開墾は奨励してもこれに伴なう分家はこれを制限する必要があった。新開地の地名として今在家（いまざいけ）・新庄家・新屋敷等のごとく、戸を標準とする地名の多いのは自然の結果である。つまりは人口増殖の圧迫の下に農民は資力の許す限り分家を造りたい。しこうして大規模の開墾事業にして始めて在家新設の特許を得たから、その地名はかかる肝要なる事実を現わしたのである。山野の豊富な関東地方には、この種の地名はどうしても少ないわけである。

　右のごとく多くの村々の名はそれぞれ開墾を意味することは同じくても、その種類によってほぼその村起立の年代とその当時の地方経済事情が分るのである。九州の南部に行くと、ほとんど各村に何々ビュウ・何ビョウという地名がある。別府と書くが鹿児島県などの発音はビユと聞える。この地名はまことに多い地名で、もし今すこし少なかったならば、あるいは昔の地方官の別荘だなどという解釈も出たかも知れぬが（『肥後国志』は現にそういっている）、幸いにしてむやみに多数である。一村に幾つもある所がある。このビュウが新開ないしは切添を意味することは今日でもあの地方の人は知っている。ただ何ゆえに新開地を別府と申すかという説明はやや複雑である。予の考えたところではビュウは今日は別府と書くが本来は別符である。符とは太政官符すなわち太政官の発した特許状を意味している。荘園の新立は必ず官符の力によったものであるが、主たる荘園のすでに十分繁栄して後に第二の官符によって附近の山野を拡張開墾するのが別符である。すなわち追加開墾特許状を意味し、さらにこれによる開墾地を意味している。追加開墾地は一段成功の困難なるものと認められ、条件はいっそう寛大にしてあったかと思う。荘園制度の初期には開墾の追加は一々別官符を必要としたために、後世領主が自己の権内において荘内の空地にこれを許す場合でも、やはりその事業を別符といったのである。元来村の戸口に比較して素地の広い場合に、条件を寛大にして新田を奨励するのは元は平民一般の競争を誘うためであったのだが、人間は今も昔も同じことで、利益があれば勢力者がこれを壟断するのは珍しくない。事実においてその別符も社寺または領主の近親重臣輩の抱地になって百姓は依然として普通の重い下作料を出した。関東では九州のビュウに当る土地は皆別所と言う。武蔵などはことに多い。『新編風土記』の著者もこの事実は注意したが説明はない。別納または加納という地方も皆同じ意味だろうと思う。一色別納という語は『吾妻鏡』にすでにあってすなわち一定の現物収入を目的とする追加開墾地である。布の一色・油の一色・網の一色という大字の名も残っている。本荘(ほんじょう)に対する新荘も同じく追加開墾地である。その本荘が公田すなわち国の領地である時には荘と言わずに郷(ごう)または保(ほ)という。新郷(しんごう)・別保(べっぽ)・新保(しんぼ)などは本郷(ほんごう)・本保(ほんぼ)に対する別符である。また別名(べつみょう)という所もある。東大寺領播州矢野などでは別名に対するのが例名(れいみょう)である。これも追加開墾地である。「名(みょう)」は荘園の小区劃の意味で、おそらくは別名は個々の名主がなした追加開墾地であろう。要するにこれらの地名は今日の語でいうと枝郷(えだごう)・出郷(でごう)・出村(でむら)というのに該当するのである。

三

以上は開墾地の総称の話である。すなわち後世それが独立一村の名前となって伝わっているものを述べたのである。次にはさらにその中の字・小字のことを言わねばならぬ。開墾地ではまたその内を区劃するための地名を必要とする。二つに切って上下東西に分ける場合はいうまでもなく、共同開墾人が五人八人で分けて持つべき場合には一々の地名がいるのである。大和朝初期の地租改正法は、明治九年のやり方よりもいっそう激烈なものであった。今まで居住者のあった村は古くからの字・小字も多かったろうに、それをドシドシと改めて行って、地押(じおし)の結果について新たに条里の制を布(し)いた。三里・一条・五坪というような数字的地名は公けの文書に用いたのみならず、ずいぶんの圧迫を加えて古い地名を減じた痕跡(こんせき)は、昔の記録・地図にも残っている。『近江輿地志略』等によると五条・七条等の字が残っている地方も多い。しかしながら古代の日本は今日よりもいっそう平遠の地の少なかった国であるから、でこぼこした所へそういう大陸の田制を布くのは無理であった。従ってその次の開墾の際にはまたまたその地名を廃めてしまって自然の状態に戻り、今日はたいていなくなったのである。そうして明治になって再び番地をもって土地の各筆を呼ぶようになるまでは、個々の田畠・山林・宅地にそれぞれ地名があったのである。これはあまりの想像説のようであるが、決して証拠のないことでない。宅地に地名のあった例はいくらもある。民家が軒を列べた村などで屋敷の特色をもって呼びにくい処では、戸主の平兵衛とか源蔵とかの名前を屋敷の名にしているが、その中でも名主の家その他の大きな家では中屋敷とか新屋敷とかいって代々の戸主を呼び捨てにせぬようにしている。大和の十津川などでは宅地には一々名前があって、杉の本・竹の内・東垣内・中垣内というように、所在または特徴をもってその地名としているのである。また田畠にも一つ一つに地名があったという一例をいうと、薩摩・大隅は有名な煙草の産地であるが、上等の煙草の銘はこれを作る畑の地名であって、ほかの畑では同品ができぬことを示している。多くは八畝一反の狭い地の産である。ところがそれではあまり地名が多過ぎるということを感じたのであるか、または他の理由であるか、普通は田や畑の三筆・五筆の一団に向って一つの地名があった。水田などでも五枚・三枚と一かたまりになって所有者も一つで稲の種類も同じくする。すなわち経済上一体をなしている者に一つの地名がある。越後三条辺ではこの小さい区劃を名処と申している。四国・中国あたりでは小区劃のことをホノキまたはホヌキといっている。その言葉の意味は知らぬが、おそらくはかの名処に当るのであろうと思う。しこうしてこれが小字の起原であろうと思う。昔は土地売買の際などにも目的物を現わすにこの地名に拠ったのである。古い売買の証文を見ると、よほど細かいところまで所在地を言っているのみならず、時としてその次に売るべき土地の地名がある。けれどもそれだけではやはり分劃等に不便であったとみえて、荘園の堺を示すに用いたのと同じ方法で、四至というものを使っている。たとえば東限溝・北限何太夫作・西限道の類である。永久の保存用としてはいささか烏の黒雲の嫌いがある。行政庁に地図の精確なものと土地台帳とを備えておく上は土地番号をもって現わすのが最も便利である。しかし越前石徹白村などでは今もってこれを四至で書いている。

元来数字は趣味のないものである。便利といえば便利だがもとそれは法律上の便利で稀にしか現われて来ない法律上の必要のため、平日の経済上には不便を忍ばねばならぬ。第一数字になると頭の粗い百姓には何分印象の力が少ない。きょうは千二百十五番地の田の草を取れよというようなことは大変言いにくいのである。それゆえに今も一方では番地を用いつつ、他の一方でホノキ・小字がある村では必ずそれも併行して用いているのである。すなわち二通りの地名があるのである。しかし埋立新田などになると在来の小字はないから、イ通り、ロ通りとか、一ノ升、三ノ割、子の坪、二竿とかいう地名のみで区別して行くのであるが、さぞ呼びにくいことであろうと思う。

しかるに石川県などは地租改正の当時、ほとんど全部の字以下の地名をイロハまたは甲乙丙丁等にしてしまった。安房の佐久間村の今の大字は大字イ、大字ロ、大字ハというように附けてある。また八王子の附近南多摩郡忠生村・七生村のある大字では字第一号、字第二号というように番号を地名にしている。武蔵には比企郡にもそういう例がある。昔の地名は風流には相違ないが往々にして家々の呼ぶところが一致せず、訴訟紛紜の種となりやすいために地租改正を機として区劃を整理しかつ断然新たな地名と取り換えたのであろうと思う。字・小字の新地名は数字以外にもずいぶん頓狂なものがある。二三の例をいうと若狭の三方郡の八村の大字に気山というのは久々子湖の東岸である。この気山の字がなかなか面白い。字玉切追、尾切追、山切追、自切追、湖切追、移切追、景切追、色切追、誠切追、善切追はその頭字だけを拾うと「玉尾山より湖に移り景色誠に善し」となる。また同じ気山の内の福浦区には十三の字があって、是福浦、従福浦、気福浦、山福浦、領福浦、番福浦、号福浦、始福浦、苧福浦、村福浦、便福浦、理福浦及び吉福浦というので、注意して見ると「これより気山領の番号始め苧村便理吉し」と読める。また神田とか八田とかいう地名は昔からいくらもありそうな地名であるが、摂津有馬郡藍村大字下相野の同地名はその由来が少々違う。すなわちこの村の字を列挙すると字文明田、字開化田、字敬田、字神田、字愛田、字国田すなわち「文明開化敬神愛国」を田の上に分配したのである。また八田の方は字明田、字治田、字八田、字年田、字天田、字地田、字人田で「明治八年天地人」などを分けたので、地租改正の際の改称であることがよくわかる。それから加賀の石川郡の出城村大字成の字は、字維、字新、字以、字来、字文、字明、字開、字化というのであり、いずれも無造作の中に著しくあの時代の生活趣味を現わしているのが面白い。

これらは少々極端の例であるが、村または大小字の分合に際し新たに土地相応の命名をしたことはきわめて少なく、これに反して地名の使用を止めて地番号を用い三けた四けたの数字をもって所有地を呼ぶようになったのはまさしく近世の事業である。これがために地名は大多数は消えてしまった。少なくも公けのものではなくなった。我々が本籍住所の表示には法規上大字より小さい地名は不用である。将来このままで進んで行くならば小さい地名はおいおいに忘れられてしまうであろうと思う。

ここまで考えて来ると、明治十七年前後に内務省で集めた『郡村誌』という地名集はたとい揃ってはいないでも非常に貴重な文明史の材料を包含しているものと言わねばならぬ（註、本資料の現存せぬことについては後文に見ゆ）。この地名集は三四百冊もある。内務省から内閣文庫へ移り、ただ今は文科大学の保管に属している。小字のある町村は小字まで、ない町村は字まで網羅してある。日本の半分ほどしかない。大冊三四百であるゆえに見る人が少なく少々虫が食べていてしかも複本がない。予は地学協会の幹部の方々に対し深く望むところがある。ただしたいていお察しでもあろうからくどくはいわぬ。

字の地名は小字に比べるとはるかに永い寿命があろうと思う。何となれば字の地名は最も多く我々の生活と結合しているからである。農業に従事する者はもちろん農をやめて教員なり役場吏員なりになっても、朝夕の会話に用いる必要が多く、どうしても忘れることはできまい。他町村人に対しては新町村の村の名をもって住所を現わしても村中では字すなわち各自の組または坪の名を唱えている。字にも新町村のいわゆる大字を除いて、古くから大字・中字と二段にした旧町村もあった。しかしこの中字はほかの地方の小字であって、その下の小字は実は小字のさらに分れたものである。従って昔大字と言ったのは今の字に当るのである。この字の中にもよく見ると二種ある。一つは枝郷・出村のごとき半独立体で他の一つは純然たる一村の区劃の字である。二十三年に市町村制を布いた前にも地方によっては村の合併をなし、以前の一村を大字としたが、それが再度新町村に合併するときには元の村を大字とした。これらの字または枝郷などは地名の研究上には村と同じに取り扱ってよろしい。今一種の字は純然たる区劃用の命名であるから、命名の動機は往々相違があり得るのである。しかしこれとても永い年月の間には部落の盛衰に伴なって字の小地名が一村の名になり、または昔の郷・荘の大地名がわずかに一小地域に残るようなこともあろうから一概には言われぬ。がとにかく荘園の時代からこれを良いほどの大きさに分けてあたかも今の大字内の字に当る区劃があった。そうしてそれに一々の地名があったゆえに、今日の字の地名にもこれを承継したものが段々あるのである。昔の開墾では右の小区劃を多くはミョウまたはナ（名）といった。始めての原野に入り込んで開発する者は、名の区劃地に一々当てるだけの在来の地名を知らぬから、しばしば下受開墾人の名乗（なのり）をその地名に用い、国光名、利光名、徳富名、五郎丸名などとした。今日人名のような村名のあるのは昔の名（みよう）が一村になったもので、後にその地に住んだ名主はまたその居住地名を家号にしたために、人の名乗のような苗字ができたのである。広い荘園では一名が今の一村にもなったが、通例は今少し狭く一人の武士が下受開墾をする区域は、馬の二頭に家来の十二三人も養えれば良いのであるから、多くは十町歩内外、ちょうど今日の字の少し大きいくらいのものであったろうと思う。近世の武士はなかなかそんなことで生活はできなかったのだが、戦国時代には田地の二百町もあれば大名で、何十人という武士と何百人という足軽とを養っていた。もっとも飛び飛びに二名三名を持つ者も多かったが、一つの名は西国地方などではごく小さなものであったとみえる。肥前などには村の字を何々名という地方がある。

郷というのはもと荘に対する郷で、荘園に対して国領を意味した言葉である。しかるに後には荘園の一区、通例は名というべき地域を郷と呼ぶようになり、何荘の何郷といった例がある。『伊達家文書』に見えた仙台領にはこれが多い。従って村の下の地では字という区劃を郷と言った例もある。あるいは村の内に幾つかの字を合わせて郷と呼んでいた所もある。肥前という国は妙に昔の呼び方の残った国で、何々村何々郷という所もあればまた何村何籠という称もある。籠は何と読むか知らぬ。またあるいは大字何々字何々里もしくは何々村大字何々字何々免というのもある。免は地租の関係から出た語である。免は今の語でいえば地租率である。各免ごとに納率を異にし得たのである。壱岐の島へ渡ると右の名、籠、免に当る区劃を触の字を書いてフレという。陸地測量部の五万分一図を見るといくらもある。種子島・屋久島ではこれに該当する区劃をバリ（晴）といい前晴、西晴などという。バリは壱州のフレと同じ語であることは疑いあるまい。これらを今の朝鮮語のプルから出たと言ってはあるいは言い過ぎるかも知れぬが少なくともフレ、バリ、プルは共通の語原を持つとはいい得るであろうと思う。右の触晴免名等は東方諸州では組または坪に当る。組や坪などの地名も公認せられてはおらぬのであるが、行政上いろいろの目的に利用せられていることは大字と同じ状態にあるのである。従って村々の昔の切絵図などは、あるいは不用となる時代があっても、字に該当する区劃地名は永く消滅することはあるまいと思う。しこうして地名研究の側から見ても、小字・ホノキはあまり小さ過ぎ、かつ多くは字の地名を上下東西に分けたのなどが多くてつまらぬ地名が多いが、ひとり最も古くかつ趣味のあるのは右の中間の階級の地名である。

さらに字の名と大なる行政区劃の名との関係を見るに、近代では府県の名、昔では国の名に一郡一郷の地名から出た者がはなはだ多い。これと同様に新町村の名にもその大字すなわち旧町村の一つを採用した例は一万二千中の半分ある。その大字の地名も前に列記したごとく直接に開墾を意味する語のみをもって組み立てられておらぬ限りは、またその大字中のある字の地名から導かれている。いわゆる地名の拡充性を発揮したものである。これというのも今日大字以上の広い一区劃では、その地形上の特色の総称として採用するに適するものを発見して地名とすることは困難であるから、やはり常にその域内の主要なる区劃の地名をそのまま踏襲するを便としたのである。要するに開発当初の村民に対して最も必要であったのはいわゆる小字の地名かも知れぬがそれは多くは考えもなしに符号的に新造したものが多く、古くからの地名の踏襲せられまたは拡張せられたのは字の方に多くはなかったかと思う。すなわち一方には命名当時の経済状態を知らしむるのほかに、いわゆる客観的地名としては、地形の特色と比較して古代の用語の意味を解釈し、さらにこれに当てられた漢字によって、命名当時のもしくは字当時の文化を研究するの助けとすることもまた難いことではないのである。

最後に今一つ、地名を研究する面白味は、これと吾々の苗字との関係にある。職員録などによって町村長、県郡参事会員のごとき、いわば地方土着の旧家の家名を調べてみると、その大部分は近傍の村または大字の地名と共通である。日本人は源平藤橘等の姓が少ないために、かつ他人の名乗を呼ばぬために、多くの太郎次郎を区別すべく、主としてその人の居住地を呼んだ。それが今日の苗字の起原である。すなわち支那人が満洲の平原などで村を作り、自分の家号を地名として陳家屯（ちんかとん）、楊家寨（ようかさい）、柳家店（りゅうかてん）などと呼ぶのとは完全に反対で、吾々の苗字はかえって居住地から出ている。その結果は近年の引越しによって、本国故郷が不明になるおそれが少ない。元はあの村の地を耕しあの谷の米を食っていたのだということがほぼ分る。貴族武家では系図が大切だ。時としてはこれを偽作する必要さえもあったが平民の系図は大部分不明である。よほどの名家でない限りは十代十五代前の祖先は何氏何某であったということも分らず、もちろん墳墓はどこにあるか知らぬという者が多いのである。ゆえにもしかくのごとき地名と苗字の関係によってほぼ祖先の生活根拠の故山（こざん）を知ることを得、しかもそれに伴なってその当時の経済情態を一部分なりとも知ることができ、時と場合によっては自身その地名の在所へ行って熱心に調べてみるということになると、その結果は我々の血の中に当然に遺伝しているべきわが祖先の生活趣味を自覚することとなり、容易に国家結合の基礎を固めることができて揚足(あげあし)を取られやすい下手な説法などに苦心するの必要もなく、千年万年の後までも日本人は愛国心・尊皇心の強い国民であるであろうと信ずる。

（「地学雑誌」大正元年十月―十二月）

地名と地理

一

　地名の研究に関しては、私はおかしいほどたくさんの無駄な苦労をしている。そうしてまだこれという価値ある発見はないのである。もしこの経験がなんらかの役に立つとすれば、それはただ諸君にもう一度、同じような無駄をさせないというだけの、消極的な参考となるに過ぎないのである。

　最初に言っておきたいのは、地名を調査してその一つ一つを解説し、または一般的傾向を要約した書物が西洋では多くの国に出ており、中にはそれ一つしか著書のないという人もあるらしいが、そのためにこれを独立した一つの学問と見ることはできぬということである。こういう研究をするにはいろいろの文化現象に興味をもち、また自然と社会との各方面の知識をも用意しなければならぬ。従うてその綜合の外形から見ると、何か一つの纏(まと)まった学問でもあるように考えられぬこともないが、これだけはいくら学の字を安売りする国でも、さすがに独立して専門の一学科となりそうな見込みはない。そうするといったいこの研究は誰の管轄に属し、いかなる学問の一部になるのであるかが、次に問題になって来るのである。

地理学の方でも、恐らく全然無関心でいるわけに行くまいと思うが、それはちょうど動植物学の物の名におけるがごときもので、ほかで確定したものを引き継いだ方が便利だくらいに、諸君は定めし思っておられることであろう。純然たる地形論の立場からいうならば、いかにも名称は差別の標目に過ぎないから、名がなければ新たに造りまたは訳し、ないし符号・番号にしておいてもそれで済む。しかし一たび人と天然との関係、人が山川原野に対して古来いかなる態度をもって臨んでいたかを知ろうとすれば、これに応用せられていた国語の意義、ある言葉をある地形に結び付けた最初の動機を、尋ね究めずにはおられまいと信ずる。多くの学問は互いに相補うてともに進んでいる。もし自分の力でこの方面を開いて行くことはできぬと言えば、それはただちにまた他の兄弟学科の成績に、注意している必要があることを意味するのである。

みんながお互いにそれは私の領分でないと、押し附け合っていてはよくないのである。私は社会人の公平な地位から判断して、これは広い意味の人類学の管轄にしておいて、地理学ではその研究の結果を利用するのが最も便利だろうと思っているが、これにもまた人類学が今日のような狭い縄張りに割拠していてはいけない。そこでまず地名研究の人類学上における位置というものを説くために、ざっと今日認められている分類法を述べてみると、人類学は日本でもやっているように、第一次にこれを生理学的すなわち体質人類学と、社会学的すなわち文化人類学に分ける。体質人類学も静的すなわちどんな形で生まれているかを観るのと、動的すなわちどういう生き方をしているかに小分けしてかかるのが必要だと思うが、それは隣の家のことだから今は私は口を出さない。

文化人類学の方にも実は手に余るほどのダータがあるので、私は最もその整理に忙殺されているところで、あるいは後になったら改められるか知らぬけれども、差し当りこれを三つに小分けするのがよいと考えている。その三つというのは、直接に眼を働かして写真・スケッチ・記述し得るものが甲、これを生活技術誌または有形文化誌、もしくは土俗調査などと名づける。乙はすなわち主として耳の働きによって採集し得るもの、これを口承文芸もしくは言語芸術といいあるいは口碑という語にどうかしてその全部を含ませるようにしたいとも思っている。丙すなわち第三の部分は、眼も耳ももちろんつぶっているわけには行かぬが、それよりもさらに進んで同国同郷人の親しみに基き、智能感覚によって直接に会得すべきもの、外人が異民族の中に入り込んで行った場合には、よほどの同情と推理力を持っていても、しばしば見落したり誤解したりするむつかしい部分で、これを常民心理と言っても狭く、俗信と名づけてはなおいっそう狭くなる。まず現在では無名の一団の知識である。

さてこの三つの部門の中で、地名は耳で聴くものだから当然に乙部に所属するが、これがまたさらに細かく分たれねばならぬのである。口承文芸のいちばんよく知られているものは、（イ）には民間説話すなわち昔話。伝説は実は定まった形がないので、第三部に入れた方がよいのだが関係が多いからかかりに説話に附随させてある。これがまたちっとやそっとの分量ではないのである。次には（ロ）語りもの、（ハ）民謡、（ニ）唱えごとや童言葉、（ホ）謎及び判じもの、（ヘ）たとえごとや教訓語、普通にことわざの名をもって知られているもの、（ト）その他の物言いすなわち常用文句、口合い・秀句の類はこれに入る。そうして最後には（チ）命名法または新語造成法というべきものがあるのである。この新語の中にもいわゆる普通名詞と固有名詞等があり、固有名詞にも生まれた児の命名や人の綽名と対立して我々の土地に名づくる言語芸術がある。それがこの通り興味ある豊富の痕跡を後代に留めていたのである。地名の研究は広汎なる人類学の中では、実際はほんの片端であって、しかも他の部門とは下に行き通うている。一つの研究に潜心する者の私情からいうと、これを一つの独立した学問と解したいのは山々であるが、それでは何のために我々がこんなに労苦するのかの、趣意すらも明らかにならぬことになるから、私はまず最初にその地位を明らかにしておきたいのである。

二

次にぜひとも話をしてみたいのは、日本における地名研究が他の民族のそれに比べて、何ほどの特色をもっているかということである。これは将来この仕事に指を染めてみようという人にはかなり小さくない関心事であって、私はそれが確かに張合いのある研究だという結論をもっているのである。その特色の一つというのは何よりもまず地名の分量が多く、従うてその変化の盛んなことである。こういう国に生まれて我々はこれを当り前のように思っているが、小さな島ながらこの島は地貌が万般であると同様に、おそらくはまたいずれの国よりもたくさんの地名をその上に載せている。人と土地との交渉がすなわち地名である以上は、その数量は必ずしも面積とは比例せず、そこに生死した人の数に伴なうのが当然ではあるが、それにしたところで実に驚くべき地名の量である。今日公けの帳簿に表われているだけでは、道府県郡市町村とその大字及び字であって、こればかりならば他の文明国もそうは違わぬようであるが、この数がすでに大きなものである。

現在の市町村は御承知の通り、四十年ばかり前から大合併をして、約一万千余になったのであるが、明治十九年かに印刷せられた『地名索引』には、十九万何千の町村を列記している。その後の変化は若干あるけれども、これがまず今日の大字の数と見てよろしい。その大字の下には字があるが、土地台帳にも載っているこの字というものは実は新しい。地租条例制定に先だつ明治八、九年の土地丈量の際、全国を通じて一分一間の大地図を作らせた。少し大きな町村では、この丸地図はどんな御寺の本堂でも拡げられないので、それを適度に切った切絵図なるものが同時にできた。現在の「字」はすなわちこの切絵図の個々の名であって、以前からあった「字」とは当然に合致していない。もっとも地名は新たに制定するよりも、大部分は在来のものを引き継ごうとしていたが、字の境はしばしば新旧食い違っているのみならず、人の住む区域では在来の字の方が概して小さかったから、たまたまその一つを採用すると、他の二つ三つの旧字が公けの記録からは消える。それでもこの切絵図の字が一村に十数枚、多いところでは百以上もあったから、ざっと見積ってこの新「字」の地名は、全国を通じて四五十万はあるのである。この以外に在来の字、これも住民の記憶及び使用からは消えたのでなく、ただ公けの文書には現われぬというのみであった。これを土地によっては小字(こあざ)と呼び、あるいは別に本来の小字のあった所では、かりに中字(ちゅうあざ)などといっているのである。

明治十七年前後の内務省地理局の事業としては、この中小字を全部書き上げさせる企てがあった。これにも簡単な地図を伴のうていたというが、私はその二三点しか目睹(もくと)していない。「字名集」の方は幸いにして大部分目を通し、また少々の書抜きをしている。地理局が縮小して課になった際のことであったろう。この全記録がいったん内閣の記録課に引き継がれ、それから東京の帝国大学へ寄託せられてあって、最近の大震災に焼失してしまった。府県には稀にその副本を存するものがあり、現に愛知県などは近くこれを出版しようとしているが、全日本を取り揃えることはもはやほとんど望みがたい。それほどまた浩瀚(こうかん)なものでもあったのである。何でも大学の旧本館の階上数室に、ぎっしり積み込まれてあったという話である。私は当時記録課長の職分を利用して、これを取り寄せて一年近くもかかって見た。小使が六幅の大風呂敷を持って行って背負って帰るのに、一つの県だけが一回には運搬しきれなかった場合も折々あった。

もちろん地方によって繁略は一様でなかった。どこかの県では一村すなわち今の一大字を二冊に分けてある例があった。岡山県かと思う。それも十三行の罫(けい)を五六十枚も綴(と)じて、一行に一地名ずつを書いたのだから、少なくとも二千三千の小字を存する町村は稀でなかったのである。そうかと思うと一大字でわずか百足らずの地名を報告したものもあった。始めから少なかった場合もないとは言えぬが、それが久しく私称であったために、列挙するには及ばぬと心得た者も多いように思われた。中国・四国でホヌキまたはホノキなどと呼んでいるものは、普通に小字といっていたものの一つ下であって、交通の衝（しょう）に当らぬ限りは隣里の者すらも知っていなかった。大きな地主の家ではたいていは所有地が飛び飛びであり、そうでなくても地形が区々（まちまち）で、水の手も耕種法も別にしなければならぬ場合が多く、内の者だけはその田畑の数筆を合わせてなんらかの名を付して互いに呼んでいた。東国ではこれを名処（みょうしょ）などといい、その著名なものだけは同区の者も知っていた。

それから屋敷にはまた屋敷の地名があった。これも新しい村ではただ主人の通称などを呼ぶこと、ちょうど新田村が開発者の名を冠するがごとくであったが、古く住む者だけはそれぞれの地名を持って、その命名の法則は山も耕地も異なるところはなく、時としては家の周囲の一区劃の名にもなっていることあたかも千葉が郡の名となりまた県の名となったのも同じであった。こういうものまでも加えると一人が造った地名の数は大変なものだが、かりに最小限度の一大字で百と見ても国全体ではすでに二千万になるので、これに比べると今ある表向きの自治体の名などは物の数でもないばかりか、ある種の書斎学者がかつて試みたように、こればかりで日本人の昔の生活を推測することは、かえって危険だということになるのである。とにかくに記録文書の資料は焼けたり失われたりしたが、わが邦の地名がいずれの国よりも繁多であるということだけは、何人も争い得ぬまでに証明せられている。

私の今までに最も驚いたのは、吉野秀正という人の著した『壱岐国(いきのくに)続風土記』であった。内閣の文庫に今蔵せられるものは三十二巻であるが、原本はこの倍以上もあって、字名列記の大部分は省略したとある。それでいてこの伝写本に出ているだけの地名でも、ほとんど算(かぞ)え切れぬほど細かく分れている。壱岐は九州南部のある一つの山村よりも小さい国であるが、その地名の多いことにかけては、おそらく北海道の全道とも匹敵するかと思われた。天保年間にできた周防(すおう)・長門(ながと)の風土記なども、やはり相応に詳しく各村の字だけは録している。これらを一つ一つ西洋の地名学者が調べたように当って行くことは、日本では実は無理な事であった。すなわち我々のためには特に一つの方法が考え出されねばならぬのであって、しかもこの十分なる資料による以外には、人が土地に名をつけようとした本(もと)の心持を、精確にするの途(みち)はないのであった。我々の未墾地はこの方面においては、広大にしてまた異常に肥沃(ひよく)である。

三

日本の地名研究のまた一つの大きな特徴は、東西南北の一致がきわめて顕著であって、その発生の通則が見つけやすいことである。これは一つの中心地から四方に向って、前後何回かの移民が分散して行った国でないと、見ることのできない一つの現象であって、これあるがために我々は純然たる帰納法によって、地名ばかりからでも多くの前代生活を闡明することを得るのである。だいたいにいずれの国でも地物を意味する普通名詞に、なんらかの他と紛れない限定詞を添えて、ある地点なりその周囲なりを指示するのであるが、多くの形容法や人の心付いて名にしようと思う特色の説明法が、どこへ行ってもほぼ一様であるのみでなく、こうして形容せられる地理的名称にも、今は用いられずまた文筆の士に忘れられたものは多いが、本来一つの語なるがゆえに当然に全国一致のものが多く、従うて幾つかの必要なる古語が、この比較によって復原し得られる見込みがある。

京都人は旅行せずまたあまり山に遊ばず、何かというと漢字を弄してそれをもって地理を説こうとしたが、それでも『新撰字鏡』や『倭名類聚抄』に、漢字に宛てようとした和語はまだ多かった。歌文にはそのわずかな一部分が用いられているだけだが、現地には必要上ちゃんと残っている。たとえばクマという語は九州には無数にある他に、東国にはカクマという複合詞になって今も伝わり、タワはタオ・トウ・トウゲ等の形で全土に分布し、また海岸線を見て行くとユラ・フクラ・メラ・カツラ等の地名がどこにもあり、その間にはまた労力利用の方式から来たかと思うユイ・タユイ・タゴの浦などの地名も行きわたっている。だいたいにいちばん多いのは下に田の附く地名、水田はむろん多かったのであろうが、それよりも地名は米を作る土地によって作ろうとした国風かと思われる。それから古木を大切にした慣習が松本・杉本という類の地名に残っている。何野・何原は開墾以前から、すでにその地に人の熟知した地名のあったことを意味している。日本は支那の劉家屯や楊家店などとは正反対に、地名に基いて家の名を作る来歴のある国であった。だからこういう風に人の集まった席で調べてみると何田・何本・何野・何原という四つの苗字が、いつでも三分の二近くを占めていることを発見するのである。

それからこの一致はひとり一時代の水平的関係だけに止まらず、古くあった地名も今ある地名も人の名前ほどには時代の変化がない。これは古く付けた地名が久しく保存せられているか、または古い命名の趣味なり方針なりが、子孫にも踏襲せられているので、私は多分両方五分五分だろうと思っている。古い地方は切れ切れに今までの歴史に見えているもの以外近年大学の史料から出された古文書中、高野山や東寺の所領文書に多く出ている。寺の荘園は所在がよくわかっているから、引き当ててみたら今でも変遷の有無がわかるであろう。鎌倉・足利の武家時代に行われた検注状などを見ても、これは古風な地名だ、今はもうどこにもなかろうと思う地名は、ほとんど一つだって見つからぬのみか、紀州は紀州、若州は若州とその地方限りの傾向ともいうべきものが、今日もしありとすれば以前にもあったように思われる。一つだけ例を挙げると、屋敷の名に何垣内という例は、大和では今も普通だが、以前にもこれがよく用いられている。家の周りに竹を多く栽えて要害に宛てたかと思う竹の内という屋敷名は、古く溯れば武内宿禰以来かとも想像せられるほどに、中世には数多いものであった。

ところが東方に来るとこれが竹の鼻となり、個々の住宅ではなく民居の一集団を遠望から囲おうとしていたかと思われて、古今ともにそういう部落の名は東日本には多いのである。

わが邦の現存地名は最小限度二千万はあるが、そうしてまたこれを作為した人間の動機には複雑なる変化はあるが、なお我々はその分類整理によって、大数の一致した現象から、その性質を明らかにし得る十分なる希望を有するのである。

しかるに世間にはちょうどこれと裏返しの推断をもって、日本の地名研究を特色付けようとした人があった。今はどうか知らぬが大学の地理の教室からも、かつてそういう声の洩れ聞えたことがあった。たとえば神保小虎博士などは、アイヌ語に興味をもって北海道の地名をよく調べられたが、おおよそ何が判らぬと言っても日本の地名ほど不可解なものはないということを、しばしば人に向って言われたことがあった。私の地名研究は実は神保博士の激励の賜と言ってもよかった。私の感じたところでは、狂人の言といえどもよく聴いていると何か趣意がある。ましてや正気な人のしかも多数、甲が唱え乙丙丁がこれに賛同した言語の適用にして、理由のなかったもの、無茶を言おうとしたものがあろうはずはない。それが知れないというのは歴史の埋没を意味する。今日汗牛充棟の歴史の書はあるけれども、まだまだ我々には学べば学ばるる新しい過去の知識が、しこたま潜んでいるということをこの地名の不可解が教訓しているのである。そんならやってみようかという気になったのは、感謝すべき先輩の刺戟であった。だから私は同じ日本人の血を分った者の、後になって新たに拓いて行ける未開地が、今まで囲われて保存せられていたことを、また一つのこの研究の大なる特徴に算えようとするのである。そうしてこれがひとり地名という一種の言語芸術に限られたことでないことを知って、いよいよ日本のフォクロアの将来を祝福せずにはおられぬのである。

四

アイヌの地名解は永田方正氏の一著があり、またバチェラア師辞書の旧版の附録にも若干の講説があって、今日ではまず十の八九までおおよそは意味が明らかになったと言ってよい。そのお蔭に今では内地の地名まで、よくわかっているのにアイヌ化しようと努める人さえできて来た。あほらしい話である。アイヌ人地名のわかりやすい理由は明白である。彼等の名の付け方は一色しかなかった。一言でいえば天然描写法、すなわち子供たちが今でも名を知らぬ土地を言い現わそうとするのに使うもの、これただ一色で用を弁じたのだから、彼の語を知る者にすぐ呑み込めるのは当然である。我々の地名にももちろんこれは多い。ただ幾分かその用語が古くなっているために、これを日常の間には見出さぬ場合があるのみである。しかもそういう一通りの名を使い切った後に、次に起ったものは単純でなかった。たとえばある一つの地点またはわずかなる地積に対して附与した名が後にその場所が重要になったために、これをずっと広い地域に拡張して今はどの辺が元だか不明になった場合である。

古来の六十六国は国号研究の書もいろいろ出ているが、いずれも当て推量の甚しきものになっているのは、つまりはどこが中心で命名したかを知らぬからで、これがことごとく最初から今ある区劃に対して附与した名であったろうことは想像しがたいのに、人は皆各州全体のとりとめもない状態から、説明の手掛りを把えようとしていたのであった。郡名・郷名のそれよりもさらに後に起ったものなどは、上中下というような区劃名は別として、その他はたいていは今日の切絵図地名のごとく、区内の比較的重要な旧名を採用していたらしい。そうするとそれがどこであるかを尋ねるより以外には直接の解釈法がないのは当然である。つまり判らないのではなく、判る途を求めなかったのである。たとえば那須という地名は山の名で野の名で、後に郡またはあの地方一帯の称呼ともなった。どの辺に最初の那須があったかがわからぬ限りは、諸国の幾つかあるもっと狭い那須という土地の、特徴を重ね取りにしてみるのがたった一つの方法である。それをしないでおいたならアイヌ語はおろか、ネグリトの語をもってしてもこれを説明することができるかも知れない。

我々の祖先は夙(つと)に郡県の制を定めて、盛んに地名の拡張を試みた以外に、なお今一段と進んだ文化に基いて、土地に印象的なる新名を与えようとしていたのである。山中原野の特色などというものは、ともすれば千篇一律に堕して、二つあっては弁別に差し支える場合が多かった。今少し具体的な、しかも覚えたら永く消えないものを選定しようとすると、そこに若干の機智と意匠とが入用であった。だからこの方面には歴史的、記念式命名とも名づくべきものがいろいろできて、土地の人の面白がった割には他処者(よそもの)・後世人にはむつかしい地名が交って来たのである。平野の占有地の利用地名に至っては、実はたいていはその必要が一時に現われて、それぞれ適当なる名を与えることが、かなりの難事業であった場合も多かった。

アイヌたちにはまったくないことであるが、一望果てもないような新田場が新たに開かれて、それに畔を切り径を分けて、なお今日の何十何番地という類の殺風景な、地図を携えなければ誰に尋ねてもわからぬような、地名を付けずに済んだのは技倆と言ってよかった。附近に何か旧来の地点・地名がすでにあれば、これを応用しようとしたのはもちろんであるが、それが得られぬ場合は多かったから、従うて種々な今一段と文化的な地名が考案せられたので、しかもその一つ一つが適切に、また永く記憶せられやすいものであったということは、まことにこの国民の言語感覚の、疎漫でなかったことを示す心強い例証である。これがアイヌたちの付与した地名以上に、難解であったことも意味がある。つまり我々はまだこの命名者の境涯に立って、その動機を詳かにするだけの準備がなかったのである。たとえば前代人の信仰生活の現われは、里では神楽田だの阿弥陀屋敷、山奥では姥谷だの行者洞等の名に伝わっているが、だいたいに最も普及しているのは経済上の事情、すなわち何のためにそういう土地の利用が始まったかを、説明するような地名であった。

古いわが邦の占地制度に、もしも少しでも不明な箇条があるとすると、地名はかえってその集積と比較によって、逆にこれを我々に教えてくれることになるのである。東京の周囲ことに武蔵の北半に多い別所という小部落の名などは、すでに『新篇風土記』にも注意せられているが、これは中央部に昔からあった別名や一色別納、もしくは九州南部の別府という語などと比較して攷定すべきものであったろう。別府は宮崎県などでは国司の別荘ででもあったかのごとく思っている人もあるらしいが、そう想像するには少しばかり数が多くあり過ぎる。この「府」は後の宛字で、本来は「符」すなわち開墾免許状を意味していたと思う。すでに開かれている荘園の中にある空閑地を後に特別の官符をもって追加開墾させた名残、後の言葉でいう何々新田に該当するものであった。田畑は以前ある一定の目的のために、区劃してその租入を振り向ける場合が多かった。これが何々免だの何々給という地名の起りであり、また二月田・三月田という類の田の名が、大きな社の附近によくある理由でもあった。これを注意していれば土地制度の古い姿が察せられるのみか、さらにこれによって支持せられた信仰の痕跡さえわかって来るのである。

五

今一つの特殊なる興味は、日本の地名と我々の家名との関係であった。日本人のいわゆる苗字は全国を通じてその数が何万の多きに及ぶのだが、面白いことにはその中のごく一小部分五十か六十のものが最も普通であって、それを名のる家の数も多く、かつ万遍なく各府県に行き渡っており、残る大部分はいずれも地方的にわずかずつかたまっている。これを自分等は家が居住地の地名によって呼ばれる風習の農民に限られ、その他の職業の者は夙（はや）くから家号を負うてどこへでも移住していた結果と解している。中世以前の武家を始めとし土地と因縁の深い生活をしていた家だけは、ことごとく地名をそのままに家名にしていた。もちろん後々の模倣や冒称もあろうが、少なくとも家の伝説としては、かつてその祖先の者がそういう地名をもつ土地を、経営していた時代のあったことを語っているのである。従って地名の変化の複雑にして、かつ印象的であるということは、同時にまた我々の家の歴史の調査にも、一つの暗示を投げることになるので、それがもし幸いにそうありふれた地名でなく、また発生の時代のほぼ考えられるものであったならば、単に苗字だけからでもある程度までは、自家の生活を今日あらしめた事情を推定し得るのである。

一つの実例を挙げると荘園が新たに設けられ、やや広い平野を区劃分割した場合には、その各区を名（みょう）と名づけてそれになんらか新しい地名を付与しなければならなかった。名にはその最初の分担開発人、ないしは世襲の権利を認められた名主（みょうしゅ）の名を呼ぶのが普通であった、というよりもそうするからしてこの区劃を名といったらしいのである。人の実名は諱（い）んで呼ばぬのが礼儀であったが、荘園の名主は領家（りょうけ）から見れば目下であるがゆえに、勝手にその名乗を取って土地に名づけた。中部以西には今でも多く見かける人名同様の地名、または貞光とか国重とか徳富とかいう類の、氏名を顚倒したような家の苗字は、まったくこういった順序を踏んで発生したものである。これが直接に先祖の本名を家号にしたものでないことは人にいろいろの別称を付して、二字の名乗を口にするを避けた日本人の習性からでも推測することができる。すなわちいったんは土地の名になって後に、その地に住んだ家が地名として再びこれを家の名に採用したのであった。この点にかけては日本の地名は、隣国の支那とはちょうど反対で、かえって北欧羅巴（ヨーロッパ）の国などと似ている。すなわち土地が居住者の携え来たった家名によって、名づけられる場合はほとんどなく、地名はかえって常に居住者の名前として利用されていたのである。

近頃でも新聞や雑誌に、時折話題となる珍氏名なるものは、半分はこうした偶然に起ったのであった。苗字の珍しいのはたいていは地名が珍しかった結果である。人は時々頓狂な通称を付けて喜ぶ癖があったゆえに、家号もその通りに誰かがふざけて附けたのだろうという想像は誤っている。地名の方こそこの通り必要が激増して、単純なる在来の式を踏襲してばかりはいられなかったのである。その上に土地利用に関する古い慣習は、消えて不明になった。どうしてこういう地名ができたのかを知らぬ人が、それを家の名にしてまた誤解しているのだから、何とも合点の行かぬ苗字に出くわすことが多いのである。常陸(ひたち)の旧国府は今の石岡の近所であるが、あの辺(あたり)にしかない苗字に古仁所(こにしょ)というのがある。これが以前の健児所、今の語でいえば警察隊の詰所に所属していた土地の名であったことは『国誌』にもすでにこれを説いている。健児は『平家物語』などにはコンデイと読んでいるが、関東ではあるいはコンニに近い音で唱えていたことが、今存する家の名からも察せられるのである。遠い郡県時代の国司組織の名残までが、なお地方だけには偶然ならず保存せられている。ましてやその次に起った荘園制の痕跡に至っては、現にその管理者の後裔(こうえい)の近くに住んでいる場合も多いのだから、残っている方が当り前であったと言える。

歴史を読む者の誰でも知っているのは、鎌倉の幕府の主要なる政略の一つは、全国の荘園に地頭を置いて、主として自分の配下の武士をこれに任じたことであった。在来の領家はその掣肘(せいちゅう)を受けたのみならず、収入を殺(そ)がれるがゆえに地頭との争訟は絶えなかった。その押問答の末は下地の中分と言って、これだけは地頭にやるから残りは手を出さぬようにしてくれということに帰着し、以前一つの開墾地であったものが二つに割かれた。東京の近くでは埼玉県南部の平地などに、その時の地名がいくらも残っている。平方領家とか指柳領家などというのがそれで、同種の地域名はまた遠州の御前崎附近、その他各地にも分布している。すなわち史家の大切にする古文書などは一通もなくても、地名が直接に過去の闘諍を語っているのである。八王子市の隣接地に一分方・二分方等の地名があったのは相続の分割であった。相州の松田附近の松田総領・松田庶子もまたそれで、親がどういう風にその財産を見たかを示すのみならず、さらに利害の抵触がいよいよ境を明らかにする必要を生じたことをも語るのである。それからまた荘園の諸役、公文とか案主とかの給与せられた田畠、鎮守・菩提寺の帰依尊信を意味する寄附地・除地・免地なども、多くは地名になってその当時の状況を窺わしめる。人がこれまでこういう史蹟に、注意を払おうとしなかっただけが悪いのである。

六

それからまた一時代を過ぎて、戦争で住民が離散し、かつて発生していたたくさんの地名が消えた。そうして再び平和な土着期に戻って、その荒地が改めて開拓せられたのであるが、近くに以前からの故老が少しでも残っていた場合には、新たに地名は設けずにやはりできるだけ在来のものを利用し、それが忘却せられ尽した地域にあって、始めて近世風の命名を試みている。この新開地の地名にも、相変らず時代と慣行とを表示しているものは多い。概括していうと関西は人がよく移動し、わずかな開拓にもこれに伴のうて民居を創設し、新町・新村・今在家・出屋敷という類の字ができている。これに反して東国は田屋の生活様式が永く伝わり、最初は栽培期間ばかり遠くからやって来て、新田を耕作する者が多かったとみえてその地名はもっぱら耕地を表示している。そうしてその中にも村が共同に開いた何村新田の類と、個人が損益を負担して単独に許可と検注とを受けた何兵衛新田の類とが、入り交って存在するのである。それからまた部落が協力して切添えをしたものでも、成功の当初から割り渡して私有せしめたものと、なお当分の間は年限を立てて、総員順まわりに作っていたいわゆる車地(くるまじ)式のものとがあった。これもよく見ると個々の小地名の中に、かなり明白にその処理法を表示している。明治初年の村絵図作成の際なども同じであるが、地名の必要はたいていに一時にどっと現われて来る。首を捻(ひね)って一つ奇抜な名を付けてみようなどと、考えている余裕はないのが常であった。人が評定をして多数決できめたということも想像しがたい。実際は多くの新しい普通名詞も同じように、誰もがそう呼ぶより他はないと感ずる名がただ一つあって、それに気の付く力が昔の人はいたって鋭敏であったのである。何にもせよ使用者の要求を代表せず、群の生活に相応せぬ地名は記憶せられて永く残るはずがなかった。それゆえにまた飜(ひるがえ)って、それからその当時の状態を推測することも許されるのである。

今ある日本の地名は少なくとも数千万、ことによると億という数にも達しているかも知れぬが、適当なる分類をして行けば解釈は決して不可能でなく、またさほど煩雑なものでないと私たちは信じている。分類の方法にもいろいろの案はあろうが、だいたいに発生の時の順序を追うて、まず最も新しい「分割地名」というものを、取り除けてみることができる。すでに区劃せられてあるやや広い地域を新たに二つ以上に切って呼ばなければならぬ時、数が少なければ上中下や東西南北の方位を冠して、今までの地名を保存するのが自然であり、いよいよ多数になれば今日のごとく、地番を付するのもやむを得ぬが、ちょうどその中間の階段においては何とかして一々に名が付けたくなることは、五十何年前の切絵図の字などがよい例である。これには他によい手掛りもない場合が多いので、最も多く各時代の制度経済、もしくは信仰の種々相が引合いに出されているが、残りの一部分だけは今一つ前からの地名を踏襲し、または採用しようとしていたのである。

私はこの旧地名をまた二つに分けて、その比較的新しいものを「占有地名」といおうとしている。すなわち人が広漠の山野を区劃して、これだけは自分のものだという際に、必ずまた一つの地名ができているのである。占有地名は一時にそう多くは必要を生じないから、物好きに佳名を考案した例も若干はあるが、これとてもある個人の趣味や思い付きを多数者に強制することは容易でないゆえに、やはり通例は土地にまたもう一つ前からあるものを採用しようとしていた。この占有以前の地名は当然に地域地名ではない。必ずしも清水とか岩とかいう小さな地物には限らず、時としてはかなり広々とした延長をもっていることもあるが、その境界の不定であることは、玄海とか響灘とかいう海上の地名と同じい。そういうのを私は一括して「利用地名」と呼ぼうと思っている。利用地名にもただ単なる遠望によって行旅水運の目標としたものから、ウルイ沢・鷹の巣山の類の採取物によったものまで、幾つかの親しみの差等はあるが、とにかくに人が生活の交渉に基いて、入用のあるほどずつ名を設けていたお蔭に、いよいよ占有によって新たなる名を定めるという際にも、格別の不自由を感じなかったのである。

　地理の学者方にとって興味の多いのは、おそらくはこの利用地名のおいおいの増加、及び変化であろうと思う。現在はこれがほとんど皆ある時代の占有地名に採用せられ、または分割地名に踏襲せられて残っているので、よほど山の中にでも入らぬ以上は、これを発生当時の状態において考察することができない。この点がまたアイヌ等の地名と比べて、我々の地名の意味を取りにくい原因の一つになっている。例でいうならば鏡岩という珍しい岩があって、そこだけを元は旅人が鏡岩と呼んでいたのが、後にその周囲の山林を独占した者が、これを採用してわが持地の名にしたとすると、その区域の全体には鏡岩の特徴はない。それが岩だからまだ永く残ってもいるが、樹であったら枯れ、鳥や虫であったら飛び去って再び来ないかも知れぬ。こういう地名の拡張が大きければ大きいほど、命名の本意は埋もれやすいので、地図の比較や写真の排列だけでは、郡や町村の名の由来はとうてい帰納することができない。これが私たちの特に小地名の保存と確認とに、重きをおこうとした所以であった。

七

地名発生の理由には右に申す通り明白なる時代の変化があった。今でも新たに鉱山師や登山の団体が、いわゆる利用地名をこしらえる場合がないとは言われないが、たいていはもはや不必要なる重複であり従うて人が承認して永く伝えてくれる望みは乏しい。というわけはその地にすでに地名があり、それも皆相応に細かく区劃した地域地名であって、もうその中へ新たに割り込んで行く余地がなくなっているからであった。在来の地名は住民との親しみも深くまたその趣旨も一段と適切であったろうから、新しいものがこれに取って代ることができないのは結構なことである。ただし我々はこれがために必ずしも新たに考案せず、できるならば今まであるものを踏襲し、またその用法を拡張しようとしているために、同じ分割地名でも隣どうし古いものと新しいもの、また年齢の異なったものが入り交って、一つの方法だけでは解説がしにくくなったのである。だからこれからの分類には、まずやや命名の趣旨の複雑に見えるものを脇へ除(よ)け、人がその地域を占有してしまう以前から、すでにあったろうと思われるものの中でも、来由の知れているものを次々に引き去って行けば、結局は我々の知ろうとするものだけが、自然にその意味を自ら語るようになろうと思う。

これを具体的に言うと、何田とか何々屋敷という地名はなかなか多いが、これはその土地が田になり屋敷になってから後にその特徴に名づけたものだから別にしておいてよい。また何々塚・何石・何岩の類は、これも一里塚なり岩なりの名になっていたものを採ったのだから、塚や岩の命名法を調べる人に委ねてしまってもよい。その次に非常に数多くあるのは、樹の名・草の名を地名にしたものであるが、これもそういう植物があればこそそれを注意したのだから、その方面の研究者でなければそれ以上に立ち入って考えずともよかろう。こういう風にして素性のほぼ解った地名を片端からのけてみると、その残りの分はよほど始末がしやすくなる。もっともこれにも若干は不思議な形のものが交っておろうが、だいたいにおいて同じものの数さえ多ければ、比較によってしまいには意味が判明するにきまっている。ただそのような面倒な仕事を、誰が試みるかが問題となるばかりである。

そこで私のまだやりかけの実験をいささか御参考までに述べておくのであるが、全国の小地名表は、以前集められたものは惜しくも焼失したけれども、その後一地方限りで再び採録したものが、郡誌・村誌の類においてそちこちに印刷せられている。また集めてみようとすれば集められぬことはない。長野県の東筑摩郡などは、前年私が勧めて全部の地名を残らずカードに取り、目下しきりにこれを整理している。これらをやや離れた土地から持ち寄って突き合せてみるのが、一つの方法であろうと私は思っている。そうするとだいたいに三通りの差別が誰にでも必ず目につくであろう。すなわちその一つは奥州にも中国にもまたは四国・九州にも、共通して存する地名、これが数において案外に少なくない。第二はそう広い一致はないが、ある地方に限ってはいくらでもある地名、たとえば飛驒でホラといい豊後でツルという類の、これを限定する始めの語には変化があっても、その主語だけは何十となく、わずか一村の内にも並んで存するもの、この二種はわが邦の地名を調べてみようとする人の最初に手を着けてよい部分であってこれが明らかになればまず仕事の半ばである。

それから今一つ真の突発的の、他ではいっこうに聞いたことがないというものがあって、それに何人も気を取られるのであるが、これには何か特殊な事由があったとすれば、強いて知ろうとしても急に判りもすまいし、あるいは実際はさして珍しい例でもなかったとすれば、後においおい知れて来るだろうから、とにかく当分はそっとしておいてよい。前の二通りのものだけは幸いに類例が多いのだから、その共通の点を押えて行きさえすれば、次第に命名の趣意を明確にし得るだけでなく、さらに進んでは日本にはいたって乏しいものと認められている若干の地形語を、今において復活利用し得る見込みさえあるのである。私などの最初の期待では、これほど繁雑を極めた固有名詞だから、これを構成する普通名詞の数も、また相応に豊富なものであろうと思っていた。ところが表にこしらえてみた結果、それが存外に少なかったのでがっかりした。

我々日本人がその利用地名を作るために、古くから使っていた単語の数は、地方の隅々に近世になってから使い始めたものまで合せても、せいぜい百余り、百五十にはまだ届かなかった。それにいろいろのありふれた形容詞を副(そ)えて、この全国の利用地名の半分ばかりこしらえ、それがまた踏襲せられて占有地域の地名ともなっていたのである。これがむつかしく解しにくいもののように感じられたのは、その数量と新旧の錯綜(さくそう)、及び用法の変化の複雑さに基いた一種の眩惑(げんわく)であった。すべての社会現象は皆そうであるが、丹念な分類さえしてみれば事実の把握はそう難事でないのであった。

八

二三の実例を挙げるに先だって、一応前に述べたことを要約すると、地名の必要には三期があって、一期ごとに若干の新命名は出現したが、人はその煩労を節約すべく、毎回必ず若干の旧地名を採択保存することを心掛けたのである。その結果としてある一つの時代の横断面には、新旧年齢のきわめて区々(まちまち)なる、命名の趣旨の最も著しく相異した地名が、入り組んで頭を出しているのである。それを一つの心持でほぼ同じ時期に、地名を附与した異民族の場合と、同様な態度をもって点検したのが誤っていた。ゆえに改めて発生学的方法により、ほぼその種類の別を立ててみるのが順序であった。ひとり地名の起りには限らず、おおよそ物の名の入用は、それが眼前に横たわらず指でさし顎(あご)でしゃくって問題を明示し得ざる際にも、なおこれを相手の胸に描かせる必要から始まっている。占有の地名が利用のそれにおくれているはもちろん、同じ利用の地名でも耕作は最後のもので、いちばんに古いのはおそらくは通過行旅であった。時々の採取や捕獲などに関する地名も、それよりは後の発生であったろう。

地名増加の過程はこの方面からでも推測し得られるが、それが同時にまた単語の分布の、全国的なものから次第に一地方的なものに移って行く理由でもあったゆえに、個々の地形名詞それ自身に、おのおのその歴史を語らせることも不可能ではないのである。たとえば京都の文献に現われている幾つかの土扁・山扁の漢字は、今も標準語として承認せられているものが多いが、これは皆案外に初期のものであって、畢竟は都市住民のさまで精細なる地域地名を要求しなかったことを示している。従うて日本の地理学者たちが、これだけの文書用語のみによって、今までその学問を説明して行かれるものと思っておられたのが楽観に失し、地名知識の整理と活用とが、今後においてもかなり必要なものだという結論にもなるのであった。

地理学上の名詞の最も多く保存せられている記録は、古いところでは『新撰字鏡』や『倭名類聚抄』それから大分おくれて『伊呂波字類抄』などが、後々増補してほぼ現存の標準語の数を悉しているように見えるが、これを計量してみれば何人にも判るであろうごとく、その三分の二以上は単純な利用地名、すなわち遠望の目標として、または交通の難易等によって、旅人の話題となったものである。実際の土地利用者、ことに最もよく働いた開墾者たちは、別にこの語彙以外をもって彼等の用語を考案しなければならなかったのである。いわゆる方言の風雅の士にやや軽んぜられたものが、諸国に競い起ったのも必要のしからしむるところで、それがまたいっそう我々の地名を面倒なものにしているのである。だから分類の第一着手においては、私はまず若干の最もありふれたる地形語と、結び付けられている地名だけを第一類として、その個々の用途を考えてみようとしたのである。山・岡・谷・沢・野・原などという語を下に持った地名は、だいたいに皆開発の以前からあったものと見てよかろうが、その中でも実例がことに多く、意味に著しい変遷があったらしいのは「野」という言葉であった。

これは漢語の野という字を宛てた結果、今では平板なる低地のようにも解せられているけれども、「ノ」は本来は支那にはやや珍しい地形で、実は訳字の選定のむつかしかるべき語であった。白山（はくさん）の山彙（さんい）を取り繞（めぐ）らした飛騨・越前の大野郡、美濃と加賀との旧大野郡、さては大分県の大野郡という地名を見ても察せられるように、また花合せ・骨牌（カルタ）の八月をノという人があるように、元は野（ノ）というのは山の裾野（すその）、緩傾斜の地帯を意味する日本語であった。火山行動の最も敏活な、降水量の最も豊富なる島国でないと、見ることのできない奇抜な地形であり、これを制御（せいぎょ）して村を興し家を立てたのもまた一つのわが社会の特長であった。野口、入野という類の大小の地名が、山深い高地にあるのもそのためで、これを現在の野の意味で解こうとすると不可解になるのである。

大野は久しい間開き得なかったので地名になったのかも知らぬが、これに対立する小野という地形こそ、最も移住民の落ち着いて開きやすいものであった。小野は全日本に最も弘く分布している地名であって、その起りには新旧の二通りあって、東北地方のものはあるいは新しい方かとも思うが中央部以西には古い小野が多い。周防（すおう）と長門（ながと）との境などに行ってみると他地方で沢と呼び谷というものが皆小野になっている。それから近畿地方、ことに山城の京の周囲にも小野は幾つかある。近江（おうみ）と接した山間部の小野は、始めて支那に使したという小野妹子（いもこ）の子孫が住んでいた。これだけはあるいは家名がもとで、地名はこれによって起ったようにも考えている人があろうが、少なくとも地形は他の諸国の小野と一致している。ここに住んだ小野氏は珍しい家の歴史を持っていた。記録と現実とのともに示すところでは、この家の末流には隣郷に住んでいた猿女(さるめ)氏と縁組して、宗教生活に入って行った者が多かった。それが故郷を出て南北の辺土まで漂泊し、一種の神道を説きあるいて到る処に神を祭ったのが、今も諸国の御社の祠官に、小野という旧家の多くある原因になっている。そうして武蔵七党の横山氏を始め、これから分れて出て繁栄した家も少なからず、一方にはまた日本の民間文芸に、一種美麗なる色彩を帯びさせることにもなったことは、私が前年以来大なる興味をもって説き立てているところであるが、これにもまた「ノ」という地形の人生と交渉をもった痕跡が、かなり濃厚に残り伝わっているのである。

九

これと同様の事情はなお他の幾つかの地名の普及を促している。たとえば東国奥羽において沢といい、西南日本において谷というなどは、ともにその字義から見ると天然の力ばかり強く人の棲息(せいそく)には向きそうもなかったらしく思われるが、実際はかなり古い部落、もしくは耕地の地名となっているものが無数である。我々の農作は当初自然の水流を利用するために、好んで傾斜のある山添いを利用し、しかも背後に拠(よ)る所のある最小の盆地を求めたゆえに、上代の植民は常に川上に向って進む傾向をもっていた。それが人多く智巧が進み、一方平和の保障が得らるるようになって、始めて立ち戻って低湿広漠の地を経営することになったので、今日の農地の主要部をもって目せられるものは、どこへ行っても皆三百年この方の新田であった。これがおそらくはまた水田地方の地形語の、常に方言として割拠している理由と私には考えられる。

沼地・湿地を意味している地形語は、その応用は限地的には非常に盛んであるが、一たび境を越えると相隣してしばしば変化している。たとえば東北地方では最も多いヤチという言葉はあるいは新村（出）博士の説のごとく古い由緒のある日本語かも知れないが、少なくとも箱根を越えて西へ進むとその使用は見られず、これと音の近い語も内容がまるでちがって来て、語原が一つだという証明には骨が折れる。九州ではこれに対して別にムダという語が普及しているが、これも東に向って来るとその語音は変化し、長門ではウダ、土佐でもウダ、京都の近くにも宇多という語は古くから多く、武蔵と甲斐の一部ではそれがヌタまたはノタとなって湿地を意味している。猪を撃つ猟人のよく知っている言葉に、ヌタともノタともいうのはまた同じ語だったかと思うが、これだけは九州ではニタと言って区別している。それからまだ中央部にはクテという語があって湫という字をあて、これも開けば田になるような湿地を意味し、また現在すでに田になっているクテもある。クゴとかフゴとかいう地名もこのクテの地域からいくらも離れない地方にあれば、なおそれ以外に山形県でヒト、島根県がシノトという類の、他府県の者には解しがたい地名で、いずれも同じような地形を意味するかと思うものが十種ほどもあるのである。地名発生の必要が地方的であった以上、京都の文筆の士が与り知らぬ言葉が、残っていたことに不思議はないのであって、これを方言だから別に正しい標準語がありそうなものだと思って待っていたならば、いつまでも地名は解らぬであろう。

私が今までやって来た仕事は、この地名の地方的特徴を表にしてみようとすることであった。地理の学徒としては単に九州のムダと近畿・中国・四国のウダと、関東のヌタとが同じものだということを知るに止まらず、将来「湿地」などという急造語を使う代りに、何か一つの語を採って土地の農夫たちと、心おきなく話のできるようにしなければならぬのだが、それにはそのいずれを標準とするかについて、停車場設置の時のような争奪が起ろうも知れぬゆえに、もう少し丁寧に国語変遷の歴史を見なければならぬのである。諸君はだいたいにすでに地名の社会的法則というようなものを認められたであろうが、なおこういう地方的の異同を目して、土地人が気紛れに新語を考案した結果のごとく、考えられないとも限らぬ。ところが実際は必ずしもそう人は我儘なものでなかった。単に都市人が自分に入用のないために、忘れて書冊には書き伝えなかったというのみで、古い日本語が偶然に、ある土地だけに残っていたという場合もずいぶんあるのである。

以前も一度ならず私はこれを説いているが、畠作農業が人口の増加につれて、次第に重要になって来たお蔭に、このごろ始めて気付かれたカガという地形語がある。中国の各県と四国の一部ではコウゲと称し、これに芝または原などの漢字を宛てている。その字の暗示するごとくやや高燥な草原であって水利の土木工業が大いに進まぬ限りこれを田にする見込みはほとんどなくわずかに多雨の年を頼りにして麦豆類を作るか、さもなければいつまでも草原として草でも刈っているの他はなかった。それが近世に入って小面積のコウゲから、おいおいに常畠（じょうばた）とし、稀（まれ）には遠く水を引いて田にもしたのである。中国地方の近世の地誌を見ると、このコウゲの語原がいろいろと想像してある。それはいずれも皆新しくできた語と認めていたからで、古来の日本語ならばそんな無益な労苦をするはずはなかったのである。

　ところが秋田・青森の二県では、ちょうど中国のコウゲに当る地形を、カヌカと呼んでいることに私は心付いた。カヌカは土地によって鹿糠などの字を宛て、アイヌ語でもあるかのごとく思っている人も多かったが、これをカノカともカッカとも、またカガともいっている地方があり、一方には出雲・石見（いわみ）でもコウゲ茶をカッカ茶ともいうから、この両端の用語はもとは一つであった。そうしてこれが国の名の加賀や、足利（あしかが）のカガなどを説明するらしいから、決して新しく生まれた単語ではなかったのである。現在の標準語においては生硬なる近年の造語までも引っくるめて、まだコウゲまたはカッカを廃してその代りになるものができていない。原でも芝生でも草生地でも、ともに幾分か意味が広くなるを免れない。入用があればこそこんな語が田舎には残り、都市では入用がないためにいつの間にか忘れていたのである。今後はやめて別の語を案出するのも勝手だが、少なくともそれ以前に一度、どういうわけでこの語が生まれたかを、考えてみるだけは学者の義務である。

一〇

そこで最後にただ一言、近年の人文地理なるものの成長ぶりを批評してみたい。以前私などの学校にいた頃にも、こういう名の学問はあるにはあったが、それはただ統計の要約でありないしは現状の記述に止まっていた。しかるに人が一たび何ゆえにかくのごとくであるかを訝(いぶか)り問わんとするに及んで、学問それ自身がかなり煩悶(はんもん)をしたようである。大地の表面は隅から隅まで、ことごとく人類去来の足跡であり、無名の彫塑(ちょうそ)家の篦(へら)の痕(あと)であるはずだが、それがどういう順序と計劃の下に行われたかに至っては、多分の臆断を傭(やと)わざればこれを説明するに由なかったのである。そのためにせっかく事実の観測を足場とする自然科学が、ここに来ると忽然(こつぜん)として「先生の仰せある通り」という昔風の賢人崇拝に陥る懸念があった。地名はこれに対しては一つの有力な救いの綱である。ことに日本のごとく豊富なる資料を擁し、しかも今日まで蓋(ふた)を明けてもみなかった国では、この学問の未知数はまずすこぶる頼もしいものである。億を越えるかと思うこの我々の地名は、いかに微小なものでも一つ一つ、人間の意思に成らぬものはない。始めてこれを命名した者の判断と批評とがその群の大部分によって是認せられ、遵奉(じゅんぽう)せられたという事実だけは立証している。そうしてその中には前に例示するごとく、五十年前のものもあればまた千年来のものもあり、さらにその中間の各段階を代表しているものもあるのである。いわゆる人と天然との交渉をこれ以上綿密に、記録しているものは他にはないわけである。これを利用もせずに郷土の過去を説こうとする人が、今でも多いということは私には何とも合点が行かない。

ただしこの資料の利用のためには、若干の予備作業の必要であることは事実だが、それを面倒くさがって突き飛ばそうとするような学者が、今の世の中にそう多くあろうとは思われない。これは何でも方法に関する意見が一定せぬのである。だからまずこの点を討究しておく必要があると思う。私の勧説(かんぜい)してみたいのは、精細なる限地的の調査に伴のうて、ぜひとも遠近の各地方の事実を比較することである。最近の雑誌類では、人がわが居村の地理を詳しく知ることをただちに郷土研究と名づけようとするらしく見えるが、それでは郷土研究は単に在来の地理学の別名に過ぎぬことになりはせぬだろうか。地理でなくとも学問は進めば必ず細かくなるが、ことに地理学は土地の上の事実を知るのだから、郷土研究と言わなくともそうするのが当り前である。単なる流行を追い人をいい気にならせる以上に、わざわざ郷土研究などと呼ぶ理由はないのである。

私たちがこの語を使っている趣旨は実は別にあった。それは孤立の割拠的調査が、いかに郷土人の深い同情と理解力とをもってするも、なお現実の疑惑を氷解するに足らぬことを知るにあった。各郷土の収穫を綜合し、遠く離れて住む者の相助と交通とによって、新たに獲たものを互いに利用するにあらざれば、いつまでも事実の記述以上に人を賢くすることができぬことは、地名の問題がおそらくは最も適切に例示している。前途に遠大な目的をもつ人文地理のような学問が、いつまでも片隅の精密を競争していることは、どう考えてみても学界の慶事ではない。一日も早くそんなところで安心してはおられぬことを感じさせ、同時に郷土研究の全国的意義を明確にするためにも、私は地名の興味がもう少し諸君の間に普及せんことを禱(いの)る者である。

（「地理学評論」昭和七年五月・六月）

地名と歴史

一

諸君が地名の話を誰かから、一度詳しく聴いてみたいと思っておられる動機は、自分にはおおよそ想像することができる。この県では一昨年（昭和七年）大分の手数と金とを掛けて、明治十五年の『愛知県地名調』を印刷して頒布せられた。それをめいめいが手に取って一覧すると、なるほどこれは綿密な調べで、これを纏めて一巻の書冊とした人々の労苦は察するに余りあるが、さて次に起る疑問はこれが何になるのか。方今一国の急務と認められている郷土の研究に、いかにしたらこれが利用し得られ、県民としてわが住む土地の実状を、理解せしめる手段または資料となるのか。要するにかような面倒を厭わなかった教育会の事業が、果して徒労でなかったという証拠はどこにあるのかということである。これはおそらく自他ともに、答えずにおいては気持のよくない問題であろうと思う。この近隣の幾つかの府県では、もっと大きな金を使い時間を費して、やはり同じような無言の詰問に悩まされている。各郡ではまた郡制廃止の記念とし、やはり尨大な郡誌などを編輯公刊して、その序文にはいずれも郷土研究の抱負が掲げてある。しかもこれによって一般の認識が、新たに増進した様子はいっこうにないのみか、実はそれを一読した人すら、まずはいたって稀と言ってもよいのである。これに比べると地名調などはまだまだ話が楽である。第一に事が小さい。第二にはこれによって郷土の過去に関する知識を新たに学び知る方法は、もうおおよそ目安が立っている。必ずしも百年後世の学者に委付せずとも、我々だけの力でも相応にこれを利用する途があって、大へん結構な出版であったということを、同時代の人々からも言われることができると私は思う。そうしてその点をあたう限り具体的に説明してみることが、おそらく諸君の期待に副う所以であろうとも思っている。

二

最初の出発点は、地名は我々の生活上の必要に基いてできたものであるからには、必ず一つの意味をもち、それがまた当該土地の事情性質を、少なくともできた当座には、言い表わしていただろうという推測である。官吏や領主の個人的決定によって、通用を強いられた場合は別だが、普通にはたとえ誰から言い始めても、他の多数者が同意をしてくれなければ地名にはならない。親がわが子に名を付けるのとはちがって、自然に発生した地名は始めから社会の暗黙の議決を経ている。従ってよほど適切に他と区別し得るだけの、特徴が捉えられているはずである。ところが現在の実際はどの地方に往っても、半分以上の地名は住民にも意味が判らなくなっている。世が改まり時の情勢が変化して、語音だけは記憶しても内容は忘却せられたのである。

　過去のある事実が湮滅に瀕して、かろうじて復原の端緒だけを保留していたのである。もう一度その命名の動機を思い出すことによって、なんらかの歴史の闡明せらるべきは必然である。だから県内の地名はどのくらい数が多くても、やはり一つ一つ片端から、その意味を尋ねて行く必要もあり、またその興味もあるわけである。

　これが現在はまだなかなか容易でない仕事のように考えられている。一つの部落ないしは一つの盆地において、かりにいかほど熱心な郷土研究者がいても、よく自分の周囲の地名を理解してそれから昔あった事、すなわち祖先以来の辛苦経営の跡を知り尽すという望みはまだ持てない。たまたま独断をすれば自分すら信じあたわざることを言ってのけなければならぬことになるであろう。私などの方法は、甲乙なるべく縁の薄い遠方の同じ地名を、幾つも比べてみて自然にその意味を覚ろうとするにあるのだが、これは労が多いのみでなくその途がまだ備わっていない。たとえば明治十五年の前後には、内務省の地理局長が全国の府県に移牒して、これと同種の郡町村の字名調べをさせているのだが、この県のごとくその複本が保存してあり、時至ってこれを謄写版に付したというのは他ではまだ聴いていない。中央に集められていた全国の地名調数千冊は、非常に貴重なまた浩瀚なものであったが、これは何人もまだ精読してみないうちに、惜しむべし大正十二年の震災で丸焼けになってしまった。だから各地に愛知県同様の篤志家が輩出して、互いに知識の交換をするを期待しなければならぬのだが、地名のごとき煩雑なものについて、そういう比較研究の起るのは程遠いことである。やむなくんば東西数十里にわたり、海もあれば山家(やまが)の奥在所もあり、旧藩の所領も幾つかに分れていたという大きな一県において、全県共同にこの問題を考えてみるということが、ある程度までは地名の歴史的価値を高め得る途かと思う。それにはたとえ僅少の部数にもせよ、尾参両国の隅々まで、一時に綜覧し得られる一巻の地名表が公刊せられたということは、愛知県の史学のために慶賀してよいことなのである。

三

ただし一応前もって承知しておかれなければならぬことは、この『地名調』の地名は全部でもなくまたすべてが皆古い歴史をもつ地名でもないということである。明治初年の土地丈量の顚末(てんまつ)は、聞いて知っておられる諸君も多いことと思うが、村々の地名には住民の耳に記憶せられるのみで、書いたものには伝わっていない処が、あの頃まではずいぶん多かったのである。それを土地台帳の作成と同時に、全国一統の一間一分の絵図に引き直したのが、明治新政を記念するあの大きな検地事業であった。村絵図はあまりに大き過ぎるところから、複本を切絵図として出し入れに便にし、今でも役場では盛んにこれを使用している。その切絵図には一枚ごとに地名を附けた。それが現在のいわゆる各大字(おおあざ)内の字(あざ)になっているので、従前の村の小区劃とは喰いちがっている。土地によってはもっと小さな数多くの字があった。切絵図にはそれが合併せられ、また山や原野では、大きな一字が何枚にも分割せられている。諸君の手元にある『愛知県郡町村字名調』なるものは、実はその新しい切絵図の字を集めたものである。地方によってはそれを甲乙丙丁や番号にしてしまった村もあるが、この県などではだいたいに以前の地名を踏襲し、たまたま合併分割によって、適当なる総称が得られぬ場合にのみこれを新設したことは、ちょうど新町村名と各大字名との関係によく似ている。だから諸君の個々の郷土において、この地名をして歴史を物語らしめようとせられる際には、あらかじめこれが明治九年に新たに設けられたものでないことを確かめないと、しばしば無理な推測をする危険があるのである。古い地名はそう乱暴に、棄てたり変えたりはしなかったことであろうが、切絵図作成の都合上、しばしば区域は削られたり脇へずれているのである。従って池の上という字が池の下に及んだり、長久手（ながくて）という地名が実は短い湫（くて）、即ち湿地をしか含まぬということもあり得るので、こういう一見して意味の判るものはよいが、さもなければいよいよどうしてこんな字ができたかを解するに苦しむ場合が多くなるのである。それよりも注意しなければならぬことは、こういう人煙の繁く栄えている地方では、古い由緒のある多くの地名が、ほんの偶然のことから公簿の上に載せられず、今はまだ故老の記憶しているものがあっても、後おいおいに公けの知識から消えて行くことである。それを知られている限り拾い集めておかぬと、村々の地名研究は完成せぬのである。そうしてこれがいかなる歴史を教えてくれるかを考えるには、全県の地名調はやはりいつまでも大きな支援を供与することと思う。

四

個々の地名の起原に関しては、かつて自分の地理学会で講演した筆記が出ているから（前章参照）それと重複した話はできるだけ避けて、主としてこの県に関係のあることのみをお話しようと思う。地名はどこの国でも、普通にはまず地形によって附ける。それが間に合わなくなっておいおいに他の材料を加味して行くのである。近い例を引くならば、アイヌなどは耕作がいまだ進まず、居住以外の目的で土地を区劃し、または永くこれを占有することがほとんどないから、地名は数も少なくまたきわめて単純である。行旅には目標があれば十分であり、狩猟その他の採取経済においては、場処さえ記憶し得られ、かつ他人とその話ができればよいのである。そういう地名には努めて具体的にその土地の性質を指示するものを択び、解説や打合せの入用な、符号式のものを避けるから、誰が聞いてもその意味を捉えやすい。これに対して生活機構の複雑になった社会では、原因動機が区々になっているから、そう簡単に地名を理解することができぬのも当り前である。その中でも日本はことにその点が厄介で、後にはとうてい不可解なものと見切りを付けたり、または勝手放題な地名考を発表する者を制しきれない事情があった。アイヌの地名がたくさんに残っているという説なども、実は語音の近似を説き、ないしありもせぬ内容をその土地の上に想像したりするだけでは、実はまだ証明にはならなかったのである。現在の住民を北夷の後裔だと認めない以上は、そうしたアイヌ語が伝わって今に至った手順も想像してみなければならなかった。それにはある時代二種の民族が共棲し、一方は他から旧来の地名を教えてもらって、それを採用するだけの交際があったことを示さなければならぬし、さらにまた人の生活がどのように進んでも、以前の名称を以前の土地に付けておいて、差支えがなかったということをも確かめる必要があったのである。人が新たに土着しまたは開墾をして、地を劃し堺を交えることになると、それにはぜひとも双方の地名が設けられねばならなかった。私はこれを地区名と呼んでいるが、これはたいていの場合、未開人には入用がなかったのである。地区名にはもちろん在来の地点名を、できるだけは承継しようとしたであろうが、それの不可能な場合がいくらもあった。第一には地点名は、黒岩とか二本杉とかいう類の狭い場処だけしかさしておらぬのを、引き延ばしてずっと広い区域の名とすると、物と名前との関係が不明になって行く。長野は山の麓（ふもと）のやや続いた緩傾斜地のことであったろうが、そこに御寺の大きいのが建って繁昌（はんじょう）すると、後には市の名となって、谷陰にも大川の岸にも及び、さらに県庁が設置せられると、後には広い信州一国の県名とさえなった。日本六十六国の国号が、大部分は意味不明になったのも、原因はあるいはそれであったかも知れぬ。それから第二には大きな地区に、今まで一つか二つしか地名がなかった場合、これを小さく分けて次々に開いたり、または幾つかの異なる民居を置くとすると、踏襲をしたくとも旧名がなく、新たに地形によって名を下したくとも、一望同様式でこれという特徴のない場合もあり得る。中世以後の開発は沼を埋め草原を苅り払い、一時にたくさんの地区名を附与しなければならぬ場合が多かった。今ならば数字でも番号でも打つところだが、昔の人はそれを好まなかったので、いろいろ工夫をして新名をこしらえた。これが名を聴いてすぐに場所を知りがたく、特に由来を尋究しなければならぬ地名が、進歩した社会ほど数多くなって来る所以であって、またその新旧の錯綜した地名を、ただ一本調子にアイヌ語ばかりで、説こうとせられては困る理由でもある。そうして我々常民の永い歴史も、実はこの複雑な不可解の下に隠れているのである。

五

　これを発掘して行くためには、順序としてまず始めに第一種の地名、すなわちもっぱら地形を表わす単語から、組み立てられている地名を、別に取り除けて整理しておかねばならぬのだが、これにも日本にはいまだ二三の小さな困難がある。日本は地形の珍しく複雑な国で、これを経営した国民の態度なり方法なりも、時代によって変化し、従って名の付け方も各地一様でないのだが、中央の学界へはその事実が、ただ一部分しか知られていなかった。旅行のあまり得意でなかった京都の文士たちには、入用もなくまた見たこともないという地形語が、昔からかなり多かったようである。『倭名鈔（わみょうしょう）』の山谷類や林野類などの中にいまだかつて想像せられず、『新撰字鏡（しんせんじきょう）』の山扁やサンズイの中に採録せられてもいないいろいろの地形が、田舎にはちゃんと語ができて弘く用いられており、またその言葉にも永い歳月の間に、少しずつの地方的異同を生じた。書物を読んでいただけではこういう地形語は解しがたい。それゆえにやはりそれぞれの実地に就いて、まずその方言の内容を学ばなければならなかったのである。しかし方言とはいっても、知らぬのは中央の文筆の人だけで、地方はどこへ往っても通用しているものがあり、中にはまた中部とか九州とかだけならば、誰でもよく知っているという語がある。これは地理学の要求から言っても、将来必ず標準語として採用し、我々の語彙を豊富にしなければならぬものである。

一つの例を挙げると、日本は米作国で人は常に水田適地を捜しまわっていた。それゆえに湿地・沮洳地を意味する単語の入用は外国よりもはるかに多く、従ってまたこれから作った固有名詞が無数にあるのだが、中央の辞典には一部しかそれが出て来ない。古く記録に見えるのはウダという語で、それは大和でも山城でも、すでに郷名・郡名にさえなっている。この語はわずかな変化をもって、今も弘く東西に行われ、九州の西半分ではこれをムダ、藺牟田・大牟田などと通例は牟田の字を宛て、東九州では山中の湿地だけをヌタもしくはニタといっている。古い語だとみえて同じ語は関東にも分布している。甲州街道の黒野田・北多摩郡の大岱などの類は数多く、怒田という字を宛ててもいるから、ヌタというのが普通だったらしいが上州の下仁田だの伊豆の仁田四郎だのと、特に新田のニイタと差別しようとしたニタもある。本来はいずれもウダと一つの語であったろうと私は思う。ところが愛知県の『地名調』をざっと目を通して見ると、尾参にはこの語は行われなかったか、少なくともこれを地名にしたものがいっこうに見当らない。しかも後年開いて田にした湿地は、浜にも山間にも非常に多いのである。それをこの地方では以前は何といっておろうか。誰にもすぐ心付くのは湫の漢字を宛てたクテまたはグデである。有名な東春日井の長湫（ながくて）から、北は中仙道の大湫あたりへ掛けてこの地名はかなりたくさんに残っている。三河部にも久手と書いて、今はキュウデと呼ぶものもまじっているが、その数は決して尾張に劣らず、また隅々の村にまで及んでいる。ところが注意すべきことにはこのクテという単語は、単にこの平野一帯だけの方言であって、信州には少しあるようだが他の遠くの府県には及んでいない。何か基くところはあったのであろうが、とにかくに人がこの地方に入って来てから、作り出した言葉であるらしい。すなわちアイヌ語起原論者の口吻（こうふん）を借りていうと、古くクテ人種の住んでいた土地などということになるかも知れぬが、もとよりそういうもののあろうはずはない。

六

ただしクテと同じであろうと思う水づいた低地を、フケといいフゴまたはクゴといい、あるいはアワラともドブともいう人のいたことは、地名によってこれを窺（うかが）い知ることができる。フケは泓とか湗とかいう漢字をあてて、クテよりははるかに広く行わるる地形名である。京都でも昔富家と書いた地名がよく知られており、関東の方でも足の入るような泥田を、今も一般にフケ田といっている。クゴもしくはフゴという語は、他は知らぬが北陸道には行われ、しかもフケという語と併存しているから、あるいは一語の分化したものかも知れない。アワラという地名はこの県などがたいてい西限であって、東は甲信から関東に及び、また北国にもわずかの例がある。水が近くにあって交通は妨げるが、山中でない限りは開いて田にしやすい地形を意味している。ドブというのはあるいはそれよりも幾分水が多く、泥沼ともいってよい地形かと思うが、とにかく東京の北部から埼玉県一帯では、耕地の字の名として盛んに利用せられている。これがトンボとなりまたはタンボとなると、新たに別の意味を生ずるかも知らぬが、少なくとも今日下水をドブという東京語は、本来は単に田になる地形の名であったと言ってよい。そこで改めて地名の分布という問題になるのだが、もしもこれらの湿地を意味する語または地名が、同じ一つの部落に併存しているならば格別、かりに部落ごとに異なる語が行われているとしたら、その事実はあるいは住民の入って来た方角を、暗示することになるかと思う。すなわち東三河のようにクテはやや少なく、クゴという語の多く存する土地の人は、北隣諸県のその語を使う土地と縁が近く、アワラという語を知る山間の村々は、この語のまったくない西の方の国から移住した者ではないということになり、それと同時に、クテを普通名詞にも固有名詞にも用いている人々は、かなり早くからこの土地に住んだ者の末であろうという推測を許すかも知れぬので、こんな小さな事実でも、他に書いたものがなければやはり有力な郷土史の史料なのである。

これと同じことは、また居住地に択んだ一つの地形の名についても言われる。わずかな岡と岡との間で水もあり日当りもよく、外からは隠れて奥へも通りやすいという、中世の農民に最も好まれた地形を、何と名づけているかで日本は幾つかの地方に区分し得られる。近畿と中国東部ではこれに山中と同様のタニという語を附与し、東海諸国に多いヤツという語はまったくない。サワは関西では沼沢をしか意味しておらぬが、東半分では谷合のことであり、土地によってはこれをヤツの代りに使っている。愛知県の地名にはヤツは絶無のようで、サワは主として山渓の意味に使われている。そうしてそれ以外になおタニもあれば、一方にはまたホラもありクボもあり、ハザマという語は有名な桶狭間以外に、三河部には算えきれぬほどもある。この特徴は別に原由があり、必ずしも地形の天然のみに導かれたものでなかろうと思う。

七

ホラという語の盛んに使われているのは、東美濃から飛騨の益田川流域にかけてであり信州も南部には少しあるから、三河とは地域が繋がっている。それが大分の間隔を置いて伊豆半島の南半部に、ごく普通に行われているのを私は実験した。クボという語は西国にもまるでないとは言われぬけれども、多いのはやはりこの国以東の太平洋岸で、ことに東京の四周のわずかな土地が最も目につき、東へ進むとまたなくなってしまうのである。東京近くでクボという地形は、その外側へ出ると多くはヤツまたはヤト、上総・下総等ではサクという語が代りになっていて、これは愛知県にはともにないようである。サクは九州南部のサコと一つの語であろうと思うが他の地方ではこれをハザマといい、現に大迫と書いて鹿児島地方はオオサコまたはウーザコ、岩手県ではこれをオハザマといっている。ハザマは関東などでは全然耳にせぬ地名だが、その分布は存外に広く、西は山口県でも盛んに地名になっており、東北にもまたわずかだが大迫のごとき例がある。むろん東北などのものはこちらが元でもあろうが、何にもせよ甲にあって乙丙の地にはないという地名の幾つかが、ここでまた新しい組合せを見せているということは、いわゆる国内移民の動向を察する上において、ひとりこの土地限りの史料とも言われぬくらいに大切な事実である。

畠作の進歩は日本のような旧国でもやはり新しい歴史であって、それがまたいっこう調べられていない。これも地名の鄭重な取扱いによって、少しずつ事実に近づいて行けるのである。いわゆる常畠の開け始めた土地は、よっぽどいろいろの条件に恵まれていなければならなかった。それで水田適地に次いで人が早くからこれに注意を払い、従うて地形語が地名となる機会は多かった。この県では全然遺っていない地名であるが、中国全部と四国の片端にかけて、コウゲまたはカッカというのが水のない草生地のことであった。村が山から遠くに独立することになって、こういう土地はまず肥料の補給によって、切替畑の利用法から脱却したのである。この地名は遠く飛んで東北の尖端だけにある。秋田でカッカ、津軽南部でカノガ、カヌガというのがそれらしいが、ここではまだ常畠の域に入らず、単にたびたびの焼畑作りによって、樹林の絶滅して草芝ばかりになった土地をそういっている。そうして両地の中間にはもうその語はなくて、わずかに痕跡かと思う加賀国や足利のカガだけがあるのである。そうすると問題は、中部地方の畠作はまずどういう地形の処に始まったかである。これには今日の何野・何原という字名も、一部は必ず参加していることと思うが、私たちの注意している他の重要な一つの地名はハバである。ハバの語原はまだ不明だが、その意味だけはほぼ判明している。そうして西日本にはまったく知られておらぬ語である。水の流れなどに接した丘陵地の末端の緩傾斜で、しかも水を引いて田にするまでの便宜のないところ、元はあるいは山腹のわずかな平地の休憩遠望に適し、今日飯場などと書いてハンバといっているものと同じかと思うが、少なくとも近世のハバは居住地に近く、常畠耕作の最も行いやすい地形の名であった。辞書には方言としてその重要性を無視しているが、それは単に京畿にその語の存せざるためで、これが現今の農業進歩に、寄与した部分は大きかったのである。こういうと諸君は多分、名古屋の幅下を聯想せられることであろう。自分もそのつもりで話をしているのである。ハバの下の居住が単なる自然の地形からでも、なお園圃農業の拡張によって、労力の利用を進めることができる。まして城砦の保護があったとすれば、末々繁昌するのは当然であると言ってよい。ただ考えてみなければならぬことは、ハバが開かれて邑落となるには、焼畑用地の不足、人口の余剰、畠作物の種類の増加、農技術の進歩というがごとき、他にもいろいろの条件を要したことである。単に有力なる武家がその岡の上にいたというだけではなかったのである。

八

この点があるいは城廓方式の近世の変遷を促した一つの事由ではないかと私は思う。断崖険岨の上に建ちまたは周囲を川や湖沢で囲んだものは、自身の出入りに不便であったというだけでなく、日常の用品にも早く欠乏しやすい憾みがあった。ゆえに一方には商工の徒をも城の眼の下に抱え置いたのだが、同時にある程度までの農作をも営ませる必要があったのである。東北各地の大藩の屋敷割は、江戸と比べものにならぬほど広かったが、その江戸とても元は山手には多くの常畠があった。穀作までも若干はさせていたのではないかと思う。しかしそれがおいおいに肆廛となり、往還はやや迂回しつつ、城のすぐ近くを貫くようになった。城下が都市と化すべき端緒は、大きな道路とその上に立つ市場とであった。政治上の理由からその計劃が中断して、地名ばかりが残っている例は多い。岡山地方に行くと、今は淋しい田舎となった古城址の近くにも、また繁栄している大小の御城下にも、ともに山下という地名がある。山下は鹿児島県などの麓と同じように、もと城山の下という意味であったろう。山科言継の日記などを見ると、あの頃は岐阜城の追手口をも山下と呼んでいたが、後々は東国にはこの地名は消えたようである。その代りか、もしくは前からもあったか、関東などでは寄居といい根小屋と言い箕輪というのが、ともに城下の民のことであった。箕輪は突出した丘の周囲を取り囲んだ部落の形が、箕の縁に似ていたからであろう。これと根小屋とはこの県にも大分ある。今は普通の農村となっていても、かつて岡の上の居城によって援護せられてできたことは、その現形からでも察せられるかと思う。片端という地名は一方が城の土居もしくは濠ばたになっていて、片側しか人家のない道路であることを意味し、これも西国にはなくてこの辺から東には多い。あるいはまた片原町、片平ともいう処があり、その起因が不明になって帷子（かたびら）という漢字などを用いているが、その片側はたいていは武士の大邸宅である。

それからまたこの県西部から美濃へ掛けての地名に、竹の花、竹の腰という字名がかなり多い。これなどもやはり軍略の必要から出たもので、実際に竹藪（たけやぶ）を立てて遠望を遮（さえぎ）り、または人工的に一つの切処（せっしょ）を設けたものかと思う。関東にも同じ地名があり、また竹を多く栽（う）えていた。ハナは塙（はなわ）であって川の岸などの迂回をしなければ近よれない地形であった。イノハナというのも似たような場処で、やはり目隠しの竹を栽えていたのだが、交通機関が改まって今は必要もなく、不便ばかり多いのでおいおいにこれを伐（き）り去り、一つの田舎の風物の特徴が消えかかっている。岡の片端の決潰（けっかい）した部分が、しばしば地名となっているのも何か理由のあったことと思う。遠くからの目標としても非常に有効だが、それよりもやはり戦略上の用途、もしくはハバと同様な経済的理由から、こういう地形に特に注意したのかも知れない。全国を通じてこれもおおよそ三通りの名の付け方があった。能登と越中の境などはクエ、崩れることをクエルといったのである。関東・東北はガケ・ガンケが多く、ハケというのもその系統に属するのかも知れぬ。九州から四国ことに土佐にかけては、ツエというのが一般のようになっている。愛知県ではクエはまったくなく、ガケは折々ありまたトエという地名が大分ある。西国の津江（つえ）と同じ語がここまで来ているので、これから東へ行くと聴くことが少ないようである。ホキという語は古くから文献にも見え、また広い地域に今も行われている。これは谷合などの切り立った崖（がけ）のことで、いずれは崩壊に基くのであろうが、年久しいから天然のごとく考えられている。この地方でも多分その意味に用いているのであろう。ママという語は関東ではやはり崩れ岸のことで、カケママだのママックズレだのという語もあるが、西へ進むにつれて傾斜地という意味になり、時としては畦畔(あぜくろ)をもママという地がある。尾参地方でも後の方の意味に用いられているかどうか。私はまだこれを確かめてみることができない。

九

それから立ち戻って山間の地名の焼畑・切替畑をいい表わすものを注意しておきたい。これにもやはり三通りほどの種類があって九州・四国にはコバツクリ、コバキリという語が最も多いが、東国にはその類例がない。関東四周の山地にはサスという語とソリという語があり、前者はやや狭く武蔵・相模くらいに限られている。ソリは動詞にしてソラスというのが荒らすことである。あるいは一つの行為の裏と表とで、三年と五年と山を畑にして作るのがサス、それを再び樹林地に戻すのがソラスであったかも知れない。いずれにしても焼畑のしばしば行われ、また地形のそれに適する区域を、甲州などは何々草里(そうり)といい、駿河・遠江(とおとうみ)ではゾウレといって、地図にはよく蔵連などという文字が宛ててある。それが三河では設楽(したら)・加茂(かも)の山間にも及んでいるのだから、この地名については東国流だということができる。それを土地によっては単にソとのみもいう。豊根(とよね)振草(ふりくさ)などのクサという地名が、同じ地方には折々あるようだが、これも多分は切替畑の跡地のことであろうと思う。こういう名の付くほどの土地は、同じ山側でも比較的沃土であり、日射その他の天然条件のよい地域である。従うていよいよ耕地の不足を感ずると、努力すれば改めて常畠ともなし得たかと思う。それで今日はすでに民家があり、もはや以前のような一時的耕作はしておらぬので、住人自身までが名の起りを忘れてしまったものもあるかと思う。夏明もしくは夏焼という地名などもその例で、普通の焼畑は前年の秋に伐って、春早々に焼いて播種するのに、その年の夏に入ってから焼いても間に合うという処は、よほど地味も肥え日受もよい場所である。そういう所へは出村を企て永住をする者も後には出て来る。それゆえに焼くという地名が残っていて、実はもうただの耕地にしてしまっているのである。

アラコというのは尾参地方の特色ある地名で、たとえば前田侯の先祖は尾州荒子の産であったというが、同じ地名は紛わしいほどこの県には多い。これは他の地方と比べると意味がほぼわかる。関東では原野を開いて畠にすることをアラク起しといい、アラクという字もたくさんにある。アラコとこのアラクとは一つの語であろうと思う。西の方ではまったくきかぬ地名であるから、あるいはこの辺などが始まりで、すでに足利期から畠を開発して村を作る風が、始まっていたことを談るものかも知れない。田の多い村の中に処々アラクを起しただけでは、これが村の名とはなり得ないからである。ヒラコという地名も愛知県にはアラコ以上に多いが、これは他県に類例がないために、ここで実地を見ないと自分にはその意味が取れない。東国ではアラクの畠に対して、ホックというのが開墾して田にすることのようである。ヒラコもあるいはそれではなかろうか。諸君の比較研究を煩わしたいと思う。

田を開いて村を立てることは、昔からの普通の例だから、これには特別の名はできていない。関東の方では何々新田というのがその近世のものの名であり、近畿地方には新屋敷(しんやしき)、今在家(いまざいけ)などがそれに該当する。愛知県は古く開けた土地が多いためか、案外にこの二種の地名が少なく、いちばんよく行われているのが新居という字である。アライは元はニイイもしくはニイノイといっていたかと思うが、農家をイというのは今風でないから、このアライなども相応に古い新村であったろう。そうするとかりにヒラコが開田の義であったにしても、それで一村を立てたのは昔のことで、他の多くのものはいわゆる切添(きりそえ)、すなわち旧村の田地を追加したまでであったのである。

一〇

地形語を土台にした地名も列挙して行くとまだいろいろあるが、その取扱い方は皆同じだからまずよい加減でやめておこう。ただもう一つだけぜひ言ってみたいことは、同じく地形を表示する単語でもやはり必要に応じて次々に生まれて来たので、決して一部の論者の想像するように、大昔からすべて具(そな)わっていたのではないということである。その一例とも認められるのは、最初地面が豊かで選定の自由であった時代には、人は必ず功程の容易で便益の多い場所を見立ててそこだけに住もうとしたのだが、おいおいに人がつまり、または後から入って来て若干の不利を忍ばねばならぬものは、ぶつぶつ言いながらも二等地・三等地に村をこしらえることになった。そういう時代になって始めて生まれたらしい地名もずいぶんあるのである。紀州・大和辺から中国地方にかけて南東に山を控えて日当りのよくない土地をオンジ（陰地）といい、またはヒウラなどという語もある。普通は杉林などにしておくのだが、他の条件がよいと折々は田にもし畠にもする。この県ではそういう土地をヒカゲという。これに対してヒオモ・ヒナタまたはアサヒという処が他の県にもあるから、その地名は本来は外から付けた名であった。すなわちヒカゲまでも行って耕さなければならぬ時代が、この地名よりも後になって到来したのである。ソデまたはソンデという語もこれと同様に、山の向う側ということを意味するが、これにもはや少しずつ入って住む者がある。それが表山にある邑里（ゆうり）よりも後に、たいていはそこから分れて往った者であることは、なんらの言い伝えはなくとも、地名がその歴史を伝えているのである。

　アテラという地名がそういう僻村（へきそん）の名になっていることは、かつて自分もその理由を考えてみたことがある。常陸（ひたち）の水戸領の安寺持方（あてらもちかた）は、早く知られたるその一つの例であって、近世になるまで結縄（けつじょう）をもって文字に代え、人からは武陵桃源（ぶりょうとうげん）のごとく目せられていた。行く路が幾分か山坂で遠いというのみで、今往ってみるとそう驚くほどの奥山家でもなさそうである。東京から西に見える甲相の連山中にあるものを始めとし、木曾にも恵那（えな）にも阿寺（あてら）という小部落はあり、また今度気を付けていたら三河の北部にも二三箇所同名の地があった。いずれも比較的遅く開けるくらいだから、日当りの十分でない山間には相違ないが、これが地名となって知られているのを見ても、前からの予定開墾地なることは察せられる。ただその条件が幾分か他よりも悪かったために、後まわしになって、久しく問題にせられていたのである。アテという語は木工や木材業者にはよく知られ、一本の材木の日を受けぬ側、すなわち成長が悪くて木理（もくり）が伸びず、節立って加工の困難な部分だから嫌われ、ひいては物のよくないのを皆アテといい、醜婦までをアテという隠語さえできているが、語の起りとしては単にこちらからは見えぬ側、遠近のオチなどと同じ語だったようである。人が最初に入り込んだ場所から見て、他の側面を指す語に過ぎぬのだから、何かの事情によりもし悪い方にまず手を附けてあったら、アテはかえって美地であったかも知れぬのである。アタゴという地名は京都の北部だけでなく、これから天竜を隔てた遠州の磐田（いわた）郡にも有名なる阿多古がある。いずれも命名者のいる所と反対の側にあることを意味し、従って京の愛宕山なども、以前の登り口は丹波の方であったということになる。伊予で有名な越智（おち）氏の根拠地は、最初どこであったか私は知らぬが、現在もこれから土佐へかけて幾つとなくオチという地名がある。そこにまだ人の住み着かぬ前から、山の向うの人にオチと命名されていたとすると、平地がやや広いとか水があるとか、または特殊の産物を出すとか、何か特徴の話題に上るものがあったと見られるので、三河でオチという地名もやはり同種のものかと思う。

二

我々の小地名は新旧が交錯しているために、どうかすると全部一度にできたかのごとき感を抱くものを生ずるが、生活上の必要もないものを、拵えておく人はなかったろう。何田という地名は田を開いて後に生じたことは、誰にでも想像せられるが、その田畠や村里の名に、何野・何沼という類の古名が残っているのも、やはり前にいうアテラやオチと同様に、それを開発しようという年月日の前から、それが問題となって注意する者が多かった結果、いわゆる有名になっていたから踏襲したので、行旅や採取の生活だけならば、こうたくさんの地名は実は要らなかったのである。諸君の先人等の辛苦計画の名残は、こういう一つ一つの地名の増加して来た跡からもこれを窺うことができる。小さい事だと軽視してはいけない。小さい事には相違ないが、これによらなければ片端でも昔の生活は知る途がないのである。そうして農民の生活などは、考えてみればどれでも皆小さい。それを多数の志ある人々が互いに問い究めて背後の大いなるものを、見つけ出そうとしているところなのである。

村々の地名の莫大に豊富で、あるいはこの『地名調』の数十倍もあろうかと思うようなのはたいていは開発占有後に生まれたものである。土地はその尺寸を歩々に利用する者があって始めて甲乙の区別が日常の会話の上に入用になって来る。日本の田園は御覧の通りの微細な区劃に分たれていて、しかも前代には番地というものがなかった。一人がかためて持っていればこそ、上から何枚目というような呼び方もできるが、これが一筆ごとに別の家に属していれば、ぜひともそれぞれの耕地名がなくてはならなかった。売買譲与の証文には四至と称して、所在と反別の他に四方の堺にあるものを掲げることになっていたが、これでは平素の用は足りずそのまた隣の地にも何とか名がなければすまなかった。普通は誰それの田と作り主の名に托し今とても決して何番地などと口ではいっていない。そうして家々の農業事務としては別にまたそれぞれの呼名があるのである。字（あざ）という小区劃の地名はこの場合に入用になって来るのだが、これとても起りはことごとく地形の特徴により得なかったことは、前にも述べておいた通りである。命名時代の農村の社会生活は必然にこの新地名の上に反映せざるを得なかった。この県の地名表を見ても現在の切絵図の字名になお著しくその痕跡を留めている。いちばん多いのは信仰上の用途に指定せられたる耕地の名である。これはそういう田畠がたくさんにあったというよりも事柄が重要だから必ず地名となしこれを常人の所属と差別し、またそういう土地が飛び飛びにあったことを意味するだけで、その名の一区が全部これに宛てられたというのではなく、そういう信仰用地が中に含まれている字にその大切な田の名を名乗らせたのである。実例の二三を拾い上げてみると団子田（だんごだ）という字がそちこちにあった。めいめいの家で団子を作るのでは地名にならない。これはある御社または御堂へ例年団子を供える入費を弁ずるためもしくはそこの田の米を使うように予定せられていた公共用地であった。団子というのは粢（しとぎ）すなわち白餅のことだろうと思う。二月田・三月田という類の月の名を掲げた字もある。これも毎年その月に祭典を営む社があってその日の費用を弁ずるために設けられた田の所在である。それからちょっと説明を要するのはケワイ田、これも全国的に分布しているからわかるので、この化粧（けわい）というのは大祭の日の舞女を意味する。化粧は普通の女は滅多にもしなかったのである。その化粧すなわち白粉を塗り紅をつける女性の給与のために特に一区の神田があったので、いかに昔は化粧が大切であったかが知れる。女郎免・傾城屋敷などというと人はすぐに艶めかしい伝説を想像したがるが、これも本来はまた神に仕えて舞う女性の名であった。

一二

尾社田あるいは毘沙田と書いた字の名も折々ある。ビシャは正しくいえばブシャすなわち歩射で村の社の春祭に的射を行い、終って酒食を共にする風は今もまだ残っている。その日の用米を弁ずるために、番に当った者の耕作する田があったのである。仏寺・仏堂に対する指定地もいろいろあった。除地と称して特に租税の全額を免除したものの他に、半分または三分の一を減免して、その分だけを仏に奉るのを免といった。前の歩射田などもそれであったろうが、作人は別に定まっていて、ただその年貢米の全部または一部を持って行くところだけがちがっていたのである。薬師堂の領する田を薬師免、油の入費に宛てたものを燈明免、または油田などといっている。仏を敬う風は昔から盛んであったとみえて、仏供田という地名もこの地方にはきわめて多い。あるいは仏聖とか仏生とか書いた字名もあるが、これなども正しくは仏餉田というべきで、すなわちまたある尊い仏様に、日を定めて御飯を供える米の出処であったのである。

こういう経済上の理由以外にも、神仏の名を呼ぶ地名はこの県に限らず、どこへ往っても非常に多いものである。たいていはそこにその神・その仏を祀っていたことが、実地と記憶でまだ説明し得られる。現在はすでになくても元はあったと見て誤りがないのである。その中でも野外田園の間に祭る神は、拝殿の建っている神社とは信仰の形態がまた変り、従って地方的異同にはいろいろの暗示がある。地名に表われたる尾参二国の雑神は、やはりだいたいに東の方との聯絡が多い。荒神・山神・地ノ神・道祖神は、西部の諸県にもあるが、伊勢から紀州の一部を止まりにして、東にしかないのは社宮司という神である。これについて二十年余りも前に、私は小さな本を一冊書いている。それから後に判ったことは、信州の諏訪が根元で、今は衰えてしまった土地の神の信仰ではないかということである。次に尾参の特色は天白とノハク、北伊勢の街道筋の天白などが西の境で、一方東日本には仙台より先までも及んでいる。ただし関東・東北のは天貘だの天婆公だのと書いて、信仰の内容もよほどこの辺とはちがうようだが、結局いかにして始まったかは、今はまだ誰も知らぬのである。この地方の郷土研究者ならば、行く行くこれを明らかにすることができることと思う。津島の天王の信仰は弘く及んでいるようだが、御葭場という祠のあるのは湾内沿岸だけで、それも伊勢の側はどうであるかわからない。御葭流しという津島の神事が元で、その葭の漂着した処に新たに祠を建てたことは『張州府志』にも見えている。これは海の方のことで、これに対して弥五郎さんというのが陸地の方の布教法であった。これを堀田家の先祖の霊だというのは疑わしい説で、美濃では疫病の流行する際などに、弥五郎の藁人形をこしらえて村境まで送っている。おそらくはまた疫神であろうと思う。

これらの路傍や境上の小さな祠と同じ列に見てよいものは塚である。塚も今の人間が住み始めてから、大分してからおいおい築造せられたもので、目的は埋葬でも記念でもなく、今ある路の辻の石塔とよく似た祭壇であった。その分布にはやはり地方色がある。この県の地名になっている塚で関東と共通するのは狐塚・オサル塚・山伏塚も念仏塚も全国にあるけれども、関東が本場といってよい。山伏塚は山伏を斬(き)って葬ったとか、入定(にゅうじょう)したとか言っているであろう。こうたくさんあっては山伏が足りなくなる。富士塚は新しい流行で東京にも大きいのがある。富士山の行者の起りより古い気づかいはない。これに反して小町塚は各地にあるが、その由来がまだ明らかでないので、土地だけでは小野小町の終焉(しゅうえん)などを信じている。これも小町がそう多くいたはずはないのである。十三塚の問題は私の久しく考えているものだが、分布は九州の各県から北は奥州まで、ないのは四国・中国だがこれも捜索が足らぬのかも知れない。濃尾平原にはその著名な実例が二三あり、地名となって伝わっているものも多い。今日は塚がもう崩されておろうとも、地名のお蔭にどこまで行き渡っていたかが、かなり間ちがいなく知れるのである。これらもまた字(あざ)の域内の、最も重要なる事実であるために、地形によらずにこの特徴を地名にしたのである。

一三

こういう信仰の遺蹟は、あるいは存外に今の人々には興味が薄いかも知れぬが、もう一つの方面には制度の残形がある。近代の資本統制によって、神野新田という類の開発が行われた場合には、その新地の処分はほとんど計画者の自由であるが、以前は少し大がかりな開墾には皆組合があった。最初からその分配の方法をきめてかからぬと、給金や日当で引き下ってしまう者はなかったのである。耕地分配の跡は地名になって残っている。だいたいに各口均分を本則としたものとみえて、区域が広く年数のかかる場合などは、毎期の完工地を次々に分けて行っていることは、海部(あま)郡や幡豆(はず)あたりの低地帯でも見られるであろう。字の名前としてはこれが一番割・二番割または丑年(うしどし)縄受というような形で残っているが、それからまた一筆の大きさによって五反田(ごたんだ)・三反田という。あるいは一石物(いっこくもの)・二石物などという字も大阪府下にはある。その地がどれだけの広さまたは生産高であったという意味でなく、詳しくいうと一軒前に三反歩ずつの分配をした区域ということである。百目とか一貫目とかいう地名は、栽える稲苗の分量だということを聞いている。百目がどれだけほどの苗かは私は知らぬが、とにかくにそれを植えるだけの田地ということで、これまたそれだけずつを、一口当りに分配した開墾地であった。山間部に行くと五升蒔(ま)き、一斗蒔きという地名がこの県にも多い。厚播(あつま)きも薄播きもあるのに気楽な話のようだが、これは尺度であって村ごとにちがっても、なお一定の面積を意味していたのである。それが昔の字の名になったのは単にその大きさの田もあったというだけでなく、やはり均分の単位を示すものと思う。長筬（ながおさ）・広筬・三枚オサ等の地名もある。このオサはかなり広くいう語で、一枚の田区を意味し、九州でセマチというのも同じである。その一オサを長くしまたは広くし、三枚つづけて一人に渡したというなども、我々にとっては何でもないことのようだが、村の農業の歴史としては、関心の深いまた久しく記憶せらるべき史実であった。

　詳しく見たならばまだ幾つかの史料が隠れているのであろうが、自分の目的はただその態度、または将来の希望を諸君に伝授すれば足るのである。その他はこれに基いてもう一度、この一巻の『字名調』を精読してもらうの他はない。たった一つだけ私たち外部人の気づいたことを言うと、この県下は一帯に尾州藩領と否とを問わず、定納（じょうのう）という地名の多いことである。経済史の上から見て、これなどはかなり大切な事実と言ってよい。定納はまた他の地方では定免ともいっている。年の豊凶によらず、毎年定額のやや低い年貢を納めさせる土地ということで、地方（じかた）の書物を読んでみると、幕府領でもこれが普及したのは江戸中期、享保の頃からであった。最初は強制せずに人民の願い出でに任せ、平作の年には目に立つほどの割引がある代りに、悪い年でも断じて減免を請求せぬことを言明せしめたが、その点が不自然なので実は十分には行われなかった。

　すなわち保険なり貯穀なり、はた農事の改良なりで、不作の災厄を最小限度に止めるだけの力がないと、うかと定納にしてもらうと官民いずれかが困ったのである。だから財政の安全と検見入費の節約という明らかな利益があるにもかかわらず、明治の地租条例の時までこの制度を全国化することができなかったのである。しかるにこの地方は山間部の劣等地にも、海沿いの新田場にも、ともに定納の方式が地名になるまで確立している。農事の進歩か農民の手腕かいずれにしても他に優るものがあったと見られる。しかもこうして字の名になっているということは、その他の地域がまだ永く、年々の毛見を必要としたことをも意味するのである。

一四

県下交通の変遷に関しても、地名はかなり豊富な資料を包含しているらしいが、自分は時間が足りなくて、その点までは書き抜くことができなかった。前に申した竹の花・竹の腰等の他に、一つ二つ気のついた点をいうと、この地方だけに多く出逢うゴウドという地名は古い。美濃の川渡などは大往還の駅であって、すでに『太平記』以前から知られている。尾張・三河のものはすべてが官道の上にあるわけでもないが、その数が非常に多く、文字も強戸・郷戸・神戸・顔戸などとでたらめな字が使ってある。正しくは川処とでも書けばよいのであろう。カワは土地によって井戸または泉を意味し、元は必ずしも大きな水流のことでなかったらしいから、今でも奥羽各地で家々に近い物洗い場、または水汲み場をカワド・カードという方が古いかと思うが、この地方のカワド・ゴードはとにかく交通の衝のことであった。近世はもちろん渡舟があるが、以前は多分徒渉場であって、旅人はここに来て多少の身づくろいをしたことは、野口・坂元も同じであった。従ってそこには人家などが集まりやすかったかと考えられ、またそれほどの大路でなくとも、川を横ぎる地点は平遠で、そのあたりに耕地を開き村を設くるにも適していたように思う。現在の地名はいくらか元の地からずれ滑り、流れも時とともに移り変ったにしても、これほど同じ名が多くあるのだから、それを繋ぎ合せてほぼある時代の人の通路を推定することもできるであろう。こういう仕事こそは郷土の地理を研究する人が、衆に代って手を着けてよいものだと思う。

それから今一つ、水の音を形容した地名というものがある。全国を通じて最も多いドドメキまたはドドウというのがこの県にもまたかなり分布している。川の流れがこういう音を立てるのは両岸やや迫って水量が多く、上下流の地盤に若干の高低ある場所で、岸に沿うて行く者には注意を払わずにはおられない。そうしてこれが普通は川上の一盆地の関門のようになっているので、戦時にも平時にもここになんらかの設備があったのである。単に一郷の名所というに止まらず、この地方もまた前代交通の系統を表示している。

村里の境界は今日はすべて地図の上に顕（あら）わされているが、以前は原野山林には双方の入会（いりあい）が多く、問題となるのは田畠の連接し、道路交通の開かれた方面であって、これがまた越石（こしこく）・入石の所属関係や新町村の併合によって、少しずつ不明になろうとしている。箇々の部落の最初の設計や、その成立の前後を知るためには、旧時の堺線を知っておく必要があるのだが、それにもまた地名が一つの手引である。村の境には以前も標木を立て、または天然の樹木をこの目的に利用していた。これを榜示といい、その場所を榜示処といった。後には意味を忘れて法事堂だの法師戸だのという字を宛てたが、これの存する処は必ずある時代の村境である。三河ではあるいは分木ともいっている。札木というのもやはり境の木であったが、そこに制札などを立てる風があって、後には境でない札の辻もできたかと思う。塚は多くの場合に村の境に築かれている。これは塚の祭がしばしば外敵侵犯を防ぐを目的としていたためかと思う。その外敵には人間だけでなく、目に見えぬ悪霊を追却することもあった。この県の地名として神送り場、もしくは虫ヶ原・雲霞山などというのが折々ある。村の虫送りに旗を立て夜は炬火を焚いて、ここまで送って来たのだからたいていは村堺であったろう。稲の害虫をなぜかウンカと称し、今でもこれを送る風がこの辺にはある。雲鐘という地名なども文字は宛字で、やはり山中の虫送り場だと思う。それから踊り場という地名が、遠く里離れた境界線にあるのも、今日の盆踊りから考えると不思議なようだが、やはり本来は亡霊を送る行事だったからである。二つの村の間には折々こういう送り物の衝突があった。踊りを掛けるといい掛け返すという話が昔はよくあったが、こういう村境の踊り場がなければ起り得べき問題ではなかった。これとは反対に相隣する部落には幸福の取合いをする一種の競技もあった。綱曳きということは九州にはよくあるが、この辺には少なくともその遺跡はない。浜井場という地名だけはここにも幾つかあるが、これも境を中にしての競技であった。ハマを飛ばして深く隣の村に投げ入れるのを勝としたのである。石打・印地打も他の府県ではよく例があり、その場所が地名になっているが、愛知県には見当らない。

一五

それから今一つ、昔の墓制の名残かと思う地名が、これも人里から遠い山間原野の地名にある。それはまだ私たちだけの想像で、しかとした証跡も実はないのだが、とにかくに全国的にいたって数多いアシダニ・アシノタニ・千束（せんぞく）・菖蒲谷（しょうぶだに）という類の地名が、この県にもかなり分布していて、まだその由来が判っておらぬということは、注意しておいてよいであろう。

最後に再び里中へ戻って来て、以前農民の間に交って、特殊ないろいろの職業の者が住んでいたということが、やはり地名の調査から明らかになって来る。現在はおそらくたいていは畠となり、または淋（さび）しい山や原野の中になっていることと思うが、彼等の屋敷と称するものが相応に多いのは、それを再びただの百姓の居宅にすることを好まなかったからの記憶であり、同時にこの人々が少しく立ち離れた処に、居住を認められていた名残でもあった。自分は方々の田舎について、そういう屋敷迹（あと）を遺し去った人々の種類を、集めて比べてみたいと思っているのだが、最も数の多いのは意外にも長者屋敷であった。そこにはきまって花やかな伝説があるが、長者というのは実は一種の宗教遊芸家ではないかと思っている。次にこの辺に多いのは舞々（まいまい）屋敷、これは確かに歌うたいであった。猿町・猿松と言い、または小町というのも何かそんな仲間らしい。その次には医者屋敷・ミコ屋敷、こういうのも別扱いであった。今いう職人に属するものでは誰でも知っている雉子（木地）屋敷や轆轤屋敷、伴上（番匠）貝戸・細工畑・紺屋畑・鍛冶荒居などの地名がこの地方にはある。そういう人々が村人の中に伍し、しかもやや特別なる待遇を受けていたのである。日本の社会史には過去の事でありながら、なお明らさまにこれを説くことを人々の遠慮している問題がある。それを強いて詳しく説くことは私も好まないが、歴史を究めんとすればそれだけを圏外に置くわけには行かぬ。要は知識を求める者の態度いかんであろうと思う。それからこういう人々のどうして起り、何ゆえに後からよその土地へ入り込んで、一時にもせよ不愉快な目を見たかということは、今の状態のままに置いてはかえっていつまでも問題を残すであろう。早晩何としてなりとも事実を明白にして、さてその当否を論究する必要があると信ずる。

　話は長くなったから、まだいろいろ言い残した点もあるが、この辺でひとまず打ち切っておこうと思う。地名は本来人間の付与したもの、しかもその人間というのは我々の同族の、さして大昔の祖先ではないのである。それが考えて付けた名前に、意味がないというはずはないのである。だから我々に最も大きな問題は、どうしてこのわずかな歳月の間に、昔確かにあった意味がかくまでも不明になったかということである。人が道楽や我儘で強いて改称を命じたことも折々あり、また古い新しいいろいろの地名が、無数に入り交っていることも混乱の原因かは知らぬが、それよりも主要なものは我々の注意の欠乏、今まで気を沈めてこういうありふれた現実の中から、何か新しい知識を求め出そうという、念慮の足らなかったことであろう。いくら眼の前のものでも省みなければ教えてくれるわけがない。ゆえに第一段には私などの意見を参考として、この地名の中にはいろいろの過去の史料、他のなんらの記録にもいまだかつて載せ伝えようとしなかった事実が、間接ながら保管せられているということを、認識することが必要である。次には地名を見ていて自然に起る疑問を、一つずつ片付けて行こうとする考えを抱くべきである。これは分量が多いので大変な仕事のように思われるか知らぬが、御覧の通りその種類はそう多様でない。ただ同種一類の地名があまりにも多く全県に分布しているのである。その最も数多いものからおいおいに処理して行くのもよかろう。地図で当っても実地に往ってみても、五つ七つの同じ名が、よく似た地形に付いていれば、もうそれだけでもその語の元の意味はわかって来るのである。それでわからぬ場合にはここに外部との比較がある。前段に自分が述べたように、ここでは問題になっていてほかではとっくに解決しているものもあり、また双方が寄って話してみれば明らかになるものもある。郷土研究ばかりは割拠では成功しない。ぜひとも全国の同志と知識の交換を企てなければならぬ。愛知県が日本一国のために解釈し得る疑問もおそらくは幾つかあろうし、さらにまた予期せざる疑問を提供するものも少なくはあるまい。私などは実はまだ取りかかったばかりだが、今度この県の『字名調』を一覧することによって、いよいよ好奇心を刺戟せられた点は幾つもある。たとえばこの県にも多い膝折（ひざおれ）とか沢渡（さわたり）とかいう地名は他でもたくさんあってかねてその意味を発見したいと願っているものである。ギロという地名も近江・美濃・伊勢にかけて多いが、何のことやら今にまだ心当りがない。それから尾参だけに数の多いヒラコとかヨラキという地名、これなどもどうかして諸君とともに早くその由来を明らかにしたいと思っている。たった一つや二つの孤立の例ならば、中には永久の不可解というものもあろうが、遠近の各地に同じ例の多い地名ならば、考えて往って判らぬということは万々あるまい。今後この知識と関心とが全国の隅々に及んだ場合を想像してみると、こういう楽しみの多い努力、多くの新発見を約束する不審というものは、他にはちょっと類がないと思う。

（「愛知教育」昭和九年七月）

地名考説

一　地名の研究

　平民生活史を明らかにせんとする新機運に乗じて、再び地名研究の欄を開設する。十余年来絶えて継ぐ人のなかった事業である。切に同志諸兄の支持協力を希望せざるを得ないのである。

　地名の研究はすでに諸外国の大切な学問であったが、実は地方によって著しい流行の差がある。必ずしも適任の学者が起(た)ってこれを唱導しなかったためではない。地名そのものの性質がある区域においてはことに観察者の注意を惹(ひ)き、他のある方面では必ずしも大なる興味を催すに足らなかったのである。例をもってこれを説くならば、永田方正翁の『アイヌ地名解』を見ると、ある限りの山中海辺の地名はすべて明々白々にアイヌ語であって、その意味もまたほぼ地形と一致する。その上に命名法が必ずしも複雑でない。ゆえに金田一京助君の学問が今少しく振作するならば、蝦夷(えぞ)一島の地名は、表によって分類概括することができるかも知れぬ。すなわちこの地方の地名は語学であって、文化史ないしは社会心理学でないのかも分らぬ。ただわずかに内地人の移住以後、これをいかに変形しまた表示せんとしているかが、次第にやや困難なる知識とならんとするのみである。

これに反していわゆる大八洲（おおやしま）の我々の地名は、北の端から南の果てに及ぶまで、使用者の子孫自らがなお解釈を難しとするものいたって多く、これを不可解として放置するを得なかったために、和銅・養老の『風土記』の昔から、力（つと）めて幽怪なる小説をもってこれを説明せんとする風があり、しかもその類の古い地名の多くは、千余年間引き続いて今も行われているのである。その後おいおいに附加せられたものの、年とともに増加したことは言うまでもない。つまりは年代の錯綜があり、また命名者の態度動機に、変遷と進化とがはなはだしかったのである。それをほとんど絶望に似たる冷淡をもって吾人の研究に委譲した先輩は、消極的に民俗学の恩人であった。今においては一貫した法則により、全土を比較して精細なる研究を進めることができる。その準備はもう具（そな）わっているのである。

地名の大多数がすでにその持主にすら、意味不明になっているという奇なる現象の他に、なお一つの日本の特色は地名が際限もなく豊富なことである。人口の増加が土地の利用を集約ならしめると同じく、区劃を細分して行けば差別の必要が多くなるのみならず、観察が鋭敏となって命名法がいよいよ適切を加えるのは自然である。神代史に祖神の御姉弟がおのおのその田地に付与せられたという地名はすでにその例であるが、以前は島の名などは単なる遠望をもって青黒大小のごとき印象を表示したものが多かったが、しばしばこれへ渡って日を過し夜を明かすことになればそんな粗笨（そほん）な形容では自他を分つことができなくなる道理である。自分の最も驚いたのはかつて『壱岐国続風土記』を見た時であった。この島は内陸のやや大きな一村の面積しかないのだが、その地名は優に数冊の写本を充たし、至る処の海渚無人の小径までが、ほとんど一歩に一名というありさまであった。しかも異とすべきは単にそれが邑落を離れた平蕪の地なる点のみで、人の耕す田や畠の字ならば、こんな例はいずれの地方にもあるので、永い歳月の間にできた事とはいいながら、いかにしてこのように莫大な数に達したかと、舌を巻かずにはおられぬほどである。ゆえにそれだけに地名が現在なお顧みられずにいるのが、実をいうと不可思議な話である。

二　地名研究の資料

明治の初年に入って、国内若干の小村はすでに廃合せられたが、それでも『地名索引』の時代には、日本の町村の数がたしか十九万余りあった。それがほぼ今日の市町村の大字となっている。大字を区分したものが字であるが、これが以前よりはるかに少なくなっている。土地丈量の行われた結果、全国一様の一間一分の絵図が備え付けられた時、一枚ではとうてい広げて見ることもむつかしいゆえに適度にこれを分割した切絵図を作った。今日のいわゆる字はたいていその切絵図と一致させているらしいが、以前の字のやや大なるものは旧名を襲用し、もしくはこれを上下南北等に分って保存したけれども、大部分は従来の数箇の字を併合し、その内の一つまたは新たなる地名を案出して、切絵図の字としたのだから、小区域の地名はその際をもって、公けの文書の上から消滅したものがはなはだ多い。

しかもその昔の字が、最小の地名ではなかったのである。これをさらに分割して小字と呼んでいた地方も多いが、その字なり小字なりの下に、なお二三筆の田や畠を一括してそれぞれの名があった。今では所有主とその近親のみが知っている地名である。これを古くからミヨウショ（名処）といっていた。土地に番号というもののなかった時代には、売買にも譲渡にも四至と土地の種目と、名処とをもって目的物を指示するの他はなかった。田植にも苅入にも名処を呼ぶのが便利だから、飛び飛びに耕地を持つ農家には、今でも決して無用でない。屋敷にもまたそれぞれの名があった。関東東北では五兵衛どん、作さんとこなどと、主人の通称をそのままに使用することもあるが、古く開けた近畿や中央部には、桂本とか西垣内とかいう風に、邸地に地名があってそれを用い、あるいはこれを屋号と混同している。

根原においては村の屋号も田の名処も、まさしく地名であった上に、時にはこれを字小字の一段と広い区域に共用したものもあるから、実状について当初命名の理由を尋ねてみようとするには、これらがはるかに有益な資料であり、従って空しく忘却してしまわぬ内に、採録しておく必要がことにあるのである。

しかもこれらの数千万の小地名は、偶然に中古以来の検注や手継証文の中に保存せられてあるもののほか、かつて蒐集の企てられたものがなかった。ところが明治八、九年の交に、地租改正の準備せらるるや、土地に番号を打つと同時にたくさんの地名を廃し、その代りにこれを収録して残そうとする事業が、内務省地理局の手で全国的に行われた。ただ不幸なことはそれがあまりに大部冊の写本であったために、副本というものができなかった。地理局が縮小して後に内閣記録課の管理に移り、自分が心付いた頃には、東京の文科大学の一室に置かれてあった。表紙に各郡村誌と題した無巻次の数百冊で、目録が備わっていなかったのみならず、誰でもこれを荷厄介にして、一人としてその価値を認める者がなかった。

　そうしてついに大正十二年の劫火に遭って、灰燼に帰し去ったのである。しかしそれより二十年も前から、もう完本でなかったのは事実で、あるいは最初から全国が出揃わなかったか、はた後年に散佚したものかは明らかにし得ないが、その頃地質調査所の書架に、熊本県の部その他の数十冊が借り出して置いてあったのを見たこともあるから、他日横着な学者などの死んだ跡から、三冊や五冊は出て来ぬとも限らぬ。今はかえって昔の管理者の出納が不確実なりしことを頼みとするばかりである。なお聞くところによると、この大部の写本に随伴して、別に小地名を書き込んだ地図もあったそうだが、そちらは自分は見なかったように記憶する。どれほどの大きさだったか知らぬが、これだけの地名をことごとく表示したとすれば、ほとんど小紋染のごとくで山も川も見えなかったことと思うが、それでも新しい高低図などと比照して坐ながらにして地形を推測するのに、どれくらい便利であったか知れぬのである。

　地図の話のついでになお言うならば、陸地測量部の二万分一地形図は、地名研究者にとっては今では何よりも有益な資料である。二万分一のない区域は五万分一による他はないが、地名の数量は双方同じでないまでも、大して相違はないように思う。山地などに入ると広い区域にわたって少しも記入がない。これですら地名が多くて見にくいという批難があるそうだが用途が別なために峠とか橋本とかの、交通に関係あるものばかり詳しいように感じられるのは是非ないことである。輯製二十万分一図には明治以後の新大字が、小判形の中に書き加えてあって、小円形の旧村名と重複したものが多く、旅行の際などにしばしば迷わされたが、新しい帝国図に代わってからその患いはない。つまり古い方は地名の符号のある所は実際の地点を指示するまでに精確でなかったから、これは大して参考にはならぬのである。

焼けた郡村誌の自分が眼を通したのは、十七八府県に過ぎなかったように思うが、それでも出納には何十度という人の足を労した。どういう理由からか地方により、小地名の繁簡の差が甚しかった。中国地方などにはホノギと称して、小字より今一つ下の、それでも個々の田や屋敷の名を若干合わせた区域名があったらしく、それは報告しなかったように思われる。地名の多い郡では十三行の罫紙百枚以上の大冊が六七冊もあり、中には一箇村か二箇村で一巻をなす例もあった。山地が多くてそれを分割利用していた地方などである。これらの百五六十万もあったかと思う地名の中から、自分はその頃の知識で注意すべしと思ったものを、約六千ほど書き抜いて分類をして持っている。それが地理局の大事業の唯一の名残である。

これ以外に自分が地名研究に利用した資料は、時々の官報と『法令全書』の中にあった。その大部分は保安林の編入及び解除の告示であって、これには大字名と地番との間に、多くは字・小字まで掲出してあり、ことに大小の地区に地名の共通なること、たとえば千葉県千葉郡千葉町大字千葉という類の、小規模なものの多いのが目についた。ただ保安林は山谷の最も人の利用に遠い土地であるために、命名法も単調で、それから一般を推すことができぬ上に、日露戦役以前の数年間だけに多くこの処分があって、それからは次第に出て来なくなった。河川法・砂防法による工事施行区域指定の告示、公用徴収法・土地収用法による地区公告等にも若干の地名が同じ様式をもって見えているが、古い記録の中からこれだけを探すのは、実はあまり容易な仕事ではない。

　そこで結局のところは、地名研究の発達を助ける手段として、各地在住者の今後の採集を期待するの他はないのである。もちろんこの方法では全部を尽すことは望まれぬが、必ずしもそうまでしてもらう必要はないのである。何かの機会に今まで聴かなかった小地名を耳にした時、これを心の手帖に書き留め、あるいは自分たちが普通ありふれたものと考えていた地名が、他方で不審がりまたは興味をもって考えられている場合に、これに注意してやるだけの、親切さえあればよいのである。そうすると自分の方でも文書記録以外に、今まで隠れていたたくさんの有力な史料が、眼の前にあったことを心付くことになり、従ってまた我々の学問に、比較と交詢（こうじゅん）との価値の大なる実例を経験するであろう。もしさらに進んで一大字の青年たちが協力し、あるだけの小地名を聞き集め、区堺を明示して地図の上にこれを注記するような企てでもあったなら、その利益は決して土地だけに止まらぬことは、多分自分の次々の説明から明白になることと思う。前年長野県の東筑摩郡では、郡全体の数百人の篤志者が聯合して、小地名の根本的採蒐（さいしゅう）を実行し、目下大骨を折ってその整理に著手（ちゃくしゅ）している。

その結果は他日必ず幾通りにも利用し得ることを信じて疑わない。

三　地名の宛字

日本の地名を研究する者の、第一に注意せねばならぬのは、古来の用字法の誤謬である。地名の始めてできた時と、文字をもってこれを表示する必要の生じた時との間には、通例はいたって永い歳月がある。その経過に際して記憶の誤り、ことに発音の転訛はあり得る上に、これを証文や絵図に書載せる人は、必ずしも用意ある学者でないゆえに、無理な宛字がいくらもある。いわんやその頃となるともう大部分の地名が、実は意味不可解になっていたのである。村によっては煩わしきを忍んで全部片仮名をもって現わした処もある。これとても精確に伝承を保存したとはいわれぬが、たくさんの数を合わせて考えると音の訛りや癖だけは窺われる。これに反して強いて物々しく漢字を宛てると、そのために後の人が異なる読み方・解き方をして、いっそう命名の本意を辿りがたくする例は、すでに奈良朝の大昔の、国郡郷里二字の佳名があり、近くはまた北海道・樺太等の村名・駅名が好い証拠である。行政区域の名称などは、そういう中にも以前を記憶する者があり得るが、滅多に用いぬ村の小名などは、いったん間違ったらもう発見が困難である。空で覚えている一二の実例をいうと、公文すなわち荘園時代の書記役の給田の地を、公文給と呼んでいるのは古い名残であるのに、それを今「九文久」と書いている処がある。神社の祭礼行列に田楽を演じ、その重要な一曲たる「中門口」を舞った場所を、もとは中門口と呼んでいたのを、多分はその地に樟の神木があったためか註文楠と書いている村もある。前に榎の話にも述べておいたごとく、道祖神の神木があるゆえにサエノ木と称えた地を、偶然にその木が榎であった結果「サ榎」と書き、村から出口の左手であったために、左榎と書くような小賢しい誤りも多いのである。

宛字すなわち和語漢訳の法則も、京都の慣例と一致しなかったのみならず、また地方地方において差別があった。細かく調べて行くならばその類似と変化とによって、村の文学の系統を尋ねることができるかも知れぬ。木扁や土扁の漢字には見馴れぬものが多かった。それが無造作な日本製の新字であったか、はたまた中代以前に外国から模倣したものの珍しい残物であるかは、独断の危険な場合が多いようである。その実例には面白いものがあるが、印刷の迷惑を憚ってしばらく略しておく。しかしだいたいにおいて、口で伝えていた地名を文字にする場合に、新たに発明使用するごとき大胆な者はあるまいから、たいていは公私の文書などには、土地では久しくそのように書いていたので、それだからまた興味があるのである。

ほんの二三の宛字のやや一般化したものを挙げてみると、たとえば谷をヤまたはヤツと訓ましめる習慣である。扇ヶ谷・世田ヶ谷などと、鎌倉ではヤツを谷と書くこと年久しく、しかも鎌倉は文化の一中心であったために、諸国に真似をする者が出て今は当然のように考えられているが、いわゆる谷七郷はむしろこの地方のみの特色で、果して東部日本の全体にわたって、ヤツが必ず京都以西のタニと同じ地形を意味していたかどうかは疑問である。鎌倉附近の昔のヤツに草木の鬱蒼たりし場合を想像してみても、実は西国に生まれた者のタニという考えとは同じでない。ヤツが谷中や谷村などのごとく、ヤの一字音に化しているのを見ると、本来は拗音であったかと思うが、北武蔵から上州辺にかけては、ヤトといって谷戸の二字を宛てている。何ガヤトなどとガの語を中に挟むこと鎌倉も同様である結果、誤って垣内の字を用いた者も少なくない。つまりは山中よりも里中に多く、附近に民家のある場合が普通であったのである。たくさんの同名称地形を比べてみねばならぬが、おそらくは二つの高地の中間にあって、民住と耕作とに便であった処、すなわち人は一方の岡の麓に住み、間近く田にもなり要害にもなるような水湿の地を控えた場処を、ヤツまたはヤトと名づけて珍重したものではないか。果してそうならば東北・北海道で谷地と書きもしくは萢などの新字を宛てているところのヤチという語と元一つであって、必ずしも高地の中間の谷なることを要せず、単にたまたま鎌倉近傍のヤチが、谷と書いてもほぼ当っていたためにこういう漢字が固定したものといい得る。

　これとよく似た例はサワを代表する沢の字である。漢字の意味はむしろ前にいうヤチに近くただ京都四周などでは沼または湖水に代用せしめているのに、東国のサワに至っては明白に渓谷を意味している。思うに後者の方が古い用法であって、開発の多く進まなかった時代には、サワが比較的口元に近い、水分の過多なる山陰の名であったのが、平野に進出した者はこれを広闊なる水面にまで適用し、止まって山地の生活を持続した者もまたややこれを奥の入りに持ち運んだためであろう。現在においては東西二通りのサワになんらの共通した内容がない。漢字輸入期の沢の字を字義を考えてもみずに、借用したのは山賤（やまがつ）の無識であった。ホラという語に洞の字を宛てたのも、ほぼ同種の不精確さである。伊豆や美濃・飛騨で何々洞と書く地形は、西部日本のタニ、東国でサワというものから、ヤツまたはサコ、ハザマなどというべき盆地にも及んでいて、決して巌窟や土穴ではないのである。ホラという国語の意味は本来かくのごとく、何でも入り込んで外から見えぬ所の名であったかと思うが、今では二三の府県を除くほか、それでは通用しなくなったのは、おそらく洞の宛字の感化である。潟の字をもって表示するカタのごときも、日本海に面した諸州では、単に平地の湖水を意味するのである。尾張の鳴海（なるみ）潟、備前和気（わけ）郡の片上（かたかみ）のカタなどと、北国のガタとは清濁二種の語ではないかとさえ思われる。今ではまだ汐干（しおひ）潟のカタの方が古い意味だと、断定してしまうわけにも行かぬのである。

　雑誌『地球』に発表せられた中村新太郎君の地名研究を見ると、朝鮮の方にも同じ事情があったらしいが、漢文学の日本征服は、残念ながらほとんど完全であった。地名に限らず何か物の名を言うと、どんな字を書きますかと聞く人が、今でもざらにある。どんな字はたいていこの通り、皆やたらな字だったのである。我々はむしろ地名を見て、必ず何と訓みますかを訊（たず）ねなければならぬ。そうすれば誤りにもせよこれを用いた人の境遇が解り、従ってやや前代生活の一面が尋ねられる。それが日本に限られたる地名研究の興味の一つである。

四　地名の発生

地名の宛字・新字には珍しい話が多いが、それはしばらく後廻しにしておいて、まず根本の、地名はどうして発生するかの問題を考えてみよう。

地名が年代とともに、ほとんど人間の数に比例して、増加して行くのは事実であるが、研究として興味のあるのは、その過半が地名そのものから、おおよそ発生の時期を推測し得られることである。その理由の一つは命名者の棲息（せいそく）する社会状態の変化であり、第二には彼等の命名にはほぼ順序があって、甲乙に先だって丙丁とは命名し得ぬためであった。

地名を分類するのに最初に考えねばならぬのは、地点名と地区名との差別である。この二つは咄嗟の用語だからもっと雅馴（がじゅん）なものがあれば改めるが、つまり限界と面積とを持つ地名と、単にあのあたりと指していうのみで、詳しく尋ねるとどこで終りになるかの不確かな地名とである。武蔵野や富士の裾野（すその）なども地点名の例で、大小にかかわらぬのである。山の名などには最もこれが多く、時として左右前後から、別々の名を附与して重複していることがある。

発生の順序からいえば、もちろん地区名の方が概して後（おく）れている。しかも我々の研究としては、こちらが複雑で解説も困難な代りに、得るところもはるかに多いのである。地区名の新設にはいろいろの動機と方法とが働いている。すでにその附近に存在する地点名を採用するのは通例であるが、それだけでは足らぬ場合、またそれよりも強い必要がある時には、発明もすれば談合もした。ただ稀有の例外を除いては、その選定はいたって自然であって、同時に何人にも合点せらるることを旨とし、いまだかつて茶人が庭園に命名するごとく、唐人の寝言は真似なかった。それが今日から辿って往っても、これによって昔の生活が推定せられる所以である。

だから単純に言語学の目的より地名を考察し、また今日文字ある人に忘却せられた古語を拾い上げて、再びこれを実地に使用するなり、また比較対照の材料にしようとするならば、第一次にはやや単純なる地点名に就く方がよいのである。同じく固有名詞でも、個々の地物に附添したものは、案外にこれを復原しやすい。同じような土地の形状、たとえば崖の上面を何ハケといい、側面を何ハバといい、急傾斜を何ママというものが、国を連ねても十も十五も発見せらるるなら、そのハケ・ハバまたはママは、こういう場所を意味した普通名詞なることが知れるのである。これに反して地区名はもとこれから出たものでも、たいていは滑って遠く移っている。これは通例の人の心持に、人居のある所が地名の中心のごとく、考える習わしがあるからである。

東海道でも駿河の吉原、遠江の白須賀などは、住民の都合で何度も町を移している。最初の場処も今では変化してしまった。ゆえに現在の地について、何ゆえに須賀と名づけ何ゆえにヨシワラといい始めたかを、検してみようとしても無駄である。その代りにはまた他の一方で昔我々が駅亭を置き、官道を連結しようとした地点は、現在のごとき場所でなく、馬に秣(まぐさ)と水とが供給しやすく、もしくは眺望の開展した平場を求めた結果、必ずしも低湿を避けず、もしくはその弊に心付かなかったという事実を、このような地名から想像し得られるのである。

　第二段の地名分類はこの意味から必要になって来る。すなわち命名当時の事情に基いて、それがまだ占有の前であったか、はたまた占有の後になって始めて附与したものかを差別してみることである。これもかりに自分は標前地名、標後地名と名づけておく。シメ野という語が古くからあるのでこれによったのであるが、あるいは開発前後といった方がもっと実際には適切であったかも知れぬ。開発すなわち農業の目的以外に、人が山野を占有することは、本来はきわめて稀(まれ)であった。居住のこれに始まるはもちろんのこと、城砦や社寺のごときさえも、常に農民の所在に附いてまわるべきものであった。ゆえにいわゆる草分けの家が入り込んだ前と後と、命名の気持がまるで一変して、それが痕跡(こんせき)を永く遺留するのであった。

　しかし以前といえども、短期間の占有は常に行われた。それが繰り返されている間には、自然に地名の発生を促す原因が多くなった。つまりは利用度の進むに比例して、地名は単に増加したのみならず、その性質も次第に変って来たのである。古くからあった地点の、取捨選択が行われたことも想像に難くない。そうしていよいよ区劃が明定せられ、一区ごとに名を与えることになると、どうしても従来の地名の中では最終のものが親しいから、勢いこれを採用する場合が多かったろうと思う。ゆえに単純な原始風な地名が、村や大字になって残っているのは、よくよく古くから改められぬ因縁のあったものと、懐かしがってみてもよいのである。

そこで自分はもう一ぺん、日本の地名の難解ということに付いて所感を述べる。吉田さんの『地名辞書』の索引などを見ると、巨勢(こせ)とか能勢(のせ)とか須磨(すま)とか那須(なす)とかいう類の二音の意味不明な地名が幾種もある。国郡郷名にも『倭名鈔(わみょうしょう)』以前からのもので、よほどこじつけないと説明のならぬものに、これまた同様に二音のものが多い。これをある人の想像のごとく蝦夷(えぞ)起原なりとしても、国巣(くず)・土蜘蛛(つちぐも)の語だったとしても、はたまた単に古いから忘れたにしても、とにかくそんな地名が口から耳へ、今までも伝わっているということは、日本ばかりの特色である。たとえば英国のごとくデーンがセルトを逐(お)い、ノルマンがサクソンを殺戮(さつりく)するという歴史であったら、地名はその都度改まらずにはいない。前住民といわゆる今来(いまき)の民とが、やや久しい期間平和に共棲(きょうせい)していたことが、必ずやこういう解しにくい地名の、多く存在した原因でなければならぬ。

それと同一の理由から、私のいわゆる標前地名の大多数が、引き続いて今日まで使用せられているという事実は、わが邦(くに)の開発が一般に東部欧羅巴(ヨーロッパ)などと違って、最初から甚しく集約的であり、村は自然に各自の周辺に向って成長して、遠来の移民のはまり込むだけの余地が夙(はや)くからあまりなかったことを語るものかと思う。すなわち最初の耕作者はもうそれ以前からだいたい附近の土地の事情に通暁して、すでに若干の地名をこれに附与していたゆえに、開墾の後になって特に標後地名を新設するを要しなかったということに帰するのである。

この事実をもっと具体的に会得するには、手近の村々の現在の大字についてその名称の成立を考えてみるのが早道である。日本人の苗字に何田さんというのが多いことは、西洋人もとくに注意しているが、苗字はある時代の居住地から出ているから、つまりは何田という村がいちばん多いことを意味するのである。何田・何畠はもちろん標後地名である。しかしその次に多いのは何かというと、すなわち何野と何原ではないか。これがその類の名を有した野または原を、開いて農村とした土地に、多分鎌倉時代に住んでいた家の、末または分れの家ということを意味するので、しかも地名を家名に採ることは、通例は開発領主の特権であったから、少なくともその家の始祖は、何原何野がまだ本当の野であり原であった時代を、知っていたと推定し得られるのである。

野と原とは元は明瞭に異なった地形であった。そうしてハラだけが漢字の平野を意味していたように思う。従ってノに野の字を宛てたことは、最初から精確でなかった。日本語のノまたはヌは、今の花合せの骨牌(カルタ)の俗称坊主を、一にまたノというのが本(もと)の意味に近い。すなわち火山国に最も多い山の麓の緩傾斜、普通に裾野と称するものが、これに当っていることはすでに故人も説いているのである。こういう地形には水が豊かに流れ、日がよく照して快活に居住し得られた。上代の土着計画者が、まずこれに着目したのは自然である。境を隣りして候補地が幾つかある場合には、形容詞を附添して甲乙を区別し、すなわちいろいろの何野・何々原が世に残ることになったのである。

これだけの事が承認せられても、もう著しい前代研究者の助けではあるまいか。東京にいちばん近い中野という町を考えてみるに、今ある町の処が何もない平場だとしたら、第一段にはこの地名がやや中心からすべっていること、第二には野という語の本来の意味を、すでに忘れた人たちが命名したかということを思うが、さらに進んでは海の方面から来た者が、始めて入って見る岡の谷合の、水の響きを聞き草木の茂みを眺めて、ここなら開かれると感じたことが、やがては山遠けれども中の野と、呼ぶに至った理由とも見られぬことはない。武蔵野といい相模野（さがみの）という名は、千年以上の昔の京にも知られていたが、今日我々のそう呼んでいる平地帯が、果して名の起りか否かは証拠がない。裾野を開いても鳥獣を林に追い込むごとく、武蔵野という言葉も次第次第に、農民の不用とする部分へ押しやられて、今ではよくよくのつまらぬ台地だけに、これを封じた形になったのかも知れぬのである。

とにかくに、地名の盛んにできた頃の何々野は一方が山地であり、またわずかなる高低のあることを意味したらしい。そのよい実例は大野という地名の地を見ればわかる。郡で大野というものは豊後（ぶんご）に一つ、嫗岳山彙（うばがたけさんい）の東側一帯をかく名づけている。中央部の日本では越前と飛驒と今は隠れたが美濃の北部とに、おのおの一つの大野郡があって、ほとんど白山（はくさん）連峯の四周を取り囲んでいる。そうして今風の意味の大きな野はないのであって、これを平地に接した山の側面、麓つづきというくらいに解しなければ意味が取れないのみか、始めて嶺（みね）を越えて遠く望んだ人々の、健気な志は不明になるのである。

大野という地名に対立してさらに小野という語が古い。周防（すおう）・長門の境附近では、多分まだ普通名詞としても使ってはいないかと思うほど、何々小野の地名が多い。京都の四方にも無数の小野があり、その中では琵琶湖西にあるもののごとき、奠都以前よりすでに住民の家号になっていた。しかもこの一族の名士、小野毛人の墓碑などは、京都のいたって近くから出ている。山城の京それ自身が、以前は実は一個の小野であった。周囲の高地をもって、外界より遮断し、ちょうどあの時代の一族の大きさをもって纏まって安住する頃合な野があったら、それを小野と名づくるに不思議はない。家が分れて小さくなり一方にはまた形勝の地はすでに占められてしまうと、人の欲もまた小さくなって、次第に水源を尋ねて八瀬・大原の奥のような、わずかな山懐をもわが小野と満足し、それでまだ足らぬときは嶺を横ぎり、近江に下って住むようになって、後ついに全国の野や原に、多くの小野氏を分散せしむる一つの因縁を作ったのである。

大谷・小谷という村の名の成立も、事情はこれとよほどよく似ていた。タニとオノの差別は言わば方言の原因をなすところの、地方の用語の癖のごときものであって、本質において は著しい区別を説くことがむつかしい。地理測量のまだ覚束ない世の中では原は木がなくても なお一つの障壁であり、これを跋渉することは湖を渡るほどの困難であった。その上に外界の不安面が広くなるので、人は近代になるまで降ってこれに就くことを好まず、依然として水の音を慕うて川上にさかのぼった。谷のますます小谷になって行くのも、やむを得なかったのである。

河内という地名は、下流の方から命名したものらしい。谷水がしばしば淀んで幾分の平地を作る場処があれば、いつかは登って来て下で溢れた人だけが住む。信州で水内（みのち）といい、奥州で川内（かっち）といったのも、つまりは小野のほぼ独立したものであった。あるいはまたカマチと呼ぶ地方もある。福島県白河の入りにある甲子の温泉、岩手県釜石（かまいし）の奥の甲子谷などは、明白にカッシといって川内と区別しているが、その地形から判ずれば元は一つであった。九州でクマ（隈）といったのもこれに当り、あるいはまた福良（ふくら）と称するのも小川内であって、そのいわゆる盆地の上下を括（くく）るところの急湍（きゅうたん）の地が、ツル（津留）であろうということはかつて述べた。ツルは熊野の北山川の瀞八丁（どろはっちょう）のトロと同じく、滝に落ちんとしてしばらく湛（たた）えた静かなる水ではなかったかと思うが、今ではとにかくに出流などの字を宛てて、岨（そわ）の下の狭い流れの、簗（やな）などに便利な場所を意味しているらしい。東日本でも甲州の都留（つる）の郡、下野（しもつけ）の出流（いずる）山などがあって、元は全国にわたった用語のように思われる。

　こうして二里三里の嶮岨（けんそ）の山を越えなければ、入って行かれない川内が日本には多かった。それを住む人の側ではあるいはオグニ（小国）などとも呼んでいた。出羽・越後にも幾つかの小国がある。以前の総称はあったか忘れたかは別として、これは明らかにいわゆる標後の地名である。しかもその時代の古かるべきことは言葉だけからでなく、分内がやや広くして生活品は塩さえも土地に産することがあり、武陵桃源（ぶりょうとうげん）の隠れ里のごとく、彼等が自得自讃の根拠あることを感ぜしめるからである。こういう地方の地名は、ことに注意に値する。事によると人が拓（ひら）きに入った以前には、それより古い地名は一つもなく、多くの標前地名はかえって土着より後の仕事で、従って中世風の命名法にいかなる特質があったかを発見せしめるかも知れぬゆえである。

平原開拓の第二の故障は、言うまでもなく水に遠ざかる懸念であった。神を祭る人々には稲は絶対必要である。野川の流れはまた交通の唯一の栞(しおり)でもあったが、それを苦に病まずに小国に入って隠れるほどの勇気ある人にでも、雨を頼りに田を営むことだけは躊躇(ちゅうちょ)した。現在のいわゆる天水場(てんすいば)には、清水が後に涸(か)れたものもあろうが、それよりも数多いのは沼を開いた地のおいおいの変化である。天然の水溜りは地味も肥え、取り付く際には相当の誘惑であるが、わずかに水位が下ればすぐに乾いて、一旦(いったん)の耕地を荒さねばならぬ。しかもこのような地形は一方には岩山の険と同じく、いわゆる要害の便宜は十分なるゆえに、永くその不便を忍んでも人は原中に住んだのである。沼を名にした村の多いのは、この二つの理由に基き、小野と谷とに次いで新進の農民が、この方面に着目したことを意味する。決して偶然にそんな名を採択したのではない。ただし後々の変化と移動自由とから、この類の地名はことに地形と合わぬようになりやすかったようである。

五　開墾と地名

今もし開墾という文字の意味を、現行の地租条例よりさらにいっそう広く解して、天然の素地を改良する人の行為の全部を含むものとすれば、いずれの国の地名でも開墾に関係しておらぬものはきわめて稀(まれ)であるといってよろしい。なるほど狩猟のためまたは採樵(さいしょう)のために山に入る者も目標の必要があるゆえに、あるいは古木・異木によりあるいは地形によりあるいは水の音などによって、土地に符号を付けるであろう。今日の人のごとくイ号・ロ号などという無趣味な符号は附けなかったであろう。しかし一つの符号が永久の地名となるのには、大分多勢の人の一致を必要とする。名称の決まる前には、人は何度も何度も、その地を題目として談話をせねばならぬ。臨時の採取のために一年に二度や三度入り込むくらいではまだ地名がないのである。各人が思い思いの符号を持っている間は、すなわち社会生活と交渉するところが薄いから、多くは地名を確定するに足らぬのである。土地が個人に占有せらるるに至って急に地名が発生するはこのためである。ゆえに地名の数は国土の広さとは決して比例せず、常に人の数と比例するのは名を付ける人が少ないためでない。物好きな閑人は一人でも多くの地名を附けんと試みるものである。たとえば中古禅宗の和尚が寺の境内に十境とか十二景とかを設けたり、近くは東京の金持奥某が塩原の山水に唐様の地名を附けたりしておるが、元来不自然な事業であるから、久しからずして湮滅する。これに反して人口が増殖し分散して、到る処に田土を拓く場合には、最も自然に地名が発生して、人は死し家は絶えても存外に久しく伝わったのである。山崎・川上・北野・西原の類は何も開発とは関係がなく、地形を表わす単純な言葉のように思う人があるかも知れぬが、大いにそうでない。第一に上下四方の方位をいうのはすなわち居民を中心とした主観の名詞であるのみならず、山の端川の辺に田畠や屋敷がなかったならば、こんな地名は入用がなかったのである。村の名、大小字の名に何野・何原というのが多いのは、すなわちその原または野を開いて田畠とした所と言うことで、詳かに言えば何原開墾地の略語にほかならぬのである。

直接に開墾を意味する村里の名も、古くは『倭名鈔』郷名の治田・新屋の類から、最近は那須野方面などの何々開墾と言う大字、北海道の某農場という地名までを列挙するならば、その数は百種を超えるであろう。その中には荘園制度の変遷を説明し得べき趣味多き地名もいろいろあるから、他日を期して述べたいと思う。ただ一つここに講究してみるのは何々名という地名である。公文名・久門名などという大字のあることを知っている人は、右の名が荘すなわち荘園の役員の名田の区域であることは疑う者はあるまい。言うまでもなく地名の何々名は名田の名、大名・小名の名、さては名主の名と関係がある。しかし人はあるいはその本原のいずれにあるかを誤っているかも知れぬ。自分の確信するところでは、この何々名という名はすべての他の語の始めであって開墾の一区域の通称である。播磨その他の中国地方には別名という大字が所々にある。『東寺文書』を見ると、寺領の矢野の例名という土地が久しい間論諍の目的物になっている。別名はすなわちこの例名に対する語で、本荘に対する新荘あるいは別所・別保・別府（符）なども同じである。また新名という村もある。名が一家の開墾区域の普通名詞である証拠はこれでも十分であるが、このついでに言いたいのは多くの名が開墾者の名前を冠せて呼ばるることである。例を挙げるのは煩わしいくらい多くある。昔の人名は今とわずかの相違がある。またあの時代の貴族名乗とも少し違うようである。最も流行したのは久・延・吉・則・貞・利・元・友・充・宗などの好字、国末（季）というのもあれば福・富・得（徳）などという縁喜を祝ったのもある。これらの文字を二つずつ合せたのが荘園盛時の身分の低い武士の名であったらしい。荘園の開墾特許は貴族か大社寺でなければ得られないが、実際開墾に必要なる労力の供給は地方の土豪に仰がなければならなかった。場合によっては勢力ある家が一手で下受けをしたために、名田の沙汰がなかったのもあるが、荘園が広大であるとか、または他の事情のために多数の武家を招いた所では、占地を分割して各人に付与せねばならぬ。右の分割開墾地がすなわち名であった。この点は近代の新田開発のやり方とまさに反対である。徳川時代の新田では資本家と労働者とは分立しておった。彼等は費用を負担するとともに労力を統一して監督を行った。ゆえに土地を田畠にしてから後、これをおのおの労働者に割渡するのが通例であった。

　荘園の始めには根本の開墾権者は空手でその地に臨み少分の地利を収めて満足するのみで地方の下受人が各自労力と資本とを携えて来てその招きに応ずるのであるから墾地はいまだ開かざる前にこれを各人に割渡したのである。名主職の権利が尋常の百姓職に比べて得分多くかつ鞏固であったのは、まったくかくのごとき由緒あるがためである。広漠なる未知の草野に入り込んで各自が開墾をする場合に、下受人の数が多ければとうてい地形の特色などを考えて適当な地名を一々きめている暇がないから、皆手取早く自分自分の実名をもってその区域に名づけたのである。太郎丸・五郎丸などという名、または名古屋附近の一女子・三女子などという村の名はあるいは後代分割相続の結果ともいわれるけれども、おそらくはこれも下受人が婦人または加冠前の童子であったために、その字をもって呼んだものであろう。地名を二字にすることは永年の因習であるゆえ、後々各区域が独立の領地となった際に、何々名の名という字を棄てたものも多かった。その地に住んだ武士で在名を家名にした者が、今日国光某・久末某などといって、人はよく名前のような苗字だなどと笑うけれども、実際名前が廻り廻って家名になったのである。また徳富とか福富とかいう氏は、これも中世の人の名乗で決しておかしくはないのである。要するに荘園内の区域を名というのは、あるいは人の名前の名から起ったかは知らぬがとにかく今日の大字や坪・組または触というのに当るので、荘園の慣例として一つの名は一家に属し、しかもその権利が顕著であったためについには大名という語が諸侯のこととともなれば、名主が村長の義とも転じたのである。阿波の祖谷・肥後の五木などでは、小作人のことを今でも名子といっている。名子は名主の属民の義である。

これについて考えてみると、地名と家名との関係には二種の別があって、日本と支那とは原則が相反している。支那では李姓の者は到る処に李家屯を作り、陳姓の者は必ず陳家荘を立て、その姓を変じないのに反して、日本では新住者は本の氏を蔵っておき、他人からは現在の居所の地名をもって呼ばせている。熊谷が安芸に移り、武田が上総・若狭に行っても、なお武田であるような風は鎌倉時代の末からである。すなわち日本では地名の方が不動で、家名が動いたのであった。世人は家名と在名との関係は知っていても、時としては山田氏がいたから山田村であるようにいう者があるが誤りである。ただその一つの例外でやや支那風に近いと思うのは右にいうがごとき名の地名の附け方である。いわゆる「名字の地」の名字は家名のことで、家名となった地名という意味に違いないが、地名となった人名もその子孫にあっては貴重なる記念であったことは同じである。

六　分村の地名の附け方

中世の荘園はもちろんの事、『倭名鈔』時代の一郷の地も近代の一村よりははるかに広かった。いろいろの理由は郷荘の地域を分裂させて、ついに十戸二十戸の小村にまでおのおの名主を置くようになったのである。分村の原因として各時代を通じて最も有力なのは、言うまでもなく人口の増加である。荘園内の山野は片端から開墾せられて、別所加納の村ができた。この事実は直接に惣領職の衰微であった。何となれば荒野を開く権利は惣領に属していたからである。総領の衰微はすなわち庶子の分立で、分割相続は日本の国風であったゆえに、家督の制度は久しく存続することが困難であった。この間にまた領主と地頭との論諍はしばしば下地の中分を促した。この痕跡は今日でも諸国の地名に残っている。地頭方・領家方などというのがこれである。元八王子村の大字一分方・二分方なども、分割相続の痕跡である。領主が弱くなれば個々の名主はその名子をひきいて独立する。徳川時代にあっては知行の高を整数にするのに（軍役の計算を便にするため）、越石分給が多くては面倒であるから、なるべく村の小さいことを希望した。すなわち勘定の便利を本位にした点は村を補助貨幣のごとく取り扱ったわけである。地侍を鎮撫するためにも、なるべく多くの名主・庄屋を設ける必要があった。村の人数が殖え田畠が多くなると、管理が届かぬという理由ですぐにこれを二つに別けてしまったのである。

右のごとく一村を二村とする場合の村名に、以前のものの上へ東西南北または上中下等を添えて呼ぶのは、最も自然なる命名法であるが、そればかりでも行かぬとみえて、地方によっていろいろの用例がある。その二三を下に挙げてみると、

(イ) 岡方・浜方　薩摩揖宿郡山川町大字岡児水、及び同村字浜児水、駿河志太郡東益津村大字岡当目及び浜当目がある。同国安倍郡入江町大字上清水と不二見村大字下清水とは、ともに今の清水町に接続した地域で、以前はこの二大字の地を岡清水といい、清水港を浜清水と称していた。伊豆にも田方郡対島町大字八幡野は岡と浜との二つの部落に分れ、その間七町ばかりを隔て二村のごとしと『伊豆志』巻三に見えている。同書田方郡伊東村大字岡の条には、「およそ海辺の村落にて土地の高低あれば高き所を岡といい、海傍を浜という」とある。陸をオカというのも丘陵または高地の義転であって、別に一つの語原があるのではなかろう。

(ロ) 畝方・谷方　これも土地の高低によって分けたので、その例は美作にある。久米郡鶴田村大字角石畝及び角石谷、同郡垪和村大字中垪和畝及び中垪和谷、真庭郡富原村大字岩井畝及び岩井谷の類である。ウネは東国ではオネともいい、山の頂線のことである。現に美作にも天狗嶁または雩嶁などというのがある。もっともこれは『作陽志』にばかり見えているので、あるいは漢文で書く際にこんな字を用いたかも知れぬ。畝の字を当てたのは畠の畝から起った転用であろう。ウネはもと山の背すなわち峯通りのみの名であるが、この地方では

広く高処をさしてウネといったようである。

（ハ）峠方・谷方　安芸高田郡郷野村大字桂字峠桂及び谷桂、峠は山の隈すなわち入り込んだ部分で、さらに山路の義に移っているが、ここでは単に山の上というばかりの意味である。土佐では嶺をトオといっておる。

（ニ）山方・原方　美作真庭郡川東村大字古見字山古見及び原古見。

（ホ）谷方・渡方　因幡八頭郡河原村大字谷一ツ木及び渡一ツ木、この地は大川に接しているから渡は文字通りにも解することができるが、ワダは必ずしも水辺には限らぬ地名である。武蔵にも多くの例がある。谿間の入野に比較してやや広い平野をば和田といったようである。またこれを沖ともいう所がある。オキもワダもともに陸地に用いられている。

（ヘ）里方・野方　岩代岩瀬郡白方村大字守屋字里守屋及び野守屋。里守屋新田ともいうべき関係のある所と思われる。

（ト）町方・在方　普通名詞としても用いられておる。岩代信夫郡庭坂村大字町庭坂及び庭塚村大字在庭坂、多くの地方では町場と在方とが分立するときには、一方を某町といい一方を某村というのが例である。町といい村という語は単に普通名詞であって、固有名詞の一部をなすのではないように多くの人は誤解している。

七　荘園分立の実例

美作には適当な実例が幾つもある。『東作誌』は『風土記』の上乗であるがこれを見ればよく分る。いわゆる勝北郡新野荘は、ほぼ今日の勝田郡新野村の地に当っている。この荘園は古く東西の二部に分れた。このほかに新野山形という大字もある。山形はすなわち山方で多分同じ頃に分立したものであろう。また堀坂という大字及びこれから分れた妙原があるが、ともに丘陵を隔てておって地形上立荘後に附いたものと思われる。今でも別の村の大字である。

さて新野東分は後に上分・下分と二つに分れ、新野東村上分はさらに東分・西分の二つに分れた。『東作誌』には新野東村は享保年間に三つに分れたとあるけれども、同時に三つに分れたなら上中下ともあるべきで、上分の東方西方と下分とに分つはずがない。享保はおそらくは東村上分がさらに東西に分れた年代であろう。新野東村下分は一名を工門という。すなわち公文名である。新野西分はすでに慶安四年に上中下の三つに分れておる。かくのごとく徳川の末頃には昔の新野荘は十の村となり、十人の庄屋がこれを支配し、三人の地頭の領地に分属していた。今の町村では二村にわたり、八つの大字である。新野東上東分・新野東上西分及び新野東下分は合して一大字となり、ずっと古い時代の状態に復している。

次に久米郡稲岡の二ヶ村はまた昔の稲岡荘の地である。この荘は最初南北の二荘に分れた。後に北荘は里方と山方の二つに分れ、北荘山手村は承応元年に北荘山手上村・北荘山手下村と分れ、南荘の方は元禄二年に南荘西村及び南荘東村の二つになり、結局五ヶ村であったが、新町村となって二村三大字すなわち承応以前の状態に復したのである。全体この国では郡もだんだん分立して近年までは久米郡が二つ、苫田(とまた)郡が四つ、勝田郡が二つというよう

倭文(しとり)荘
- 山手
  - 奥山手村 ……（久米郡西川村大字）
  - 中山手村 ―延宝二―
    - 中山手里村
    - 中山手奥村
- 公文
  - 山手公文村 ―寛文九―
    - 山手公文北村
    - 山手公文南村
  - 里公文村
    - 里公文上村
    - 里公文(下?)村
- 油木(ゆき) ―寛文五―
  - 油木北方村 ……
  - 油木南方村 ―寛文十二―
    - 油木上村
    - 油木下村
- 等 ……?

（中山手里村・中山手奥村・山手公文北村・山手公文南村）……（同　倭文西村大字）

（里公文上村・里公文(下?)村・油木北方村・油木上村・油木下村）……（同　倭文中村大字）

に小さく分れていたが、荘郷分合の趨勢(すうせい)もすべてこれと同様であってその命名法のごときもきわめて自然である。最後に今一つの例を附録として添えておく。前の新野と稲岡との場合も、こうして表にして見れば、もっと明らかになることと思う。

八　久　木

武蔵南埼玉郡久喜町
能登鹿島郡西島村大字久木
美作久米郡吉岡村大字久木
肥後阿蘇郡久木野村
大隅(おおすみ)囎唹(そお)郡西志布志(しぶし)村大字久木迫(くきのさこ)
壱岐(いき)壱岐郡志原村字釘山(くぎやま)

右等のほか、諸国の小字に存する無数の「クキ」はことごとく燃料採取地を意味する地名であろう。大阪の新聞の三面記事に折々現われて来る柴島警察分署、あの柴島は今でもクニシマと訓(よ)むのである（西成郡中島村大字柴島）。駿河庵原(いはら)郡岫崎(くきざき)岡は今の薩埵(さった)峠のことで古くは『日本紀略』の天慶三年の記事にも見えている。文字から見れば別の意味かと思われるけれども、地形が岫ではないのみならず、『盛衰記』巻十三清見関の条には国崎とも書いてある。

『倭名鈔』の郷名には駿河富士郡久弐郷がある。また備後の御調郡、周防の玖珂郡、筑前の糟屋郡ともに柞原郷があって、後の二つは明らかにクハラと訓んでいる。柞の字は『新撰字鏡』には「櫟なり」とあり「草を除くを芟と曰い木を除くを柞と曰う」とあるけれども、訓は「ナラの木」または「シイ」である。櫟は同書によれば櫪と同じで「マロクヌギ」である。これは専門の説文学者を煩わすべき問題であるが、何でも今日我々が「ハハソ」と訓む柞の字、「トチ」と訓む栩の字、杼の字、橡の字、「クヌギ」と訓む櫪の字、時としては「イチイ」と訓む櫟の字等は、すべてその本義は一定の樹種の名ではなくて柴・薪などと同じく燃料ということであったらしい。

『日本紀』には大木の歴史が数ヶ所ある。古訓ではこれを「クヌギ」と訓んでいる。ちょっと反対の証拠のように思われるけれども、その木が今日の「クヌギ」であったか否かは疑問である。『倭名鈔』には釣樟を「クヌギ」と訓み、また挙樹をも「クヌギ」と訓んでいる。申すまでもなく『倭名鈔』や『字鏡』は、単に古代語の存在を証するのみで、漢語の知識は今日の方が進んでいるから、彼をもって精確なる漢和字典と見ることはできぬ。椿を「ツバキ」とよみ、楠を「クスノキ」とよみ（倭名鈔）、「ハハソ」に楢の字を充て、「ナラの木」に櫟の字を充つるがごとき（字鏡）、皆実物を見ぬ人の推し当てであろう。しかしこの和訳の混乱の中にも「クキ」といい「ク」というは、必ずしも一種の樹の名でなかったことは想像することができる。この「ク」はいわゆる「木祖句句廼馳、草祖草野姫」の句々で、つまりは「キ」という語と同原であったのを、総称には「キ」といい、薪にのみ「ク」というように分化したのか、ないしはまた別に語原があるのか、竈を「クド」という方言は今日でも各地に遺っている。

因幡八頭郡社村大字橲原、常陸久慈郡金郷村大字箕村小字欅崎などは、『倭名鈔』と同じ字を用いている。また常陸の多賀郡高岡村大字中戸川には大椢という小字がある。これらは稀なる例で他の多くは久木と書いて「クノキ」と呼びまたは国木あるいは椢と書いている。周防都濃郡須々万村大字須々万奥小字国木峠、遠江周智郡宇刈村大字宇刈小字国木谷、常陸多賀郡鮎川村大字成沢小字椢木沢などはその例である。文人国木田独歩君は播州竜野の藩士であった。この家は淡路で脇坂氏に取り立てられた武家である。郷里にはいわゆる名字の地があり同族は皆椢田と書くそうである。名字のついでに言いたいのは耳のお医者の小此木（信六郎）さん、あの人はたしか二本松の藩士であるが、もとは多分上野佐波郡剛志村大字小此木から出た家であろう。柴と書いて「コノギ」と訓むのが不思議なため、二つに分けてやっと理窟を付けたのであろう。

椢はむろん最近の新字である。大阪の柴島もあるいは国島とある。南多摩地方で椚の字を「クヌギ」と訓むのは、これも同様の新字ではあるまいか。八王子の西方に浅川村大字上椚田、その西南に津久井郡吉野駅字椚々戸、その他同じ例はたくさんある。相模中郡東秦野村大字名古木村なる玉伝寺の宝永元年の鐘銘等には並椚村とある。この椚は椢の字から再成したのかも知れぬ。かくのごとき例はほかにもある。たとえば薩摩薩摩郡宮ノ城村大字柊野、同高城村字柊平、これらはその附近に久木野という無数の大字・小字がなかったならば、人はその字義を怪しんだかも知れぬが、疑いもなく久木の二字を合した杦でそれが俗様の杉の字と混じやすいために、久を冬に変じたのである。肥後の葦北(あしきた)郡には山川の岸に泥泪(どろめき)という地名がある。泪を「メキ」と訓むのは、目木の二合が相の字になるのをさけて、しかも泪が涙であることを知らなかったのである。

　久木を「クノキ」と呼ばず「クキ」と呼ぶのは、九州には多いけれどもその他の地方には少ない。九州の「クキ」と他地方の「クノキ」と同じであることは、地形でも証明することができる。幸いに五万分一図があるから、比較はさしたる労力ではない。ただわからぬのは「クヌキ」の「ヌ」、「クニキ」の「ニ」である。「クノキ」のあるものは「ク」の樹の意味だとしても、『書紀』の古訓すでに「クヌキ」といい、柴を「クニ」という以上は、別に「ニ」「ヌ」を附した語があったには違いないのである。また「クキ」「クノキ」が燃料採取地とするならば、今日邑落(ゆうらく)の地名にあるのは不思議のようであるが、これは何原・何野という村の名があると同様、別に開発前の称呼を変ずる必要を見なかったためである。

　久原のほか久野(くの)・久沢(くさわ)・久谷(くたに)・久土(くど)・久場(くば)・久平(くのひら)等の地名も、皆同種のものと見て差支えはなかろう。実際この類の地名は山村山地に多いかと思われる。

九　帷子

武蔵橘樹(たちばな)郡保土(ほど)ケ谷(や)町大字帷子(かたびら)

安房安房郡保田町大字大帷子
陸中岩手郡寺田町大字帷子
美濃可児郡帷子町大字東・西帷子

その他諸国の帷子はすべて片平である。保土ヶ谷の帷子宿は東海道の往来に当っていたからその地には必ず相応の名の由来が存するであろうし、『廻国雑記』『平安紀行』等、足利時代の書物にも帷子の字を用いている。『廻国雑記』には歌まで添えてある。右のごとく古い地名であるけれども、カタビラと名づけた理由はまったく一方山に拠り、一方は田野を控えているためにすなわち片平というのであろう。この地形は我々の祖先の土着に対して、経済上最重要なる意義をもっていたのである。防水・排水の土工が進歩しなかった古代には、水ほど人の生活力に大なる障害を与えるものはなかった。氾濫・卑湿の不愉快を避けるためには、人はいわゆる「朝日の直指す国、夕日の日照る国」を択ばねばならなかった。しかも日本人は最初から稲を栽培する民族である。神を祭るに必要なるミキとミケを始めとしできる限りは自分も米の飯と酒とをたべたゆえに、必ず水田の近き所に邑落を作ることを要とした。語を換えて言わば、あたう限り水の害を避けて、あたう限り水の利に就くには、近く平野に臨める丘陵の傾斜地、すなわち片平の地を求めねばならなかったのである。大小名主の時代には、さらに軍事上の理由が片平を重要ならしめた。平日の薪採りが十分で、事あらば駈け登るべき嶮岨の要害山にも近く、さらに家人郎従を養うだけの田園があって、籠城の兵糧も集めやすく遠見と掛引きとに都合の好い山城は、また片平山に限ったのである。たくさんの帷子は皆当て字であることは、さして推測に困難ではないが、なお十分に地図に就き実地に立証してみたいと思う。もっとも保土ヶ谷の帷子宿は、慶長年間に村を今の地に移したのであるから、地名と地形の一致を見ることができぬ。以前は帷子川の少し上流、今の古町というあたりにあったのである。

片平という文字を用いた所はいくらでもある。

武蔵都筑郡柿生村大字片平
岩代安積郡片平村大字片平
大和山辺郡波多野村大字片平
河内中河内郡北高安村大字楽音寺字片平
伯耆西伯郡大山村大字宮内字片平山
土佐幡多郡橋上村大字野地字片平山
美濃土岐郡多治見町字片平
同　恵那郡明知町字片平

阿波那賀郡今津浦は昔の町屋の地で、その下の町の一つに片平町（阿波志）、肥後上益城郡甲佐郷の内に堅志田のカタビラは城砦の地で、馬場という村に属している（肥後国志）。伊豆の北部には二ヶ所の片平があって今はすでに消滅した。その一は西の方駿河の境、田方郡北上村大字佐野を以前に帷子里といい、その二は相模に近く熱海町の枝郷和田を以前片平里と称えた（伊豆志）。相模愛甲郡南毛利村大字愛甲にも一つの片平がある。附近の字に堀之内・城之内などというのがある（新篇相模国風土記稿）。美濃の二つの片平も共に昔の城下かと思うが、その地の人に聞き合わせてみたい。

城下としての片平はあるいは片原ともいったかと思う。近江の大津及び長浜、越前の敦賀、因幡の鳥取市等に片原町という町がある。大津の上片原町・下片原町は山の傍らの地で、人家片側にあるがゆえに片原という（近江輿地誌略）。鳥取の本町は片原町に続きて始めて両側に人家ありとあれば（因幡志）この片原町もすなわちまた一つの片側町である。東京でも根津の片町というなどは類例である。京浜電車の子安停留場の近くにも片原町という字がある。武蔵北埼玉郡鴻茎村大字根古屋字片原、この根古屋にも城址がある。根古屋は山城の城下を意味する地名である。『東作誌』によれば美作勝田郡吉野村大字美野字市場、構城の山下にあり、昔片原町ありし所というとある。右の山下はサンゲと訓む。岡山市・津山町・高梁町等にもある地名で、すなわち城山の麓の民居という意味である。名古屋及び静岡の町の名に片羽というのがある。これもまた片平・片原町・片町等と同類の地名かと思われる。たしか城の壕に近い区域だと覚えている。

一〇　阿原

『甲斐国志』及び同地方の五万分一地形図を見ると、甲府の南から笛吹・釜無の川合に掛けて、しばしばこの川の水害を被むる村方に紙漉阿原・臼井阿原・何阿原という地名がたくさんにある。最初は荒原の意味かとも思った。甲斐の阿原にはあるいは阿荒とも書いたのもある。例によって諸国の分布を調べてみると、

甲斐北巨摩郡小淵沢村字上阿原
陸中江刺郡伊手村字阿原山
尾張東春日井郡和多里村大字三ツ淵字東阿原
美濃山県郡山県村大字北野字阿原沖
因幡八頭郡菅野村大字淵見字日向阿原
讃岐小豆郡土ノ庄町字アワラ島

これらの阿原は果していかなる共通の地形を具えているか、まだ検してみることができぬ。越前坂井郡に蘆原という有名な温泉がある。三国の湊の少し上流であって、また川の積土の上に開かれた新地の村である。美濃、飛驒などには最も多くの阿原がある。『駿河志料』巻二十七によれば、安倍郡美和村大字西ヶ谷字阿原、もと池なりしが近世はあせたりとある。安倍川に合流する蓼川という小川が排水している低地である。また同書巻八志太郡葉梨村大字中藪田の沼、アワラともいう。この村の地左右山にて中央には沼あり。古はこの村すべて沼にてありしに、二百年来漸々に開墾したりとある。また巻六志太郡藤枝町大字若王子の押切川蓮池に隣する北の谷に泉あり、アワラという。その下流時ヶ谷を経て葉梨川に入るとある。これは湧水の所かと思われる。『駿河国巡村記』志太郡の五に、郡内の池及び滝を列記した中にも右の中藪田の阿原及び蓮花寺北谷の阿原すなわち若王子のアワラを載せてい

る。おそらくは阿原を池の中に列したつもりであろう。『飛州志』巻七にアワラ田、下田にて深泥の田なりとある。諸国の阿原も右の三書の記載に基いてその地名を説明して誤りがなかろうと思う。

古いところでは『倭名鈔』の郷名に上総畔治郷がある。まず畔を築いて後に田を開くことあたかも近年の築地、築出し新田のごときものを意味するのであろうか。人が多く田が足らぬという圧迫は、もちろん水利と土工の技術を進歩させたけれども、現今二百八十万町歩の田は一部分天然の地変に助けられた増加である。武蔵の入海や尾勢の海岸に川の土が遠浅を埋め立てたと同時に、駿河などの多くの阿原を村にしたのは、すなわち陸地の上昇、川床の下降であろう。

埼玉・栃木の境などにはまだ排水せられざる卑湿の地がいくらもある。関東で谷原という多くの村里は多分阿原と同類の地名である。東京の近くでは北豊島郡石神井村大字谷原、新高野山があるために人がよく知っている。丘陵の窪ごとに排水の不充分なフケ田があって、三宝寺池を始め昔大きかった沼が処々にある。これらの谷原並びに越前の蘆原のごときは、あるいはヤすなわち蘆荻の類を叢生している所とも説明し得るかも知れぬが、自分はやはり語原の説明の不能なるにもかかわらず、阿原のアが谷地のヤと混同したものと思っている。武蔵の荒藺・遠江の新居などというアラも、考えてみれば阿原と縁由があるかも知れぬ。イは邑落の義である。けれども荒野の邑落または新しき邑落をアライということは、昔の語法としては少し似付かぬように思われる。

二　ドブ、ウキ

東京では下水堀のことをドブというが、右は明らかに転用であって、以前は阿原と同じく排水不十分なる足入の地のことである。たくさんの例があるけれども単に二三のものを掲げておく。この地名の普及したのは、まったくドブが水稲の栽培に通ずるという経済上の意義があるからである。

武蔵南葛飾郡綾瀬村大字小谷野字土富耕地
同　橘樹郡城郷村大字岸根字島ドブ
常陸真壁郡中村大字林字土深
同　同　騰波ノ江村大字筑波島字土腐
磐城双葉郡幾世橋村大字棚塩字ドブ谷地
伊勢三重郡朝上村大字田口字ドブ

相模にも無数のドブという地名があるのみならず、普通名詞にもこの意味に用いられている。ドブは昔の語ではウキである。諸国にある浮田という地名は、すなわちまた武蔵などの土浮耕地である。愛鷹山の南麓なる浮島ヶ原なども、古来有名なためにかえってもったいぶった伝説もあるが、決して島が浮遊するわけではなく、神代紀にいわゆる浮渚在平処の浮渚で、島という語も今よりも広き意味をもっていたのである。『千載集』雑下道因法師、「けふかくる袂に根ざせあやめ草うきはわが身にありと知らずや」、ウキは菖蒲などの生ずべき地なることがこれでわかる。今日深泥の田をフケ田というのもウキ田の転であろう。

一二　真　間

『万葉集』の勝鹿の真間の入江、または麻万の浦は果して今の東葛飾郡市川市大字真間であろうか。あの辺の地形には千年の間に大なる変化があったと思われるから、むしろ地名の意義から昔を推測する方が早い。ママという地名は東部日本に充満している。汽車の駅名にも間々田があり、大間々がある。この大間々（上野山田郡大間々町に近き停車場）に関しては、『上野名跡志』に左の説がある。

『十六夜日記残月抄』に、間々は儘にて、土が心の儘に崩るる所をいう。上野の大真間などもその意なりとあり。げにも渡瀬川の高崖にて、躍滝というあたりなどはさる所なり。

心の儘は牽強の説であるが、土の崩れる崖をママということは旁証がある。相模の愛甲村辺でかくのごとき崖地をママックズレということは、現にその地に往って聞いた。また、

武蔵西多摩郡三里村大字高尾字崩崖上

という地名もある。『伊豆志』には左のごとき記事がある。

伊豆田方郡川西村大字壗之上

およそ土堤の敷地と馬踏との間を、郷語にてママという。この村土堤の左傍に低田ありて、ママ長きこと数町なり。

上総・信濃でも土堤のことをママという。その説明には崩れるということはないが、高地の側面をママということだけは前説と通じている。『地名辞書』にも、相模足柄上郡福沢村大字壗下に関して、崖のはずれをママというと記してある。壗の字は『残月抄』の説と同様の考えから儘の字の左を土扁にしたまでである。伊豆の墹之上の墹の字も、間の字に土扁を附けたのである。さてこの地名分布の例を少々挙げるならば、

豊前下毛郡和田村大字田尻字間崎
因幡八頭郡登米村大字横地字儘山
丹波多紀郡福住村大字川原字ママ谷
尾張東春日井郡小牧町大字間々
駿河安倍郡賤機村大字郷島字ママ下
遠江浜名郡美島村大字本沢谷字満々下
甲斐北巨摩郡小笠原村大字小笠原字東大ママ
武蔵北足立郡片柳村大字染谷字高儘
常陸真壁郡紫尾村大字酒寄字間々田
磐城双葉郡浪江町大字川添字間々内
岩代耶麻郡松山村大字大飯坂字東高儘

羽前南置賜郡山上村大字板谷字寺儘下

壱岐の武生水の海岸にもママ川内という地名がある。右のごとく分布は広いけれども、自分はママはアイヌ語の残存だと信じている。それは日本語にてはママの原義が説明しあたわぬ上、『蝦夷語地名解』（再版四〇三頁）には、

北見宗谷郡メメナイ、崩れ川、崩壊をメメという。

とある例もあるからである。ただしバチェラー氏語彙にはこの語は見えぬ。『地名辞書』中にも心当りはない。もしママがアイヌ語のメメと同原より来たものなら、本家はあちらというのが妥当であろう。葛飾郡の真間よりさらに川下に東京府管内にかけて、欠間という大字もある。地形と合わぬのは民居とともに地名がすべって往ったのであろう。地名から推測すれば、川土で新地を作る以前には、河水が絶壁の下まで湾入していること、たとえばこの国海上郡銚子町の南方、外川から菜洗浦辺の光景、または能登の和倉以東の海岸などのような地形で、その崖の上から美人手古奈が海を眺めていたためであろう。肥後阿蘇郡の馬見原も崩崖はあるが、これは諸国に多数ある馬見塚または豆塚などと同じく、信仰より起った地名かと思う仔細があって例証にはせぬ（羽前山形の馬見崎川、常陸の馬見山なども同様である）。ゆえに日本の地名の中では、ママとマ行に発音するものばかりを説明しておく。

一三　江角

出雲八束郡恵曇村大字江角浦

江角浦は江角郷の浦すなわち船着で、江角はすなわち『倭名鈔』郷名の秋鹿郡恵曇の地である。曇の字は安曇のズミであるため、ついにエズミになったのを、町村制施行の際に故称に復したのであるが、『出雲風土記』によれば、神亀三年までは文字を恵伴と書き、神がこの地形を見て絵鞆のごとくなるかもと仰せられたための地名とあれば、本当はエドモである。島根半島西部の一海角である。ところが岬をエドモというものが現在北海道に一ヶ処ある。古今あまりの隔絶であるから、別の地名というが安全かも知れぬが、文明の低度なる民族の間には言語の変遷は比較的遅々たるものがあろうし、ほかにも類似の例が多いから試みに一つの仮定説を述べてみよう。さて北海道のエドモは室蘭の東南半里ほどの磯山陰にあるアイヌ部落である。古い頃東場所の一つであったために内地人にも知られている。絵鞆崎とも江友ともあるが元禄郷帳にはエンドモという。『蝦夷語地名解』その他の書には正しくエンルムで、エドモは転訛であると説いてあるけれども、どちらの方が古いか知れたものでない。自分は先年この地を見に行ったときエドモという名義をそこの老アイヌに聞いた。二十世紀のアイヌはでたらめをいうことが名物だそうだが、その答えにはエドモはもとエンルムである、アイヌ語では鼠のことをエルムという。昔ここに鼠がおったからかく唱えるのだとのことであった。そこで自分は鼠をエルムというのならなぜにエンルムというのかと問い返したれば、あまりたくさんいたからエンルムと強めたのだと立派に言い切ったが、後にアイヌ語法に通じた人に聞けば、ンの字を附加する emphatic form はないそうである。しかしエンルムを鼠という説はずいぶん古くからあったとみえて、いろいろの昔の書にも見えており、現に有名な日高の襟裳崎のごときも、エルム・ノツと重複して唱えるためか、通例鼠岬と訳し、鼠に関する伝説がある。今日エンルムと称する岬は、

後志瀬棚郡　　　　エンルム
日高様似郡　　　　エンルム
北見宗谷郡　　　　エンルム
胆振千歳郡マオイ沼　タンネ、エンルム　　長崎
天塩苫前郡　　　　ショ、エンルム　　岩崎
同　留萌郡　　　　エンルムカ　　　　崎の上

などいくらもある。例のバチェラー氏語彙にはこの字がない。鼠という名詞は Erum または Endrum とある。岬の Enrum がこの二語と紛れたのはあり得べきことであるが、自分の考えでは岬の方は以前かえって Edum または Endum であったのが、エンドルムを通じて鼠の語に似て来たのであろうと思う。諸方にエンルムという地がありながら、古くから開けた室蘭附近の場所ばかりがエドモと転訛するはずがない。襟裳岬のごときも、発音が鼠の語に近くなって来てからあんな伝説が起ったので、もとは一つの江友であったことと信ずる。

今も、
紀伊西牟婁郡江住村大字江住浦
佐渡佐渡郡小木町大字江積

壱岐壱岐郡香椎村字江角

右三ヶ所の地形が果して自分の想像するごとく、出雲の江角と類似の地形であるならば、自分は『風土記』の絵鞆伝説なんかは無視してしまって、この地名を少なくもアイヌ語のエンルムと同原より出づるものと論じたいのである。なお一歩を進めて言えば出雲という語もやはり恵曇・江角などと同じ語かと思われる。全体ミサキという語は国土の突端であると同時に、国防の前線をも意味し、『古事記』の猿田毘古神以来の信仰上の一名称である。あるいは三崎神となり、佐陀神となり、伊豆権現となり鼻節神とも称せられて、諸国の守護神であったことは『石神問答』という書物に少しく論じておいた。またアイヌ語の地名が九州まで分布していたとて、すこしも驚くべきことではない。

一四　湿地を意味するアイヌ語

始めて広漠の地に土着した者は、創業の活動に忙殺せられていて、地名のごときもきわめて無造作に、かつ生活上最も重要なる関係のある土地だけに、まず名を附けておいたに違いない。ゆえに後世の寺の和尚や村の隠居輩の説明するごとき、漢字の字義に拘泥した手数を掛けて、やっとなるほどといわせるような地名は、古い所にはないはずである。湿地が何ゆえに生活上重大な関係があったかといえば、第一に稲は栽培しなかったろうと思わるるアイヌにあっては、交通の大なる障碍である。従って敵人の襲撃に対する簡便なる防禦である。

第二に日本人の祖先にあっては主食物の生産用地である。いずれにしても、古代人の生活には軽々に看過すべからざる地形なるゆえに、いち早くこれに名を附したものであろう。

バチェラー氏語彙によれば、

Tomam or Toman　A swamp soft boggy land, A quagmire

トマム、またトマン　沼、沼地

この地名は諸国にある。たとえば、

武蔵都筑(つづき)郡二俣川(ふたまたがわ)村大字二俣川字榛ヶ谷(はりや)小字ドウマン谷
同　北足立郡美谷本(みやもと)村大字内谷字大野小字堂満
同　入間(いるま)郡柳瀬(やなせ)村大字坂下字道満前
相模愛甲郡依知(えち)村大字下依知字堂満坂
磐城相馬郡金房村大字小谷字東満塚

アイヌ語にはタ行濁音をもって始まる語は一つもないから、我々のダ行は彼方にては皆タ行である。また語尾のンも省かれたものがあるらしい。

武蔵北埼玉郡岩瀬村大字下岩瀬字当麻
相模高座(こうざ)郡相原村大字橋本字当麻田
常陸(ひたち)鹿島郡巴(ともえ)村大字当間
駿河志太郡広幡(ひろはた)村大字上・下当間
越後中魚沼(なかうおぬま)郡水沢村字当間

志摩志摩郡菅島村字トウマ
備中上房郡有漢村字ドウマ

たとい大和の当麻と同じく、タエマと訓むものがあっても、また蘆屋道満に関係した伝説があっても、これらは皆トマンの意義が忘れられた後、骨を折って考え出した人の智慧と認めねばならぬ。次に同じ字引に、

Nit　Rotten, The wet rot
Nitat　The wooded part of a swamp
ニト　濡れて腐りたる
ニタト　沼地に樹の生じたる部分

現在の日本語でも、ニタは山水の浸み出してじみじみとしている所である。こちらはさらにいっそう頒布が弘いが、ここには僅少の例を挙げておく。

武蔵秩父郡久那村大字平仁田
常陸多賀郡松岡村大字赤浜字仁田沢
上野勢多郡東村大字沢入字菅仁田
甲斐北巨摩郡江草村字仁田平
陸前登米郡米谷町大字米谷字黒仁田
大和北葛城郡二上村大字穴虫字ニト山
肥前南高来郡安中村大字中木場字仁田ノ坂

日向西臼杵郡岩井川村大字岩井川字仁田ノ尾

九州にもずいぶんたくさんある。我々が新田の義と解している地名にもあるいはこのニタがあるかもしれぬ。出雲仁多郡には例の風土記風の説がある。また同国楯縫郡沼田郷に付きても、昔宇乃治比古命がニタの水を乾飯にかけて食わるるとて、にたに食しまさんと言われしゆえ、ニタと言うべきを今はヌタと言うとある。しかもすでに「ニタの水云々」と言っている。『風土記』の地名解はまずは口合いである。ニタは地方によってはヌタともノタとも唱えている。甲州ではヌタに岱の字が充ててある。国道の駅名にある黒野田も前の黒仁田であって、土の色の黒かったニタを拓いたのであろう。さらにアイヌ語彙に、

Yachi　ヤチ　A Swamp　沼沢

奥羽各県下には谷地と称する固有地名があるのみならず、ヤチは普通名詞としても弘く現在している。あの地方の人は皆知っている草立の湿地のことである。越後及び下野にも谷地と言う地名があるが、それより西へ来ればヤトとなり、ヤツとなりついにヤとなっている。武蔵では谷または谷戸とかいてヤトと言う地名が多い。ただし何々ヶ谷戸と言う地名の中には何々垣内と書くべきものもあるかも知れぬ。鎌倉の何々ヶ谷は歴史的の地名である。谷をヤと言う西の端はどの辺であろうか。駿河の宇津ノ谷より西へ越えても、

遠江周智郡犬居村大字堀ノ内字谷地

がある。バチェラー氏はトマン、ニタト及びヤチは同義語なりと言っているが、前二者の中国・九州にまで頒布しているに反して、ヤチばかりが尾張・三河辺を西の限りにしているの

は注意すべき現象である。

さて右三つのアイヌ語が、我々の部落の間にかくのごとく盛んに頒布せられおる事実は、果していかなる推論を下さしむるかと言うに、ある時代において我々の祖先とアイヌの祖とが雑処しておったことである。しかして一方の民族にとって有要なる土地が、たまたま他の一方のためには単純なる邪魔物に過ぎなかったと言うことは、おそらくはいよいよ二者の雑居比隣を容易ならしめた原因であって、平地を占めた民族の地位が、次第に傾斜地を占めた民族より優勢になった消息も、後者が圧迫のために蒙昧なる山人の状態に退歩して行った趨勢も、このわずかなる共通の言語から想像し得らるるのである。

このついでに言うが、諸国に多くあるマカドと言う地名も、またアイヌ語のマカ（開く、開けたる）と、ト（湖水）と言う二語から出たものではあるまいか。地形に基いて決すべきである。駿河の沼津の西方なるマカドのごときは地形が合しておる。

相模三浦郡葉山町大字上山口字間門
甲斐八代郡山保村大字嶺字マカド
駿河駿東郡片浜村大字東・西間門
同　富士郡吉永村大字間門
下野安蘇郡界村大字馬門
同　芳賀郡中川村大字馬門
陸奥上北郡野辺地町大字馬門

マカマと言う地名もある。マはまたアイヌ語でわずかなる水面のことである。

　武蔵北葛飾郡静村大字間鎌

周防にも数ヶ所の間門がある。

一五　福　良

わが邦の海岸を通覧するに、最も多き地名が三つある。すなわち由良・女良及び福良である。右の内ユラとメラとはまだ意味がよく分らぬが、福良は日本語の膨れると言う語と語原を同じくするもので、海岸線の湾曲している形状に基いたものと思う。この地形は航海者にとっても、また陸岸の網引にとってもともに重大なる関係がある。フクラの端はすなわちミサキであり、その陰は風を除け舟を泊することができるからである。

　羽後飽海郡吹浦村大字吹浦
　能登羽咋郡福浦村
　相模足柄下郡福浦村
　淡路三原郡福良町
　阿波海部郡浅川村大字浅川浦字西福良
　出雲八束郡森山村大字福浦
　周防大島郡安下庄村大字阿高字フクラ

備前和気郡福川村大字福浦

探せばまだいくらも見出すであろうが、少なくも以上のフクラは地形が合っている。陸奥北津軽郡の福浦のごときは、十三潟の南岸に当ってやや水辺から遠いけれども、これはおそらくは村が地名を携えて引き移ったのではなく、後年に潟地が乾いて新土が附加したためで、むしろかえって命名の時代を、推測せしむることができるものと思う。

しかるにここに不思議なことには、フクラと言う地名はきわめての山中で海辺湖岸には少しも縁のない処にたくさんある。その二三の例を示せば、

日向西臼杵郡椎葉村大字上福良
大隅始良郡牧園村字中福良
豊後直入郡菅生村大字戸上字福良ヶ谷
摂津有馬郡山口村大字船坂字大フクラ
越前大野郡五箇村大字上打波字福倉

等である。自分の信ずる限りでは山中でもなく海辺でもない平野にはいまだ一つのフクラをも見出さぬのである。この事実は考えてみれば必ずしも奇怪ではない。海岸にあっては湾曲せる海岸線を意味するフクラは、山地においては水筋の屈曲していることを表現する語となったのかあるいはまた狭い谷を入って行って地勢が再びやや寛かになったのを名づけたのであろう。世間と隔絶した谷奥の小平地は、賦税を免かれ戦乱を避くるに屈強な隠れ里である。山中に住む者とて猿でも山男でもない以上は、穀食を愛し耕作を欲せぬ者はないから、

少々の平地を発見した時は物珍しくこれをフクラと名づけ、やがてはその地の草を苅り木を斫り邑居を構えたのであろう。平地の十分にある地方で、取り立ててここをフクラなどと呼ぶ気の起らぬのはまた当然のことである。白尾国柱翁の『倭文麻環』巻六には、大隅肝属郡高山村大字新富の狸の変化を記して、その終りに、

西国にては狐こそ妖をなすにこの肝属隈にては狸の化物多し

と書いてある。右の漢字の隈は御承知の通り通例はクマと訓んでおって、水流によって作られた川の岸の平地であれば、この訓みは東国で谷または入と言うと同じ意味に用いられた地方語であろう。ただ精確に論ずればクマまたはフクラと、タニ・イリ等とは若干の区別があるはずで、後者は一つの水流の岸が、連続して平地を作っている所、西国でいえばサコであろう。他の地方ではセコともハザマともクボとも称えている。クマまたはフクラは川の岸がいったん狭まってまた広くなる一部分の地名である。語を換えて言えばフクラまたはクマはツルまたはホキの上流の地である。

一六　袋

福良の意義上のごとしとすれば、これから類推して袋と言う地名を解説するのも、さして困難ではない。東京の周囲には何フクロと言う地名がいかにも多く、ことに池袋・沼袋・川袋などと水に縁のある袋が無数である。自分はかつて試みに武蔵の袋を数えてみたことがあ

る。これを仮製二万分一図に当ててみるに水辺でしかも二面以上水で囲われておらぬのは稀(まれ)であった。ただ山中のフクラと違ってこれは主として平地の水辺である。これをもって観(み)ればフクラとフクロと二種の命名は、二つの語が分化してから後のことで決して同じ地名が発音を異にするようになったのではない。多分は命名の時代を異にするのであろう。関東の川は大小ともに水筋を変じている。武蔵北部から上州へかけて、古川と言う小流または廃川敷と覚しき一帯の平地がすこぶる多い。耕地の字にアイノ田と称するのも川の跡であるらしい。ゆえにかりに水辺からやや離れて何袋の地名があるとすればまたこれをもって水流の変を知ることができるのである。近代の水害にはほぼその記録がある。この記録と地図を比較すればフクロと言う地名を附ける風がいつ頃まで存していたかが判るであろう。たとえば赤羽の停車場から少し上流で、

　武蔵北足立郡新倉(にいくら)村大字下新倉字雑談袋(ぞうだんぶくろ)新田

は『新篇武蔵国風土記稿』によれば、村の北、荒川端へ張り出し、そのさま袋のごとく対岸大野村と雑談をなし得るゆえに、名づけたということである。この地が荒川南岸でありながら北足立郡に属するのを見ても、いわゆる袋の発現のさほど古くないことが知れるが、世間の話のことを雑談と言う普通の語は、少なくも二百年後のものではあるまい。

フクロは必ずしも関東の専有ではない。他の諸国にも、

　陸奥北津軽郡三好村大字鶴ヶ岡字川袋

　越後中頸城(なかくびき)郡中吉川村大字河沢字西袋

近江栗太郡物部村大字勝部字中袋
肥後葦北郡水俣村大字袋

などがある。肥前平戸の西方には江袋湾と言う入江があって、その地形は法のごときフクラであるのをもって考えると、九州のフクロは別にあるいはフクラの後訛かも知れぬ。

一七　富士、風戸

昔の人の感情は驚くべく粗大であった。羞恥と言う言葉の定義が輸入道徳によって変更せられたまでは、男女ともにおのおのその隠し所の名を高い声で呼んでいたらしい。しこうしてその痕跡を留めている地名のごときは、よほど起原の古いものと見てよろしいのである。これも海岸において往々遭遇するフトまたはフットと言う地名は、疑いもなくホドすなわち陰部と同じ語である。

日向南那珂郡鵜戸村大字富士
尾張知多郡河和町大字布土
伊豆田方郡対島村大字富戸

以上三箇のフトは地形が最も顕著に相類似している。砲台のある上総の富津、『延喜式神名帳』及び『三代実録』天安二年十月の条に見えている伊予越智郡の布都神社の布都などもおそらくは右のフトであろう。すなわち海岸に沿うて漕ぎ廻る船から見れば、二つの丘陵の尾崎が併行して海に突き出している所あたかも二俣大根などのごとく、その二丘陵の間からは必ず小川が流れ込み、川口の平地には普通の漁村に比すればやや繁華な邑落があって、川上へまたは山越に少々の商業運送を経営していると言う、航海者には見遁すべからざる主要な地点であるゆえに、特に地名が生じたのである。発戸・風戸・払戸と言う多くの地名は、例の関東の促音で皆このフトであると信ずる。しかのみならず下総・常陸辺に多くある古戸・古渡なども、多くはフルトとは言わずにフットと発音しているのを見ると、同じく右のホドであるかも知れぬ。よくも無遠慮にかくのごとくたくさんの地名を附けたものと怪しむ人もあろうが、そこが上代人の悠長なところである。本来ホドは秀処の義であって、身体中最も注意すべき部分と言うのである。これを見ても昔の人がこの名を附けるのに、決して首をすくめたり高笑いをしたりするような冗談半分でなかったことが想像せられる。現に荘厳なる記紀の神代物語にもしばしばミホトの記事があり、『出雲風土記』にも、

　神門郡陰山　大神の御陰なり

とある。陰は男女に通じ用いられた語で、今ならば股倉と言うくらいの意味であろう。すなわち二つの尾根のある山である。

　フトと言う地名はフクラと同様に、また山中に多く存している。山中ではフドノと言う地名が目に着く、すなわちホド野であって、両山の間の低地で耕作民居に適する場所の義である。

羽前南村山郡本沢村大字長谷堂字風道野

飛騨益田郡下呂村大字東上田字フドノ

紀伊伊都郡高野村大字花坂字不動野

終りのものは高野だけに不動に附会している。おそらくは昔不動明王の出現ありなどと言う伝説ができていたかも知れぬ。また、

播磨神崎郡長谷村大字栃原字フドノ

阿波海部郡中木頭村大字府殿

同　那賀郡沢谷村大字掛盤字荷殿野

同　名西郡上分上山村字荷殿

フとは今のお札のことである。山中だけに山伏めいた修験が、自分の信仰に因縁ある文字を用いしめたのである。また、

日向西臼杵郡椎葉村大字不土野

フトはホドであることに付いて、なお若干の証拠が必要であるならば、さらに左の地名を挙げておくから、地形と比照せられたい。

周防佐波郡柚野村大字柚木字ホド野

羽後仙北郡淀川村大字下淀川字保戸ヶ野

長門美禰郡大田村大字大田字程ヶ原

越後中魚沼郡下船渡村字程平

陸中紫波郡煙山村大字南矢幅字下程島

島は必ずしも海上ならずとも、川荒によって新たに生じた地をも諸国で島と称している。ホドは元来水の力をもって淘(ゆ)り平らげた山間の地である。

　土佐高岡郡長者村大字長者字フカホド
　武蔵橘(たちばな)樹郡生(いく)田村大字金程字程田

武蔵にはこのほかにも無数のホドがある。東海道の保土ヶ谷駅がまた右のホドであることを知った人は、今後かの地を通過するごとに思い出しておかしいであろう。次に、

　土佐香美(かみ)郡槙山(まきやま)村大字別役(べっちゃく)字程ノ久保
　信濃下高井郡堺村字程久保
　岩代南会津郡荒海(あらかい)村大字糸沢字程窪

等の地名について考え出したのであるが、クボは地形上より見ればホドとよく類似しているけれども、形容詞としてクボイ、動詞としてクボムとも働く詞(ことば)であって、現在語からもその意味を解説することができる。しかし催馬楽(さいばら)の「久保之名(くぼのな)」という歌の文句に、

　クボの名を何とか言ふ、ツビたり云々

とあるのを見れば、陰部をクボとも称したことは明白で、あるいは一語の両用かも知れぬが、事によると例の無頓着な昔の人だから、身体のクボに似た地形ゆえにクボと名づけたのかも知れぬ。神代紀に海神教えて曰(いわ)く、

　兄が高田(あげた)を作らば汝は洿田(くぼた)を作るべし、兄が洿田を作らば汝は高田を作るべし

とあるクボも同様かも知れぬ。クボは全国に充満している地名で、大久保・西窪など東京に

もたくさんある。自分の友人が何人も住んでいる小石川傾城ヶ窪のごときは、すなわち無意識の滑稽といわねばならぬ。

一八　強羅

箱根山中の温泉で強羅という地名を久しく注意していたところ、ようやくそれが岩石の露出している小区域の面積を意味するものであって、耕作その他の土地利用から除外せねばならぬために、消極的に人生との交渉を生じ、ついに地名を生ずるまでに merkwürdig になったものであることを知った。この地名の分布している区域は、

相模足柄下郡宮城野村字強羅
同　足柄上郡三保村大字中川字ゴウラ
飛驒吉城郡国府村大字宮地字ゴウラ
越前坂井郡本郷村大字大谷字強楽
丹波氷上郡上久下村大字畑内字中ゴラ
備前赤磐郡軽部村大字東軽部字ゴウラ
周防玖珂郡高根村大字大原字ゴウラ谷
大隅姶良郡牧園村大字下宿窪田字コラ谷

等である。西国の二地は人によってコの字を澄んで呼ぶのかも知れぬ。ゴウラはまた人によ

ってゴウロと発音したかと思う。こちらの例はなかなかある。いずれも山中である。

信濃北佐久郡芦田村字郷呂
駿河安倍郡大河内村大字渡字ゴウロ
飛騨吉城郡坂下村大字小豆沢字林ゴロ
美濃揖斐郡徳山村大字戸入字岩ゴロ
但馬城崎郡余部村大字余部字水ゴロ
美作苫田郡阿波村字郷路
安芸高田郡北村字号呂石
長門厚狭郡万倉村字信田丸小字黒五郎
伊予新居郡大保木村大字東野川山字郷路
土佐吾川郡名野川村大字二ノ滝字ゴウロケ谷

土佐にはことにゴウロという地名が多い。中国ことに長門にもたくさんあるから、かの地の人は地形を熟知しているであろう。

昨年五月の末木曾の奥に入り王滝川の谿を上った時、上島の民居から少し上流の野口という部落を通った。すなわち山谷の入野の口である。その折対岸の山の傾斜面なる樹林地に、一二畝歩ばかりの岩の黒々と露出している部分が、一見いかにも顕著であるから、これに名のないことはあるまいと、試みに案内の者にこの辺であんな場所を何と呼ぶかと聞いたら、ゴウロといいますと無造作に答えた。

その後気を着けて見ると、自分の生地播磨神崎郡香呂村などもこれらしい。因幡気高郡福富村の高路、長門阿武郡紫福村の字行露も「コ」の字を澄んでいるが同様であろうか。事によると元はかえって濁らなかったのかも知れぬ。東京でも石高の道路をイシゴロミチなどというのを人は単に石がごろごろしている意味に解するが、それでは語の結び附け方が不自然で、山東京山のテンプラの説みたようである。これも箱根の強羅と同じ語と解すべきである。『壱岐続風土記』巻四十四、蘆辺浦の条、海辺の小名の中に、

ごうや　石多くして空地なりゆえに名とす

とある。これもゴウラと起原を同じくするに相違ない。あるいは荒野の音ともこじ附け得るが、初音の濁るのが説明しにくいであろう。

次に注意すべきはこの地名の東北に少ないことである。自分の蒐集した限りでは、

羽後南秋田郡金足村大字黒川字コウラ沢
岩代伊達郡茂庭村大字茂庭字ゴウロ

のみである。しかし右の内伊達の茂庭村は僅々百数十年前に発見した隠れ里であって（東国雑記）、その地名はアイヌ語かと思われる。かくのごとき地にあるのを見ると、コウロ、ゴウラもまた今は絶えたる夷人の語かも知れぬ（註、この想像は誤りであった。クラという語の変化である）。

一九　コウゲ、カガ、カヌカ

美作には何々高下（こうげ）という大字・小字が多い。妙な地名である。その二三の例を挙げれば、

美作勝田郡飯岡村大字高下
同　同　植月村大字植月中字広高下
同　英田（あいだ）郡河会（かわい）村大字上山字高下

の類である。皆民居の地である。コウゲは郡家（ぐうけ）の転訛という説の不当であることは、勝田郡のごとく相接して十数箇のコウゲがある一事でも証し得る。その説というのは『伯耆（ほうき）志』に、

伯耆日野郡石見（いわみ）村郡家（こうげ）、当郡の郡家の地なり、今は高下とも書けり。

といってわざわざ字を正している。また『因幡志』にも今の岩美（いわみ）郡三戸古（みとこ）村大字古郡家（ここおげ）を郡家の義なりとし大郡には二所以上の郡家があったものだと説いている。大いに怪しい説である。今日では昔の高下の字を俗な宛字として排斥するのみならず、さらにこれを古郡家（ここうげ）と呼んでいる（地方名鑑）。すなわち一郡二郡家の説には辟易（へきえき）して、以前の郡家と見たのである。『因幡志』の時代までは高下と書いたらしくある。コウゲの語義は今に不明であるが、その何を意味しているかは分った。陸地測量部の五万分一地形図「勝山」号を見ると、美作真庭郡月田村の字に芝という部落があって、これをコウゲと振仮名している。『大日本地

誌』中国の巻によれば、津山の町の、二里ばかり東方に、やや広き原野を日本原といい、土人これをニッポコウゲと称すとある。すなわち芝といい原という字をコウゲと呼ぶのは、普通のノ（野）またはハラ（原）には矮樹林や灌木叢があるので、これと区別した開けたる草生地のことであろう。さればコウゲという村は何原・何野というと同様に、そういう草生地を拓いて住んだ村のことで不思議はないのである。この地名の分布はあまり広くない。

備前御津郡円城村大字神瀬字広高下
同　同　福山村大字平岡字広高下
備中上房郡上有漢村字入鹿高下
同　川上郡玉川村大字玉字高下原
周防都濃郡長穂村大字長穂字合外
同　同　中須村字コウゲ
長門厚狭郡吉部村大字東吉部字岸高下
播磨佐用郡大広村大字末広字王子高下
美濃稲葉郡常葉村大字椿洞字貢毛
飛驒吉城郡坂上村大字三川原字コウゲ谷

東国奥羽にてはいまだこの名の地名を発見せぬけれども、『津軽方言考』という近年の研究によれば、青森県のある地方では芝草をカガといい、芝原をカガハラという方言があるそうである。これは決して偶然ではあるまい。同じく芝を意味する中国のコウゲと津軽のカガとは疑いなく一語である。中央の諸国ではこの語の使用は夙に絶えたけれどもたとえば陸前登米郡石森村の大字加賀野、盛岡市の大字加賀野、越中婦負郡細入村大字加賀沢等、『地名辞書』に見ゆる多くのカガは、皆この意味をもって附けられたる地名である。加賀の国名の起原たる加賀郡の地も平衍なる草地と言う義なるべく、久しく難解と目せられていた足利のカガも、また類推することができるのである。

山中の地名に影ノ平・影谷などの多いのは、もちろん日陰の義としても容易に説明ができるが、阿波・土佐・近江等の国々にある影神と言う小社が、野神と同じ神らしく思わるるにつけて、あるいはまたこの類ではないかと考えている。天の香具山のカグも草山の義かも知れぬ。

『大日本地誌』に、岡山県津山の東にある大なる原野、日本原、土称ニッポコウゲとある。陸地測量部の五万分一図にも記載があり、ことに今日は師団の演習舎営地として知られている。正木氏の『東作誌』三に、日本野、当国第一の広野なりとあるのがそれで、本名は広戸野、勝田郡広戸村の地内であった。これを日本野と呼ぶに至ったのは古い事でなく、この地久しく人住まず、一筋の鳥取街道が横断しているばかりであったのを、日本全国を廻国して還った福田五兵衛なる者、この野中に供養塚を築き、その傍らに小家を作り住んで、旅人の足を休ましめたので、誰いうとなく日本廻国茶屋と呼び、後には略して日本とばかりいうようになったとある。おかしな話だが現にその地には元文五年に死んだと言う五兵衛の石塔が立ち、「是以此所日本野と申し候」と刻してある。文字に書けば野または原であったが、土地の人は最初から、ニッポコウゲもしくは日本コウゲと唱えていたものと思われる。

中国地方では一般に、高原の草生地の水の流れに乏しい処をコウゲといっているらしい。すなわち広戸野のいつまでも開墾せられなかったのも、つまりその土地がコウゲであったゆえである。それでも無理をして畠に開いた小さいコウゲは幾つもあるが、同じ地名のたくさんに今も残っているのは、言わば利用困難の結果であった。五万分一図の中にも多くの類例を認めるがこの附近の各郡には広コウゲという字名が多く、その漢字は広芝と書くものと、広高下と書いたのとが相半ばしている。

コウゲという地名の分布は、ほとんど中国の全部に及んでいるが、右に挙げた二通り以外の漢字を宛てた例は、捜してまわるほどしかない。意味に基いて漢字を捜せば芝が最も当り、少しでも音を称呼に近づけようとすれば、高下という字がもっともらしく聞えたのであろう。そんな細かな穿鑿(せんさく)も不必要かも知れぬが、研究方法の一実例として、漢字はいかなる場合にも無意味には選定しなかったことを示すべく、若干の比較を試みてみよう。

備中吉備(きび)郡池田村大字見延字中島小字荒毛(こうげ)
同　都窪(つくぼ)郡大高村大字安江字稿毛場(こうげば)
備前児島(こじま)郡琴浦村大字小田之口字泉苔(いずみこうげ)
同　同　荘内(しょうない)村大字小島地字峡下(こうげ)
同　上道(じょうとう)郡古都(こず)村大字宿字広原(こうげ)

美作苫田郡芳野村大字宗枝国字岡原ノ脇

西部播磨には芝と書いたものが多く、長門・石見辺には高下というものの方が多い。上の六種の異例の中では、注意すべきは峡下の字をこじつけたものである。峡は東京附近の村々でハケと訓ませ田端・王子の辺で見るような高台の端の方を意味している。この地名については別になお詳しく述べたいが、要するに最も低地部に接近して比較的利用の容易な部分が峡であるから、偶然かは知らぬが中国の方とも一致している。岡山県などには高下鼻または芝の花という小字が多い。ハナはすなわち塙であって、民居の後に臨んだ高地なるゆえに、水には乏しくともややこれを開いて、畠に作ることができたのであろう。それから推して考えてみると、高下という文字も少し無理ではあるが、岡の草原のただちに下って行く部分だから、多分字に書けば高下にちがいない。なるほどそうかなどと言い合って、後大いに流行したのかも知れぬ。『周防風土記』には、

都濃郡長穂村長穂字合外

往古は甲外とも書き候由とある。『伯耆志』には、

日野郡石見村字郡家

当郡の郡家の地なり。今は高下とも書けりとある。乱暴な断定とは思うが、地形に幾分かそういう想像を許したものがあったのであろう。

因幡岩美郡三居村大字古郡家

なども、以前は単にコウゲと呼び、かつ高下と書いていたのを、『因幡志』のできた頃から

改訂したらしい。同書の著者は大きな郡には郡家は二所以上あったなどといっているが、しかも郡家または古郡家をコーゲと訓んだという証拠は、そう容易には見出せなかったことと思う。コウゲという語はまた普通名詞としても行われている。たとえば『備中吉備郡方言調査書』にも、同『上房郡誌』方言の条にも共に、

コーゲ　　草原

と出ている。そのコーゲをまたカーカともいった地方があるらしい。たとえば『出雲方言』という近年の調査書に、

カーカジャ、クサネム、松江にては浜茶という。

とある。浜茶は一に豆茶とも称して、東京の近くでも野外に採取せられ、糖尿病の薬だといって盛んに賞用する者がある。我々が幼い頃に烏の豌豆などと名づけていたものと同じ草かと思う。その浜茶を石州の三瓶山麓の村々では多く精製して商品にもしており、土地ではこれをコウゲ茶というとの記事が、数年前の『新農民』という雑誌に報告せられていた。これらの材料に基いて自分のもう疑わないのは、東京人が単にハラまたはクサッパラと呼んでいる地形を、中国諸県では古くから、コウゲといっているのだということである。

次には右のコウゲと多分元は一つかと思うのは、東北地方のカガという地名である。『撰集抄』巻一に、

過ぎぬる頃陸奥平泉の郡枛という里にしばし住みはべりし時云々

とあって、枛の字にカガと振仮名してあるのは、今にまだ合点が行かぬが、普通名詞として

は今もなお現存するのである。たとえば近年の『青森県方言訛語』（書名）津軽の部には、

カガハラ　　芝生のこと、またカヌカハラともいう。

とあり、それよりも大分古くできた『津軽方言考』には、

カガハラ　　　　芝原

カノガ　またカガ　　芝原

と出ている。中道等君の新著、『津軽旧事談』（炉辺叢書）に、久しくこの地方に行われている農民の山歌、

春ア来ればヤエ

カヌカ（班）にアア雪がけ（消）る

鶉ア雲雀もふけでエ来る

云々というのを挙げ、カヌカを班と解したのが思い違いであったことは著者自らもこれを認めている。『鹿角郡案内』という書には、秋田出身の一新聞記者、三戸郡から鹿角を越えて帰省する途中、湯瀬温泉附近の小山の嶺に休んで酒を飲み、次のような俗謡をうたったことが記してある。

おらも若い時は

山さも寝たけ

カヌカ錦に柴枕

この山は形状臥牛のごとく、全山寸余の芝生をもって蔽われ、坐臥打舞毫も衣を汚すの憂

いなく云々とあって、その芝生を方言にカヌカというと記している。

現在の東北地名には、いまだカヌカというのは心付かぬが、カガという方ならばいくらでもある。ほんのその二三を保存しておくならば、

越後北蒲原(きたかんばら)郡亀代村大字次第浜字香々沢

磐城(いわき)双葉(ふたば)郡大久村大字小久字加々部

陸前加美(かみ)郡鳴瀬村大字下新田字下下田(しもかがた)

羽後由利郡下川大内村大字加賀沢

陸中岩手郡滝沢村大字滝沢字加賀野

盛岡の市外にもまた一箇処の加賀野という部落がある。これらの加賀果してカヌカに近いカンガであるか否かは、土地の人の発音を注意しているよりほかはないが、草原を意味する普通名詞のカガと無関係でないことだけは、次の民謡からでも想像し得られる。同じ岩手県西磐井(にしいわい)郡の田植歌に、

笠無くば加賀野にござれ

加賀野は笠の出どころ

蓑(みの)なくばみなとにござれ

みなとは蓑の出どころ

これはもちろん頭韻の面白味から、ふと口に上ったのだろうが、加賀野は要するに笠の草を産するような野であった。そうして附近に人多く住し、地名が永く根を生ずるまで、開け

おくれてなお野であったのである。

カガという地名の分布を尋ねてみると、たくさんではないがほとんど全国に及んでいる。単にいかなる形で現われているかを示すべく、ほんの二三を列記してみると、

下野（しもつけ）芳賀（はが）郡小貝村大字大谷津字加々地
下総（しもうさ）猿島（さしま）郡幸島（こうじま）村大字五部（ごへ）字加々道
武蔵南足立（みなみあだち）郡江北村字加々皿沼

サラはアイヌ語でも、やはりこのような地形を表する語である。

甲斐北都留（きたつる）郡巌村大字川合字加々原
信濃北安曇（きたあずみ）郡美麻村字カカ原

加賀沢という地名は越後・飛騨・越中でもこれを発見する。近畿地方では、

河内南河内郡加賀田村大字加賀田
大和吉野郡津川村大字小森字加賀本

その他吉野の山中にはまだ例が多い。それから美濃・越前にもあれば、四国は土佐西部の山村にもあり、コウゲの本拠たる美作辺にもないではない。豊後（ぶんご）の国東（くにさき）半島にも二つまで香々地という大字があるが、『地名辞書』の説では弘安八年の図田帳（ずでんちょう）に、香地郷とあるのがそれで本来西国東郡北端一帯の地、今の香々地川の流域をさしたものだと説いている。

これらの多くのカガに、各地別様の意義がなかったとすれば、日本の歴史に有名なる下野（しもつけ）の足利郡足利、またはその北隣なる利保（かかぼ）なども、かつてはやや開きにくい草生地であったと

解しなければならぬ。カカボは前に磐城の加々部の例もあって、元はカカフ（生）であったとも見られる。足利は最初どこかあの辺の小地域の名であったのが、外部の事情が附加して次第に広い面積に及び、後には命名の趣旨が不明になったが、足久保、足谷のごとく足の字を冠する例は東国にいたって多い。必ずしも蘆カガであり、または悪(あし)カガであると解しておくわけには行かぬ。

黒川春村翁の『碩鼠(せきそ)漫筆』巻十一には、利の字をカガと訓む理由がいろいろと考えてある。天武紀九年の詔の利国家を「アメノシタニカガアラシメ」と訓み、その他『壒嚢抄(あいのうしょう)』、『類聚名義抄(るいじゅみょうぎしょう)』等にも、利の字をカガという例が多い。「宍戸(ししど)」という謡曲には、

　小次郎殿と申す人
　　心かがなる人にて渡り候云々

とあるから、後世の口きき・手きき・太刀ききなどの「きき」と元一つであろうとある。それまでは、異存のないことだが、それから一転して、足利はすなわち麻利、麻の見事に成長する地の意だろうといい、また会津の村々に利田(かがた)という地名の多いのは、上田の義なるべしなどと速断しているのは、久しい日本人の宛字の慣行を無視し、また前の陸前下新田の下(しも)下(か)田(がた)の実例とも一致せぬ。

麻のよく成長するという類は、人間の永い経験を要することだが、その経験の完了するまで名なしでいられたか、ないしは新名を与えれば旧名が引っ込むものかのごとく、推定することが従来の地名解説の弊であった。加賀国の加賀などは建置以前は郡名であり、またその

前には郷名・里名であったろうのに、『諸国名義抄』には、『日本紀略』に以地広人多也とあるを思えば、赫(かが)の国なるべし。打ち開けたる国なればなりとあり。また思うに今もこの国より鏡磨師(かがみとぎし)あまた出る。鏡作・加々都久利という例は大和の郷名にもあるから、加賀も鏡の国かも知れぬなどと、でたらめなことを述べている。自分の意見ももちろん一つの「かも知れぬ」ではあるが地名の半分以上は占有利用の以前から、行われていたものを踏襲していたことを考えると反証なき限りはこういう全国共通の事情に基いた、ただの名詞と考えておく方が安心である。

それに今少しく我々の史学が進んだならば、この仮定の当否はおおいに試験せられるであろうと思う。大昔かつて我々のいうカヌカまたはコウゲであった処は、十数世紀間の地変と人間作為を経ても、まるまるその面貌を改めてはおるまい。そういう地形と、古生活の中心らしき遺跡とが、なんらの交渉を持たぬと決すれば、私の解釈は誤っている。古人の採用した顕著な地名が、そうこせこせと微細なる特色を基礎にしてはおらぬはずと思う。実際開発が終ってから後は同じようだが、初めて来てみた者には、カガと樹林地とは重要なる経済上の差異であった。草生地では多分焼畑も永くは作られず、その上に風雨に暴露してこれを防ぐに労苦せねばならなかった。外敵に対する不安もあった。従ってやや強力なる人の大群がかねて計画して着手するのでないと、カガというような原野は利用し得られなかった。必ずしも飲水の一点が気遣わしいのみでなかったと思う。あそこは何分カガだからといって、気の弱い者が残念がりつつ棄てておいた場合も多かったであろう。それゆえにこんな地名が永く残ったので、別の語で言うならば、コウゲを開発したということは、前代の農民にとってかなりの大事件であったと思う。ゆえに注意さえして見れば、今でもその痕跡は見出し得る。近江甲賀郡などは元は鹿深野とも書き、コウガではなくカフカであるが、地理的状況から判断して、これも同じく古語の別種の表わし方ではなかったかと思う。

九州ことに肥前・肥後の方面では、古賀・古閑などと書いてコガという村の名がいたって多い。それを古代の法律語の、空閑という文字から出たように考えるのは、決して近世の学者ばかりの誤りではない。空閑は北海道などでいう未開地のこと、皮肉に註釈すれば富人有力者の貪り取っても差支えない土地ということである。唐朝の法令から学んだ文字である。地方官や文書に携る人々はいずれもこの文字を知っていたためにコガという語を聴くとすぐにこの字を思ったものと見えて、中世の文書にはすでに盛んにこれを使用している。一例を挙げると『大日本史料』六編ノ十四、正平五年十二月肥前光津寺文書免田坪付状の中にも、粟空閑(あわのこが)、粟空閑前田などという名処がいくらも見えている。その地名が小さくまた数多く今も分布しているのを見ると、中世始めて百姓が役人から学んだ命名法とは自分には考えられぬ。

関東方面では下総の古河(こが)、滸我などとも書いて古い地名であり、また利根川の渡津(としん)の衝で空閑の地では決してなかった。しかもその附近には今でも後閑と書いて、ゴカと呼んでいる村が幾つかある。それはいずれも荘園制初期の開発地を意味し、古河とはちっとも関係がないというのが、『地名辞書』等の定説であるが、これも検閲せずに通過させてしまうわけに行かぬ。コガとゴカと、清濁の相違の無視し得ないことは、空閑と後閑との間においても同じである。偶然閑の字を使用しているために、後閑というような不可解な地名を、空閑の転訛なるべしと論断したのは失当であった。字は何であろうとも、とにかくゴカという地名が全国にたくさんあって、その意味はまだよく分らぬのである。

利根川上流の後閑は、近来多くは五箇と書き改められた。五箇といえば何人もまず肥後の五箇庄を思うが、それ以外にもなおたくさんの同名の地はあって、多くはえらい山中である。麦屋踊りで知られた越中五箇山にも、やはり平家谷の伝説がある。それから若干の山を隔てて加賀河北郡の川上にも五箇庄がある。越前にも二箇処の五箇があるが、九頭竜川の支流を溯って、白山西側に接した五箇山は僻地である。それから遠州大井川の奥、伊予にも阿波にもやはりこれに似た五箇がある。伊予では五箇山と称して村とも庄とも言わず、石槌山東北のよくよくの山家であった。

あるいは文字について五つの部落からなるように説明しようとしたが、往々にして失敗した。周防玖珂郡の奥の神代郷なども十三の村を五箇八箇と呼んでいたが、別に六郷七畑の名もあって、何のために五箇といい出したかの理由は知りがたい。伊勢多気郡の五ヶ谷村なども、五箇と数える部落のほかに、なお二つの大字がこれに続いている。筑前筑紫郡南畑村の五箇なども、同じく山奥だがどう数えても散在した一部落で、ゴカは御家だろうの、また五家為伝と戸令にあるから、わずかしか家がないという意味だろうのと、理窟にもならぬことを人は言っている。二つや三つなら何とでも附会し得るが、九州を始めとして近畿・東国の広い地域にわたり、なおこのほかに数十の五箇があって、それをことごとく空閑の転訛もしくは心得違いと見ることは容易でない。しかもそれがもし古賀という地名と元一つなりと言い得るならば、かりに精確に津軽や南部のカガもしくはカヌカと同じ内容はもう持たなくなったにしても、遠き以前に溯って関係のあったことだけは、仮定しておいてよいと思う。しからざれば上代の法家語の空閑という文字が、何か超人間の魅惑力を具えていたことを、さらに立証してみなければならぬことになるのである。

東北の地名のカヌカに関するお説を見て心付くのは、

陸中九戸(くのへ)郡種市(たねいち)村字鹿糠(かぬか)

次に正確な発音を知らぬが、

陸奥上北郡三沢村字鹿中

これも同じカヌカらしい。かの海岸は八戸以南田老(たろう)まで、洪積紀の海蝕台地が連続しており、それが南下するほど幅狭くなって行く。その海蝕面は至極平坦で、多くの場合に草地か山林である。田老と小本(おもと)との間などは、ことに芝生が多かったと思う。種市の鹿糠は海岸で、附近に多少の草地もあったが、山林の方が多かったようである。草地は海に沿うて細長く延びているのである。従って八戸・田老間の沿道はカヌカが多かるべきわけだが、地図上にはこのほかには見えていない。あるいは五万分一図にも載せぬくらいのカヌカが、まだいくらも小地名としてありはしまいか。

カヌカまたはカガには二通りあるのではなかろうか。一つは秋田地方で、タイまたはモリ（?）という山間の高原で、これに草が生えて木のないものが、すなわち鹿角郡の湯瀬温泉附近などにいうカヌカであり、これは湖の堆積物に成るか、またはペネプレエンの遺物かと考えられている。他の一は八戸方面でいうタイで、明らかに海蝕の成生物であり、従って常に海に接している。利用の上からいえば当然前者の方が一段と困難であるのだが、この地方にまだ多くのカヌカという地名を見出し得ないのは、妙に考えられる。

中国のコウゲに至っては明白にペネプレーンである。しかも成因はいずれにもせよ、皆最近上昇した地方である以上は、水に乏しくいつまでも草地の多いのは自然の結果である。

右の一文は『民族』第一巻、第六号発行の翌日に、もう自分の手に達した一無名氏の通信である。無名氏なるために直接に感謝の意を表し得なかったが、専門の知識ある旅行家から、ほぼカヌカとコウゲの一つの名称なるべきことを是認せられたのは、はからざる好激励である。しかも自分もまた前出種市村の鹿糠を知っていたのである。大正九年の八月の末に、二人の同志とともに徒歩してこの地を過ぎ、岡の斜面に臨んだ村はずれの旅店に休憩して、静かに観察した小駅の風物は今も目に留っている。今において考えてみると、もしカヌカが前文に自分の想定したような地形であるとしたならば、必ずカヌカと名づくべき草地は、宮古以北の海岸台地にはいたって多くして、しかもその地名は聞くことなくかえって当の鹿糠はすでに半農半商の村で、附近は開き耕され、むしろ言語の意味から空に画いてみる推測とは反するのである。これがおそらく地名研究の困難でもあれば、またその興味でもあろうかと思う。

地名発生の要件としては、単に我々が比較によって意義を明らかにした事実、たとえば「水乏しき草地」などが、眼前に横たわるというだけでは充分でない、必ずカヌカという語の生きて働いている小社会がこれと接触するという第二の事実を伴なわねばならぬ。今日台湾に行き呂宋（ルソン）に渡ってかりにカヌカと名づけてよい地形に無数に出逢ったとしても、もはや我々はこれに対してそう命名する力はもたぬのだ。それにはその語がお互いの自由に、使用するものなることを条件とするからである。第二段にはかりにこのような地形がすなわち古来の日本語のカヌカに当ることを知らぬ者は一人もない場合でも、走って通り過ぎるかもしくは留ってそこに何事かをする必要がなかったならば、面倒にこれに命名することもなく、したところがすぐ忘れてしまって、永く保存せられる気遣いはないから、つまり最初から字カヌカでなかったのも当然である。これから推論を下すならばコウゲもしくはカヌカという地名の今存在することは、ひとりその場処が水に不自由な草原であるというのみでなく、なおその近傍に引き続いて、人ことにこんな土地をカヌカ・コウゲと呼ぶ人の群が居住していたことと、次にはその土地に対してやや熱心なる注意を払い、住むか耕すか折々来て休むか、少なくとも別の地に在って人々がこれを話題とする必要が生じたことを前提としているのである。地名が人間生活の小さな歴史であるのはこれがためで、それゆえにいっそう速かにその消滅に先だってこれを集めて考えてみねばならぬのである。陸中海岸の高台は、種市辺よりははるかに南、だいたいに下閉伊郡北端の安家・普代の小さな流れからこちらがことに荒涼たる草原になっている。いわゆるカヌカの地が今もってこの部分に多く、しかもその地名が少しも分布していないことは、多分まだこれを命名するだけの要件が具足せず、すなわちまた依然として地形のカヌカ的なる所以であろうと思う。

二〇　ナル、ナロ

奈良の都を平城とも書くのを見て、ナラは当時の輸入の漢語であるように論ぜられた学者もあったがそれは誤りであろうと思う。山腹の傾斜の比較的緩やかなる地、東国にては何の平と言い九州南部ではハエと呼ぶ地形を中国・四国ではすべてナルといっている。この語はナラス（動詞）ナラシ（副詞）ナルシ（形容詞）とも変化して、その本原はとにかく、決して大和の旧都にばかり用いられた語ではない。地名としては、

　伊予周桑郡小松町大字新屋敷字堂ガ平

満護寺という寺の跡である。次の地名も皆民居の所在である。

　丹波氷上郡鴨庄村大字牧字大岩ガ平
　伯耆東伯郡北谷村字詰平

美作勝田郡豊田村字阡

但馬美方郡村岡町大字板仕野字平ル

これらは文字が語義を証明している。阡の字は辻・榊などと同じき和字であろう。坪の字を用いた所もたしかにあった。毛利家の村鑑には、平均というべき所は坪の字が用いてある。すなわちナラシである。このほかに注意すべきナルの分布は、

淡路津名郡由良町大字由良浦字成山

壱岐壱岐郡香椎村大字新城字ナル山

飛驒大野郡白川村大字椿原字ナルボラ

ホラは谷または迫のことである。尾張の鳴海のナルも平衍の意味であろう。ナルに鳴の字を充てた例はいくらもある。土佐でヌタナロ、南奈路などというのもまた同じ語で、この国ではナルと併用せられている。ナラという地名も決して稀ではない。

大和南　葛城郡葛城村大字鴨部字ナラ谷

摂津豊能郡箕面村大字半町字奈良野

武蔵南多摩郡南村大字成瀬字奈良谷

同　北足立郡白子村大字下新倉字奈良下

同　大里郡奈良村

武蔵の奈良氏は中世の名門である。この地名の新しくないことは明らかである。人が奈良に注意したのはその地形が住居耕作並びに狩猟のために便宜が多いからである。『因幡志』

巻十四の挿図に平地と書いて「ナルジ」と振仮名をした所があった。あの地方では近代まで普通名詞として用いられた語だと見える。

二一　アクツ、アクト

下野塩谷郡阿久津村は、鉄道開通の前は奥州交通の一大要津であった。阿武隈河口以北の地はあるいは海運を主としたであろうが、伊達・信夫以南会津、白河等の地方にあっては、米も人もことごとく陸路まずこの地に至り、さらに鬼怒川の川船に載せられて江戸へ下った。江戸川を上る行徳の塩、大利根を上る銚子の魚類のごときも、皆水海道を経て阿久津に送り、始めてこれを陸上に散布した。鬼怒川の両岸には水駅の発達した者は数あるが、阿久津は終点なるためにことに繁栄した。これと形勢を同じくする今一つの阿久津は、別に野の上州にある。群馬県多野郡八幡村大字阿久津は、烏川と鏑川の落合いに近い低地で、また高瀬舟の終点であった。かくのごとき例は他国にもなお存するかも知れぬ。しかしもし以上の事実をもって阿久津の「津」はすなわち船津を意味すると解する者があれば誤りである。アクツは単に川添平地という義でその地形がたまたま貨物人馬の積卸しに便であったに過ぎない。今試みに少しくこの地名の分布を討究しよう。

アクツと言う語は今日まで広く東国に行われた普通名詞であるから、別に記録の根拠を求める必要もないようであるが、『常陸国志』巻三、那珂郡常石郷の条に、阿久津は常陸の俗に低き地をさして呼ぶ名にて、多くは川に添いたる所なり。あるいは圷の字を用う。今も常盤村の内にて那珂川に添いたる地をなべて阿久津と称す。

とある。又同書巻十二、方言の条にも、

一面に平らかなる低き地をアクツという。いわゆる塙という地の下の地なり。大かた川添にて水入りの地に限りていうがごとし。『倭名鈔』に糞堆をアクタフというに同じかるべし云々。

アクツを圷と書くのはハナワを塙と書くと同様に、ともに近世和製の会意文字であろう。すなわち土の高き所であるから塙であって、土の低い部分ゆえに圷と書くのであろう。常陸では現今の地図に堆の字を当てた者がある。他の諸国ではまたアクトともアクドとも呼んだ。東部日本にはきわめて普通の地名で、いずれも大小の水流に沿うた卑湿の地であること『常陸国志』の説のごとく、いまだこれに反する例を見出さぬ。今試みに常陸の那珂の湊を出発地とし、陸地測量部の五万分一図の上において、紅鉛筆をステッキに代え、那珂川の岸を川上の方へ旅行するとすれば、数ヶ所の最も顕著なアクツを通過することを得る。すなわち、

常陸東茨城郡上大野村大字中大野字圷大野（右岸）

圷大野は東西上中下の大野に対立して、大野郷の一部を指示する地名である。

同　同　渡里村大字渡里字圷（右岸）

この地はもと圷渡と称し、台渡と高低分立する。台はすなわち塙である。

常陸東茨城郡圷村（右岸）
下野那須郡下江川村大字藤田字阿久津（支流荒川左岸）
同　同　両郷村大字木佐美字阿久津（支流左岸）
同　同　蘆野町大字豊原字塩阿久津（支流黒川左岸）
同　同　那須村大字湯本字阿久戸（本流左岸）
同　同　高林村大字板室字阿久戸（同上）

上流二所の阿久戸は海面よりはるかに高くかつ砂地であるらしいから、アクツは必ずしも卑湿沮洳の地を意味すると断定することはできない。羽前最上川の支渓にも安久戸または悪戸は多い。そのあるものは急流で関山街道の乱川のごときは乾川である。壱岐香椎村大字新城に阿久津山という地がある。『続風土記』に曰く、この地多く水洗い往来不自由なり。ゆえにこの名ありと。これによって観れば、アクツは単に出水のために新生した土地というに過ぎぬようである。

壱岐の阿久津は注意すべき一異例で普通この名の分布するのは関東の数国に止まっている。奥州の地に入るに従い、アクツようやく減じアクドようやく多い。岩手県のごときはアクソと転訛する者がある（中村新太郎氏）。あるいは悪路王の伝説に附会する者もあるという（伊能嘉矩氏）。アクトに当てた漢字はまたすこぶるこの地名を説明するに足る。古くは悪戸の字を用いた者が多かった。

常陸結城郡大花羽村大字花島字悪戸

上野利根郡桃野村大字月夜野字悪戸
武蔵比企郡宮前村大字羽尾字悪戸
岩代信夫郡土湯村字悪戸尻
陸前登米郡米谷町大字米谷字悪戸原
美濃武儀郡北武芸村字悪土向

上野邑楽郡のアクトは今ことごとく悪途と書き（邑楽郡誌）、利根川には悪途島・悪途の類がはなはだ多い。内地の島という地名は、川荒によって生じた新地、すなわち川原の義なることはかつてこれを述べた。よって思うに、これらの地は水害頻繁にかつおおむね卑湿であって、民居耕作に適しなかったゆえに、最初冠するに悪の字をもってしたのであろう。しかるに堤防の術が進み、加うるに天然または人工の排水が行われ、かつ交通の便宜と戸口の繁殖の誘い促す者があって、次第に旧村から下って土着する者を生じ、二百年前の平和時代においおいとこれを開発したもののようである。その証は悪の字を忌んでこれを改称した事実のすこぶる多いことである。『新編会津風土記』によれば、大沼郡高田組の阿久津村及び河沼郡半沢組の阿久津村は、ともにもと悪津と書いたのを、寛文年中今の字に改めた。同国耶麻郡の明戸村も同時の改称で旧名は悪戸である。東京附近では、武蔵橘樹郡橘村大字明津は、『新篇風土記稿』によれば近い頃まで悪津と書き、大里郡明戸村大字明戸もまた旧称は悪戸である。その他諸国の明戸はいまだ改名の記録を見ないが、おそらくは皆祝して好字を用いた者で、誤ってアケドと呼ぶのを見ても明らかなごとく明戸の「明」はすなわち開発の義である。常陸真壁郡谷貝村大字上谷貝字飽土は飽満の意を取り、さらに秩父の荒川に沿う秩父郡大田村大字小柱字肥土に至ってはまったく発音と離れてしまった。これもその土の性質が豊沃であって、多く肥培を要しない事実を発見した結果であろうと思う。

阿久津の地名は起原が久しい。常陸久慈郡の阿久津は弘安の大田文に見え、常陸平氏の支族に上阿久津家・下阿久津家がある。夙に京人に忘却せられた一つの日本語としても不可はないようである。しかし自分の考えではアクツ・アクトはともにアクタ（芥）の一方言である。すでに『伊勢物語』にも現われた摂津の芥川は、すなわちその一例証である。同じ地形でこれをアクタと称するものも東西に少なくない。牧口常三郎氏曰く、越後刈羽郡比角村字悪田は、柏崎の町より半里、鯖石川の左岸にある。この辺一帯の砂土の中に介在する一区の沃土で、水田の耕作に適すると。同種の地名は、

陸前黒川郡吉田村大字吉田字悪田
岩代安達郡玉井村大字玉ノ井字悪太原
美濃郡上郡相生村大字安久田
長門厚狭郡大倉村字悪田

等がある。また美作久米郡倭文東村大字戸脇字悪多位は、アクタに作った居、すなわち邑落で、近江滋賀郡石山寺の附近の幄谷の地名は、かつて勅使参回の折に、幄を張った所ともいい、または悪源太義平の潜伏したのによるというが（近江輿地誌略）、ともに附会であっておそらくはまた右のアクタであろう。けだしアクタに芥の字を当てるのは、果して当ってい

るかどうかを知らぬが、とにかくきわめて古い時よりの事で、今人は塵芥の熟字を区別して考えないが、前者は陸上の細土で後者は水中の沈澱を意味したのであろうか。洪水のたびごとに下流に搬出する沈土は、人口の多い京畿附近では早くからこれに注目する者があって、これに就いて農村を設けるために低湿をも辞せなかったものと見える。海女の焼くという芥火はすなわち流木海草の類で、同じく水辺に漂着堆積するがゆえに、共通の語を用いてこれを呼んだものとすれば説明に難くない。

アクタ・アクトは同語なることはこれでわかる。よって思うのに阿久刀神は、『書紀』の穴済の悪神または柏済の悪神と同じく、要害の地に盤踞して交通を阻碍した国神の一つであろう。

豊前宇佐郡津房村大字板場字芥神
肥後玉名郡東郷村大字米渡尾字芥神

これらのアクタ神もまたアクタの地の往来に不便なのを利用していわゆる道妨ぐる神となり、威武を近郷に振った者を祀ったのか、またはこれに対する畏敬を根拠とした信仰の痕跡であろう。芥がもし今日の芥であるとすれば、その間に神を生じた余地を見出すことはできない。

以上の事例によっていまだ説明することのできないのは、中国以西にアクタの地のはなはだ少ないことである。山陽・南海の河内神は、あるいは右のいわゆる芥神に当るだろうか。東方においてはアクトは羽後・陸奥の果てに及んでいる。しこうして多くのアクトが小渓細流の岸に存することは、明白に阿久津が津でないことを証し得る。

二二　アテラ

『三十幅』その他江戸時代の叢書類に採輯せられた『安寺持方之記』という書物がある。常陸久慈郡高倉村の深山にある二部落の記事である。水戸領の時には武弓新田と称し別に一村をなしていた。上高倉本村の北方に武弓山を隔てて六七里にして持方があり、安寺はまた持方の東三里にある。高山四面を囲み世の中と交通なきため民俗古朴なりといっている。かつて公命を帯びてこの地を巡視した者があった。その報文はすなわちこの書で、都会人の想像力を刺戟したことは肥後五箇荘と東西その揆を一にする。さて右のアテラはいかなる意味の地名であろうか。

羽前西村山郡左沢町は、『出羽風土略記』によれば、五百川左岸の地であるがゆえに左の字を宛て、これをアテラというのは彼方の義であるという。地名は多くの場合において住民によって附けられるから、自ら彼方と称するがごときはまことらしくない。以前は久しく山沢採樵の地として人の住む者もなかったのを、後に至って開発土着する者があったとすればあるいはこれを解し得るが、この町のごとく深谷の入口にある落合の地では、ことにいわれがないといえる。左沢氏は毛利の一族で建久年中にこの地に封ぜられた家というから、このアテラはことに古いものである。同一の地名はひとり以上の二国に止まらず、

上野利根郡水上(みなかみ)村大字高日向(たかひなた)字アテラ沢
武蔵西多摩郡氷川(ひかわ)村大字氷川字安寺沢
甲斐北都留(きたつる)郡西原(さいはら)村字阿寺沢
信濃下伊那郡大下条(おおしもじょう)村大字西条字アタラ沢

甲信境上の山奥にはなお数所のアテラがある。木曾の阿寺は阿寺川の川上御料林の中央で、これを経営するために今運搬鉄道を掛けた。地質学者などのよく言う阿寺山脈は信州の国境から分れて美濃の東部を横ぎる山脈である。

アテラのラはもと名詞を確定するための一種の語尾である。『万葉集』の「子ら」「おとめら」「憶良ら」などのラは、複数の義ではなかったらしい。「あちら」「こちら」等のラはまたその例で、畿内・中国では「東ら」「西ら」などと、ことに方位を定める場合にこの語尾を使用し、今日でも複数を意味しないものがある。しこうして自分の考えには、アテラのアテは陰地または日陰の義ではないかと思う。東京でアテという語は大工など今もこれを使う。『日本建築辞彙』に、

あて　㈠悪質の木材をいう　㈡それよりして職人は醜女の意に用う。

とある。悪質の木は意味がいかようにも取られるが、『和訓栞(わくんのしおり)』には、

材木にアテの方というは日の当る方なり。雨水つたうゆえに木うらとすみかたと対せり。

といってこれも少し透徹しないが、要するにアテは一本の木のある一面を指す語で、著者は

アテの方のアテは日当りの「当り」に基くとする者のようである。自分が甲斐の道志村で村長から聞いたのはあたかもこれと反対で、大工がアテというのは樹木の日陰に向った側面で生長悪く木質の素直でない、反りやすき部分であるという。この村では痩地の作物に適せぬ所をアテといい、あの畑はアテだからいかぬなどという。この言を聞いて後、諸国のアテラたとえば、

甲斐南都留郡秋山村字安寺沢
下野那須郡須賀川村大字南方字阿寺
武蔵入間郡東吾野村大字長沢字阿寺

及び氷川西原の阿寺沢等を検するのに、近辺の村落が一つとして山の南面の日向に就いて家をなしていないものがないに反して、アテラのみは山の陰、日光の十分でない地にある。思うに土地の肥沃または市場や本村との距離が近い等の利があるために、日射の満足でない不便を忍んでこの地を選択したことは、最初の住民にとりて重大な問題であったゆえに、自然にかかる地名を生じたらしく、さらに下に挙げる数所のアテラを比較すれば、おそらくはこの仮定を証するに足ろう。

越後東頸城郡奴奈川村大字福島字阿寺
陸前登米郡石越村大字石越字阿寺
美濃恵那郡原田村大字漆原字阿寺

岩代耶麻郡旧半在家村にも支村阿寺沢がある。四方に山繞り少しく田畑があり、民家わず

かに二戸（新編会津風土記）。磐城石川郡山橋村大字南山形の字安寺跡は、諸国の山中の新田にしばしばその例を見るごとく、寒気に堪えず退転した旧植民地であろう。

アテラの語原がアテだとすれば、これによりて聯想するのはアテの木のことである。加賀・能登辺では唐檜（とうひ）すなわちアスナロの木をアテともクサマキともいっている。クサマキは臭槙である。この材木には一種の異香がある。アテに至ってはその義を説く者がない。

陸奥南津軽郡山形村大字南中野字阿手ノ沢

美濃本巣（もとす）郡根尾村大字東根尾字アテガ平

等のごときはあるいはアテの木の生ずるによる地名ともいい得よう。しかし陸奥（むつ）ではこの木をヒバといい、美濃でもいまだアテの称のあるを知らない。また『佐渡方言』にアテビは檜の一種とあるのによって見れば、唐檜をアテというのはアテビすなわち陰地に生長する檜という義で、樹はかえって地名に基くものであると信ずる。

アテの地名の最も古いのは紀伊の阿提（あで）郡である。大同元年に在田（ありだ）郡と改称した。『碩鼠漫筆』にはアタと訓（よ）むべしとあるが、『万葉』には足代の字を当て、また天皇の御名安殿を諱（い）みたりとあるから、おそらくは旧説が正しいのであろう。安諦（あて）の故地はいまだいかなる地形であったかを知らないが、『高野文書』によれば、湯浅氏が居を構えた阿弖川荘（あてがわのしょう）の中心は、今の海岸の地ではなくて、この川の上流山中にあったかと思われる。

前に信濃のアタラ沢を挙げたが、同じ国にはまたアタル沢という地が二三ある。アテ・アタがもし同じとすれば黒川氏の説も誤りではない。アテラの本義も自然にこれを説明し得よう。何となればアダには徒爾（とじ）または障礙（しょうがい）の意味があるからである。アタの地名の古いのは九州南部の吾田・阿多がある。もしこのアタが東漸してついに羽前の左沢となったとすれば、一語の沿革もまたきわめて大きな歴史を解明し得るものといえる。『日本書紀』大化五年三月庚午の条に、秦阿寺（はたのあてら）という人の名が見える。その命名の所由を知ることができないが、試みにこれを附記しておく。

二三　ハンタテバ

ハンタテバという地名は信州その他の山地の小字として折々あったように記憶する。またハシバというも同じ由来を有するものかと思うが、文字は区々（まちまち）で、飯場または飯立場と書いたものが最も多い。ハンはおそらくは判が正しいので、訴訟示談等によって境論を決着した場合のことであろうと思う。

二四　魚ノ棚という地名のこと

棚とは店のことで、商品を陳列する棚から出た語である。東京では今でも御店（おたな）などという。魚の棚は魚商人が毎日または日を決めて魚の店を出した場所で、関西の都会にある魚町という町の名と同じことであろう。西京の魚の棚のことは『古事類苑』の商業の部にも詳しく出ていたかと思う。

二五　教良石、教良木

紀伊伊都郡見好村大字教良寺は、『続風土記』に、村名の起るところは、この名の寺のありしためならんも里人これを伝えずとある。仏教の由緒最も深き高野山の北麓に在って、興廃の事蹟がまったく埋没したというのも信じがたく、かつ教良の二字も義をなしていない。思うに「寺」の字によってかかる推測を下したに過ぎないのであろう。大磯停車場の北に聳える高麗寺山も同じ例であるが、高麗神社があって寺のあったことは伝えていない。筑前糸島郡怡土村大字高来寺にもまた寺址説がある。『続風土記』にこれを録している。かつて礎石が存したというのみで、毫も記録を存せぬ。さらに、

甲斐北巨摩郡鳳来寺村大字教良石
岩代岩瀬郡鏡石村大字久来石

等に至ってはこれを別種の地名であるということができない。また寺の名をもってこれを説明することもできない。甲州の教良石は信濃の諏訪郡に接する釜無川の岸にある。教良石民部は『甲陽軍鑑』時代の猛者であるからその在名は新しいものではない。岩代の久来石は『地名辞書』には「クライシ」と訓み、一に倉石、久留石に作るとある。倉石は何の書によられたのか。もし旅人の見聞ならば、おそらくは文字に就いて普通の訓を附したまでであっ

て、必ずしも現今里人の自称するところをもって後訛なりとは言いがたい。しかしてこの地には村名の起原たる一霊石があったもののようである。

これらの教良石に対して、教良木という地名もまた多い。その二三の例を挙げるならば、

肥後天草郡教良木河内村大字教良木
筑後三池郡玉川村大字教楽来
筑前遠賀郡黒崎村大字熊手字京良城
出雲飯石郡鍋山村大字根波別所小字京良杉
同　八束郡意東村大字上意東小字京羅木
同　能義郡飯梨村大字石原字京羅木
同　同　山佐村大字奥田原字新田小字京蘭木

意東の京羅木と飯梨の京羅木は中間に経良木山を隔てて相隣りする。すなわち郡境の山によって得た地名である。古来の地名にはラキまたはロキ等の語尾あるものが少なくない。たとえば郡の名にサガラカ（相楽）シガラキ（紫香楽）ウハラキ（茨城）オハラギ（邑楽）があり、邑の名に久多良木・多多羅岐がある。島の名にも阿波羅岐・加布良胡または美弥良久がある。十楽という地名も仏教の語としては説明しかねるまでに多い。しかし教良木は必ずしもこの例をもって推すことはできない。愚考をもってすれば、教良石、教良木はいろいろの漢字をもってその語音を表わすがすべて「清ら石」「清ら木」であろう。すなわち霊石またはは霊木のある地でその石その木を神明の依る所として祭祀を営んだ場所であろう。石また

は木に向って拝する神は主として境上の鎮護を目的としたようである。その証は一つではないが現存する諸国の峠の名を見渡しても立石峠・境木峠の類がきわめて夥しい。後世この風はようやく衰えたが邑内の神社で神木・神石の存するものの多いのは吾人の熟知するところである。この点は別にこれを論じたことがあるから今は詳述しない。ただこの奇なる諸国の地名がまた樹木崇祀、石信仰の一例であることを言い、国語をもって簡単に解説し得る地名が、久しく人の注意を逸していたことを告げるのみである。

肥前東松浦郡厳木村大字厳木は、『地名辞書』に名の由って来たるところを知らずとあるが、これもまた一つの清浄木であろう。同じ名の山川があり、その上流は今や石炭採掘地として煩擾を極めているが、中世にあってはおそらくは幽寂無人の境で、一種の巫覡は質朴な地方武人の嘱を受けて、かかる山中にその術を行ったものであろう。井上円了博士の『日本周遊奇談』には山南小城郡北山村においては、今も秘密に山奥に入りて行法を勤める一種の仏教があるといっている。曠野または山谷に至りて営む祭祀は、中世広く行われたようで、これを仏教に専属させたのは宗門の制厳しく、山伏を仏教に統括した徳川以後の事かと思われる。紀伊東牟婁郡高田村西高田の京等木平山は、同郡小口村大字東との境上で、『続風土記』にはこの辺きわめての深山にて至る者なしとある。京良谷という地名はほかの地方にも多い。

伊勢多気郡大杉谷村大字大杉字京良谷
石見美濃郡都茂村大字丸茂字田原小字京良谷

同　邑智(おおち)郡日貫(ひぬい)村大字吉原小字京良奥
同　邇摩(にま)郡大国村字中尾波小字京覧迫(さこ)
伯耆日野郡根雨(ねう)村大字金持字教路峪(さこ)
三河東加茂郡阿摺(あすり)村大字中立字京羅久古(きょうらくご)

迫・峪は小さい谷のこと、クゴは中央部一帯の方言で窪に同じく、また沢を意味する。京良原という地もはなはだ多い。石見・伊予等には京良瀬という地名がある。「瀬」は両岸の山が迫ってわずかに水流を通ずる所と思うが地形の実地を見ないから断言しがたい。長門阿武(あぶ)郡弥富(やどみ)村大字鈴野川字京羅瀬については、『新風土記』に往古この地に京羅寺という寺ありしによるというから、これもまた一つの「清ら石」があった境祭の地であろう。河内八尾(やお)町の字名に京良塚という地名が多くあるのも疑いもなく同例である。形容詞の語尾にも副詞と同じく「ら」の字を附けたのは上古にあっては珍しくない。『日本霊異記』の摂津国島下郡味木里はすなわちウマラキで、今日の三島郡茨木町これなるべしと、『地名辞書』のその条にいっている。茨を木ということは似つかわしくないから、この説のごとく最初は甘木(あまき)・味木・天城などと、同じ意味の命名であったろう。

コウロキという地名もおそらくはまた教良木の音転であろう。その例の二三をいえば、

備中川上郡落合村大字福地字香呂木
同　上房(じょうぼう)郡吉川村大字吉川小字高良木
播磨(はりま)加西郡芳田村大字明楽寺字コウロギ

紀伊南牟婁郡飛鳥村大字小又字コウラギ
伊賀阿山郡阿波村大字上阿波字高良城
若狭遠敷郡松永村大字岡前字加福木

等である。あるいはカブロギとも呼ぶことから、神代史の神漏岐であるとも、またはアイヌ語のカムイロキであるとも説明し得るから、後年かくのごとき説が起ることがあろうが、私はあらかじめこれに賛成しない。日向西臼杵郡の肥後に接する部分三ヶ所村などにおいて、興梠と書いた珍しき苗字が多いので、人に問うたらコウロギと訓むと答えた。すなわち梠の字はロキの二合であると思われる。しかるに越中婦負郡速星村大字麦島には字梠場という地名がある。梠の字をコロに宛てたのである。そのコロバもまた一つの「清ら庭」であろうかと考える。

二六　玉来

豊後竹田町の西一里に玉来という町がある。湯桶訓の珍しい地名であるから、その後注意しているがいまだ同例を見ない。あるいは異民族の語をもってこれを解説せんとする者もあろうが自分はそのしからざることを証することができる。『肥後国志』巻十に引用する建武三年の阿蘇社領帳に曰う。南北坂梨・手野・豆札・尾籠・狩尾・狩集方、是為東郷云々、右の狩集の訓はあるいは後人の附したものだろうが、少なくとも他郷人の推当てではない。

現にこの狩集村は、今も阿蘇郡古城村大字手野字尾籠の小字となって存在する。人の集合する所を溜ということは普通の例である。熊本県では「リ」をもって終る連体格の動詞を、ライと昔風に延べて言う風があると記憶するが果して誤りはないだろうか。とにかく豊後の玉来も同じ火山の麓だから集合の意味で附せられた一つのタマライであるべく、なおおそらくはこれもまた「狩溜ライ」であろう。

さて何がゆえに狩猟に集合所を要したかという問題は、阿蘇山麓のような大野の地形を実見したる者の、容易に自答し得るものである。かくのごとき広漠の地においては、多人数の協力によるのでなければ、一頭の鹿をも獲ることはできぬ。よって厳重な約束の下に部署を定め一時に攻撃を行い猟終りて再び元の地に集まり、まず山神を祀り次に獲物を配分する。この生産団体を名づけて昔はこれを狩倉といいこの地方ではカクラともいった。同じく阿蘇の東南麓に接する日向の椎葉山においては今日もカクラの約束はきわめて精確に行われ、これに伴なって狩の前後に種々の作法があること、前年『後狩詞記』と題する小著において、これを記述した。富士の巻狩その他の記事にも見えるごとく、狩には必ず山神の信仰を伴なうゆえにその集合場のごときも一定の山口を選んでこれを変ずることがなかったから、ついにこうした地名を生じたので、狩猟以外においてはいまだかかる集合地の必要を想像することができないのである。

狩集は薩摩においてはかの地の土音でカラズマイと呼び、他の国では常のごとくカリアツマリという。その例を挙げれば、

薩摩川辺(かわなべ)郡加世田村大字津貫字狩集
肥後八代(やつしろ)郡下松求麻(まつくま)村字狩集
備中吉備(きび)郡大和村大字岨谷(すわたに)字カリアツマリ
美作(みまさか)久米郡大倭(やまと)村大字南方一色字苅集リ
和泉泉南郡西葛城村大字蕎原(そぶら)小字集リ坂
大和宇智郡五条町大字二見字島小字集リ

等である。思うにアツマルはタマル、トマルなどと語原を同じくするらしいから、これらもまた玉来とともに臨時狩倉事務所所在地の義であることは疑いがない。しこうして東北地方において、

陸前宮城郡根白石(ねのしろいし)村大字朴沢(ほおざわ)字狩集(かりあつめ)
陸中東磐井郡興田(おきた)村大字沖田字狩集(かりあつめ)

のように、これをカリアツメと訓む例は狩倉の慣習が廃絶に帰して後、地図などの文字により普通の読み方に従ったものであろう。しこうして猪鹿を一所に駆り集めるのに、秋の馬などのごとくすることは想像しがたいから、あるいはこれを柴草の採取に聯想して狩の字を苅に改めたのもあるだろう。武蔵入間(いるま)郡植木村大字鹿飼は、今はシシカイと称するが以前はシシタメと呼んだ。『新篇風土記稿』によれば寛永の頃まで、将軍遊猟の前に猪鹿をここに溜めておいたから村の名となるとある。この説は大規模の狩倉の興味を想像することができぬ者の臆測と思う。せっかくの巻狩に臨み太閤(たいこう)様の松蕈(まったけ)のごとく、または東京市内の釣堀のご

とく、当日の獲物が一区の平地に飼い附けてあっては、狂言の大名ならばいざ知らず、元気な若殿原はまずもって承知できないであろう。自分の考えでは鹿飼は勢子のことで、しかもその住地はすなわち一の狩集まりであったから、シシタマリと呼びまた鹿飼とも呼んだのを後に二つの名が合体したのであろう。あるいはまた西州の方言でタマリをタマライと延ばしたのと反対に東国ではこれをタメ・アツメと約言する習いであったか。玉利・田丸の類の地名を、通例はこれを田余すなわち未用地の義とするが妥当でない。これもまた一つの狩集であったかも知れぬ。

二七　反町

横浜市内旧神奈川の一区に反町がある。今はタンマチと訓む由であるも、反町大膳の在所たる上野新田郡の反町を始め、諸国にある者の多くはソリマチと訓んでいる。一反二反の反をソリと言うことが俚人に耳遠いためにこうした読み方は起ったのであろう。『新篇武蔵国風土記稿』によれば、今日東京市となっている早稲田村の中にも字段町がある。反町は最も広く分布した地名でことに坂東八国に無数である。町は区劃の義で、必ずしも市店の意味でなかったことはその証が一に止まらぬ。しこうしてソリは東京に遠くない山村に今も行われる普通語で焼畑を意味する。首都の一部に焼畑を意味する地名があるのははなはだ奇ではあるが、徳川家入部の後も日暮里与楽寺の庭で将軍が鹿を仕留めたことがある。駒場・石神井の狩は猪を獲ることが多く、文政中の『嘉陵紀行』には荒川鉄橋の北の、今の川口町の辺に鹿の多いことを述べている。郊外は存外の荒野であったのである。小石川指ヶ谷町のサスはまた焼畑の義である。

ソリは甲州郡内などの語ではソウリと聞える。五万分一図「富士」号などを見ると、富士山の西北麓、いわゆる東西河内領には草里・雑里・楚里等を附した地名が多い。『甲斐国志』にもソウリまたはソリは焼畑のことなりと記してある。武田家の家人に佐分弥四郎があり、同書はまたこの家の事を述べて、佐分・佐分利は曾里という地名と同じ義にて、諸国に反と書するものとともに焼畑のことなるべしといっている。佐分と言う地名は美作・尾張等にもあり、若狭大飯郡の佐分のごときは、すでに『倭名鈔』の郷名に見え、今も一村をなしている。かつてこの村を過ぎて『甲斐国志』の説の誤りでないことを知った。

ソリ・ソウリの分布はきわめて広いから、これを列記するのは煩に堪えぬが、試みにどんな漢字を宛てたかを知るために、その一部を挙げておこう。

武蔵秩父郡大滝村大字中津川字中双里
相模津久井郡牧野村字長草里
伊豆賀茂郡仁科村大字大沢里
駿河安倍郡玉川村大字坂本字一牧草履
美濃揖斐郡坂内村大字広瀬字大草履
伊勢員弁郡山郷村大字麻生田字楚里

安芸賀茂郡賀永村大字上三永字反リ
出雲能義郡山佐村大字西谷字反田
土佐香美郡上韮生村大字柳瀬字ソリ
筑前筑紫郡春日村大字春日字惣利
能登鳳至郡南志見村大字尊利地
佐渡佐渡郡赤泊村大字徳和字ソリバ
上野利根郡白沢村大字下古語父字欅反
羽前西置賜郡蚕桑村大字高玉字雪車町
羽後由利郡金浦町大字金浦字轌町
上総君津郡吉野村大字古谷谷小字轌町

『地名辞書』にはわずかに岩代石川郡中谷村大字双里の一所を挙げているが、この地は今の石川町に近い。石川氏の一族に石川草里四郎次郎のあったことは建武四年の軍忠状に見えるというから古い地名である。ソリ・ソウリは地方によってはソレまたはソウレという。信州木曾の読書村は世附（？）三留野及び柿其の三村を合せ、その頭字を取って附けた新村名だという。右の柿のソレはすなわち一例である。木曾谷には何々ゾレと称して、紛れもなく焼畑跡地であるものが多い。ソウレは三河段戸山の周辺にあるものは蔵連と書き、越中では多くは草嶺と書いている。飛驒・美濃等にもソレ・ソウレは多いが今はこれを略する。肥前小城郡に平ゾウラがある。播磨神崎郡に高逊がある。掛け離れた所の稀な例であるから、あるいは別の語であるかも図りがたい。

ソリに関する異説は、『茨城県方言集覧』に多賀郡でソリは峰の事なりとある。これとちなみのあるらしいのは、伊豆西海岸の伊浜の高嶒莉(たかぞうり)という山がある。加賀に住む林務官の説に、白山入でソウレというのは沢上(さわうれ)の義であるといった。この辺一帯で「末」または「奥」をウレというのは事実であるが、谷を沢というのは関東の風でこの辺にはあてはまらぬ。またかりに山頂に近くソウレと呼ぶ例があっても、なお焼畑と解して差支えない。何となれば寒くて傾斜の急な地域は、最も久しい後までこの農法の行われた部分だからである。

焼畑をソリという理由は、日本語ではいまだ解し得ない。アイヌ語のソまたはショには、外または「あらわる」の義があるが、これによって説を立てるほどならば、物の外(そ)れるという語または剃(そ)るの語を傭(やと)うて来ても釈(と)ける。しかし今は断定を下さない。『南部方言集』によれば、かの地方では荒地のことをソランバタケと言うとある。これによればソラスは休閑に付する義で従ってソリは休んでいる土地であり、すなわち畑を焼くことではなくして、耕種を廃した後の状態の名とすれば解るのである。そうすればまた反田・反畑または反町は必ずしも焼畑・切替畑を行わずとも、内外の肥力の供給潤沢ならぬために、年を切って耕種する地をも包含すると解するのは、おそらくは穏当の説であるべく、大宝令にいわゆる易田(えきでん)は、日本語では反町に当るともいえよう。

二八　一鍬田

三河の豊川の上流、新城町の対岸に八名郡八名村大字一鍬田がある。先年この地に遊び村名の由来を尋ねたが得るところがなかった。また地形の特色のこれを説明するものがあるかどうかをも知らぬ。大字の名はもと字または小字に起ることはあたかも今の府県名の多くが郡名・郷名に基くのと同じである。ゆえにかりに二三の同名の大字が地形やや相似たとしても必ずしも一つを他の原因とはすることができないが、同じ地名は二つだけ他にある。一つは下総香取郡多古町の大字である。地図を検するとこの町の本部の一端とわずかに接続する一田区である。ゆえにあるいは一鍬田をもって一番開発地の義と解する者があるかも知れぬ。しかし個々独立の旧村が合して新町村となるには、特殊の経済事情によって、右のごとくほとんど地区を接しないのになおよく住民を結合し得る場合がある。新田には個人の資本によるものも少なくない。ゆえにこれらの偶然に存し得るかも知れぬ事情でこうした珍しい名称を解するのは当を得ないであろう。今一つの一鍬田は出雲能義郡飯梨村大字植田字西谷の小字に存する。これは小字だから地形と対照することは容易だろう。この以外にこの国及び備中・美作等には、また一久保田・一窪田という地名がはなはだ多い。これと一鍬田と二箇の地名はあるいはもと同語ではなかったか。その例を言えば、

出雲八束郡朝酌村大字大海崎字一久保田

同　簸川郡檜山村大字岡田字上分小字一久保田
備中川上郡湯野村大字西山字六日小字一久保田
同　阿哲郡矢神村大字矢田字道免小字一窪田
美作真庭郡勝山町大字山久世字土居ノ前小字一窪田
同　同　二川村大字黒杭字下前田小字ヒトクボタ

また二窪田・三窪田もある。また一区田もある。これらの地名と同じとすれば、一鍬田の説明はさして困難ではないと思う。

しかしながら田は元来平遠の地を撰んで設けられるのを常とする。多くの水田開拓には必ず共営を必要とし、少なくとも数戸数十戸の労力を合せ用いるから、孤立した田なるものはやや奇異と考えられる。従ってかかる地名の頻々として用いらるるに至ったことは、なお一段の解説を待たねばならぬ。私にいわせるならばかくのごとき奇現象こそは、すなわちこの地名の生ずべき原因であったかも知れぬ。稲田の新開が湖沼を埋め立て、あるいは山下の緩傾斜を平らかにして、一時に大面積の経営をなすのはもと水利の力であって、溝を引き池を包んで灌漑の手段を求めるのは、とうてい一家数反の田を作ろうとする者のよくするところではないからである。乱を避けて山に入りあるいは地頭の苛酷を遁れようとする者の、最も不便とするところはこの点にあった。窮冬には栗・ハシバミなどの実を食い、粟・芋の類を栽培して命を繋ぐにしても、歳旦月朔の神祭には、神も人も何とかして白い米を食わねばならぬ。これを里に出て換えようとすれば、すなわち山中に通路の跡を生じ、永く桃源五箇庄の静穏を保つことができぬ。隠田切添の間もなく領主の発見するところとなり、悲しい制裁を甘受せねばならなかったのは、主として人間のこの弱点から起る。畑ならば三畝・五畝の山腹を切り払いて、いかようにも内々の耕作をなし得たのである。深山の炭小屋の傍らに少々の菜を蒔くなどは、今も常のことである。しかるに石を積み畔を張って水を引き、稲を栽えようとするがゆえに人の目に立つのである。もし南向きの谷陰などで水の都合よく、わずか一区の田を開くに足るものがあったとすれば、山民のためにはこの上もない大慶であるべく、自他ともにこれをもってその地に命名する価値のある重要事件と考えるに至ったであろう。

かりにそれまでの事情はなしとしても、一窪田は要するに田を開きにくい地域内に、孤立して存する小面積の田と解してよかろう。窪は漢語でも水溜りの義で、クボは『字鏡』にも土凹なりと記してある。すなわち小さな水田適地を意味する。ゆえに丘山の間の少しく広い耕地を、すぐに大久保・長久保などと言って珍重する例が多いのである。一窪田はすなわち久保の最も小さいものを、独立して田にし得たのを称するのであろう。中国のある山地にこの地名の集合してあるのは、あるいはかの地方の地学的状況が、特にその発生に便であったためではなかろうか。予は東京附近のいわゆる野方場の事情に徴して、これをもって地層の構成と地下水の関係によるものかと思っている。地下水の最も豊富なのは、富士の南北の山麓などであろう。かの地方は水が多過ぎて、洪水はしばしば川に遠い田畝の間から起り、迂闊には井も掘ることができない。こうした処では灌漑のために、特に地下水の噴出を仰ぐまでもない。山清水は常に傾斜を走下し、田地の全面積を浸して余りがあるからである。これに反して武蔵野・相模野の高台にあっては、多くの新村はいわゆる皆畠の村である。すなわち田無である。時としては飲料水すら遠くに汲まねばならぬ煩がある。ゆえにその開発はすこぶる遅緩でついに徳川中頃に至って江戸の力をもってこれをなし遂げた。しかるにこの間にも、妙に地下水露頭の分布がある。方言でハケと称する赤土の崖を破り、あるいは真黒な埴土の中央から清水を噴出する。その最も古くて大きなものは流れて鶴見川・片瀬川等の柔線の渓を作り、二三のきわめて清冽なものはいわゆる井ノ頭となって江戸の寄洲の上に導かれ、大都の存立要件の主なる一つとなったのである。多摩川南北の平原中には、このほかになお数十百の小井ノ頭がある。『新篇風土記稿』を読むと、これらの泉の附近にはこれを御手洗として必ず古い社または堂がある。邑楽はその下に列在し、神徳を仰ぎつつこの水を掬飲し、水量のやや豊かなものは、下流に若干の田を営ましめる。西郊の三宝寺池・石神井池のごときは、単に少し大きくかつ少し都会に近いために有名になったというに過ぎない。その微小なものはいたって多いのである。あるいは地変を経て泉のすでに涸れたるものがある。読者試みに新製の二万分一図のこの附近を描いたものを検せよ。樹林地もしくは桑圃の中などに、形状のあたかもアンフィシヤターのごとく、招魂社の相撲場のごとき馬蹄形の低地の所々に散在するのを見るだろう。その三辺が円く高く、一方に傾き平らかなのを見れば、きわめて容易に涸れた井ノ頭であることを知り得るのである。昔この地に水が存し、草高く樹が茂って径路の稀少だった時代、すなわち駒場野・板橋野に猪狩が催され、あるいは川口・蕨の間が鹿の多い林であった時代には、右等の馬蹄形地は優に隠田を耕作するに足り、すなわち一種の一窪田であったことはほぼ疑いを容れないのである。

　これらの例からして聯想せられるのはいわゆる鬼の田や蒔かず稲の伝説である。我々の祖先はこの国に来る時すでに稲の栽培の知識を有したはずなのに、諸国の辺土には往々に自然稲の存在を伝えている。この自然稲は多分は原種の野生ではなかった。戦後樺太を旅行した時処々の山野に燕麦が雑草となって繁茂しているのを見たが、この稲も何かの事情で立ち退いた前住民の残したものであったかも知れぬ。あるいはまた稲に酷似するただの草であったかも知れぬ。偶然の観察者は必ずしも収穫に遭遇しまたその稔りを験したのではないからである。日向高千穂峰の自然稲のことは諸種の随筆に見え、あたかも標本を取り寄せた者のあるような記事であるが『安斎随筆』などが元であるからまたこれ耳聞きであって、土佐にあるものも高寒な山嶺で、鬼ヶ城という地に接するのを見ると、一つの不思議談に他ならぬ。『扶桑略記』の裏書延長五年四月二十三日の条に、京の北山に生じたというのは、行人ことごとく取りて荷に満つれども、数日尽きずとあるからいよいよ伝説に近い。杣・猟夫などの徒の山言葉では米を草の実というと聞く。これと正反対に山中の水溜りに稲草という一種の水草を生ずる所がある。『真澄遊覧記』によれば羽後の阿仁山・森吉山などではかかる地を神の田または鬼の田という。田の形、畔の形など現然として、春は誰がなすともなく苗代の種を蒔き、夏は早苗を植え渡し、秋はまた誰刈るともなく穂切れて茎が残るといっている。あるいは鬼が来てこれを作ると称し、その成長のありさまを見て里の穀作の豊凶を占問う風がある。諸国の高山において山草が一時に花咲くのを、山の神の苗場またはお花畠と称するのと同じ思想である。南は薩州日置郡伊作村の与倉という部落にも清い泉の湧いて田に灌ぐのがある。水中に一根の稲が生じ、毎年里の稲よりも少し早く実を結ぶ。土俗その穂の大小を試みて、秋熟の善悪を察するに果して兆のごとしと、『三国名勝図会』に見えている。これもまたまことの稲ではないのだろう。かくのごとき因縁を思い合わすときは巫祝の徒が山中にあって神意を受けたと称して、こうした地を田とするものもなしとはいいがたい。もしそうとすれば、住民がこの地形を重要視することはさらに一層を加えるはずで、一鍬田・一窪田の地名が多く存留するのも、いよいよもって偶然ではないといい得るのである。

二九　五反田

五反田という地名と古墳と関係があるかということ、かつても聞いたことがあるが信ぜられぬ。五反田は五反を一区とする田地のあったゆえの地名である。三反田・八反田等の地名も多くある。二三の五反田に古墳があればそれはまったく偶合であろう。右のごとく文字通りに読んでも解釈容易な地名を、むつかしく解せんとするははなはだ無理な注文である。

三〇　横　枕

田の字に横枕という地名の多いことは自分も早くから不思議に思っている。二三の地図によって想像をしたところでは、成功開墾地の地割をするに当り、地形の都合上幹線に併行して割ることのできぬ分、すなわち大部分の田地の上端に横に長い形の地面のできたものをいうかと思う。上総下永吉の林寿祐氏もその地の字横枕はそんな場所だといわれた。田地の大割は山や林の陰を考えて、だいたいどの田にも日受けのよいように縄を引くから、横枕は多くは日射の十分でない若干不利益な地面に相違ない。それで特にこの地名ができたのであろう。区劃が多くは南北だと言われるのは、その地方が南のよく開いた東西に地割するように便宜なためではないか。田地は概して東西に長く、南北に短い方が日受けがよいかと思う。

三一　峠をヒョウということ

成田鉄道の湖北停車場附近に、湖北村大字中峠がある。少年の時この隣村に住んでいて、深くその地名の由来を知ることができないのを遺憾とした。その後注意していると、同種の地名は千葉県下に限りはなはだ多い。たとえば、

下総千葉郡蘇我町大字小花輪字中峠
上総山武郡日向村大字木原字中峠
同　同　公平村大字松之郷字中峠

右のほか峠をヒョウまたはヒヨと訓む例はきわめて多い。『俚言集覧』に上総では嶺をヒ

ヨという、タケガヒヨという高山がある。その他山の嶺をヒヨといえりとあるのは、『物類称呼』の説を抄出したものかと思うが確かには記憶しない。

さて何ゆえに山嶺または峠をヒヨというか、試みに卑見を述べて諸君の批評を求めようと思う。まずこれに宛てた漢字を検すると、

上総山武郡瑞穂村大字萱野字中瓢
同　君津郡富岡村大字上宮田字境俵
同　同　同　大字下宮田字境鋲
同　同　平岡村大字永吉字中嘌
同　市原郡海上村大字引田字中嘌
常陸真壁郡黒子村大字井上字中兵

これらの文字はもちろんいずれも音のために仮用したものには相違ないが、中について嘌の字を用いたのはやや注意する必要がある。思うに嘌は地形に基いて山に从ったが元の字は標で澪標のツクシすなわち榜示の義であろう。澪標の語は『延喜式』に難波津の頭、海中に澪標を立つとあるのが初めで『万葉』には水咫衝石の字を宛つと『和訓栞』に言ってある。谷川氏の説ではミオツクシは水脈の籤の義でツは助辞だとあるが信ずることができぬ。邑落の境にシメツクシ（注連標）またはツクシモリ（標森）の地名があるのは東北一般の風である。羽後の神宮寺町の附近に細く高い二坐の岩山が孤立するのを、男ツクシ山・女ツクシ山という。大隅加治木の有名な天ノシ山とよく似ている。『月の出羽路』には突栈の字を宛て

ている。陸奥宇曾利山の登路にも、湖の岸は大ツクシ・小ツクシの二小峯がある。これまた夫婦岩の類である。渡島松前郡福山町から根部田村へ行く路にも、大ツクシナイ・小ツクシナイという二つの小川を渡ると、同じ人の著書に見えている。これによればツクシはもと標木の義であったものが、転じて広く境の徴を意味するに至ったらしい。

木を立てて境を表する風がわが国に盛んであったことは多くの例証があるが『常陸風土記』は最も古きものの一つである。同書行方郡夜刀神の条に曰う、「麻多智大いに怒りの情を起し云々、駈せ逐いてすなわち山口に至り、梲（杭）を標して堺の堀に置き夜刀神に告げていわく、これより以上は神の地たることを聴す、これより以下は人の田を作るべし、今より以後吾は神の祝となりて永代に敬祭せん、冀くは祟るなかれ恨むなかれ云々」と。標の字がこれには動詞に用いてあるが、山口に木を立て神と人との地を境するものであることは明らかである。後世にも峠を境木峠と呼ぶもの多く、その木は主として榎であったゆえにまた榎峠の多いことは、昨年の『考古学雑誌』にもこれを述べた。

下総印旛郡永治村大字浦幡新田字榎峠
薩摩鹿児島郡谷山村大字山田字俵木
大隅肝属郡田代村大字麓字表木
出雲飯石郡一宮村大字高窪字後谷小字標杭
伊予越智郡宮浦村大字台字添小字標榜場

札立という地名はまた境の峠に多くある。近江等にはいくらもその例がある。ツクシといいフダという日本語は早くその用を失い、漢音をもって行われるに至ったのは、必ずしも僧侶などの所作ではない。文書公簿に使用せられる国語には往々にその例があるのである。

さらに立ち戻って上総・下総の事を言うが、この地方には狐神信仰の痕跡がはなはだ多い。

上総市原郡姉ヶ崎町大字深城字狐嶼
下総東葛飾郡手賀村大字金山字狐峠
同　同　風早村大字塚崎字稲荷峠
同　千葉郡更科村大字大井戸字堂間表
同　同　都村大字辺田字東関尾余
上総山武郡二川村大字殿部田字稲荷塚

最後の二大字の辺田は境の義、殿部田は外辺のことであろう。千葉・茨城二県では狐をトウカと呼ぶのが常である。今日の信仰では稲荷を境の神とする思想はないが、屋敷の鎮守としてこの神を祀るのを見れば、ほぼ以前の状態を想像することができる。東京は稲荷の祠が名物である。東上総では家々の庭に稲荷のあることあたかも西国の荒神と同じい。この神の穴を掘りて地に住みあるいは古塚によりて祟りをなすことは、おそらくはこれを邑境の鎮守となすに適したのであろう。

また兵道という人の名がある。地名にはいまだこれがあるのを聞かないが、本来榜示戸・道祖土または山神戸などとともに、標を立てておく場処すなわち標処の義だろうと思う。しかるに霧島附近の地方では近世まで兵道者と称する一種の階級がある。武芸などに関係あるものではなくて、深山に入って行を修する下級の巫祝であったこと、『倭文麻環』などに見えている。羽後由利郡下川大内村大字平岫に兵屋布がある。出雲仁多郡布勢村大字上三所字日向に小字兵垣内があるのを見れば、ヒョウと称する一種の人民の諸国にあったことは明らかである。村に接近してヒョウの住地があるのを見ると、ヒョウはその住地から来た名称ではなくて別に由来があるらしく、おそらくは常陸の麻多智のごとく標の神に仕え標の祭を勤めたための名であろうか。山陰・山陽の田舎にトウビョウと称する一種の蠱神がある。本体は蛇であるともいう。他地方のオサキ、犬神とやや似ている。これまた右のヒョウと関係するところがあるか。なおヒヨ・ヒョウという地名の盛んに分布するのは、山陰では石見・隠岐、南海では淡路・伊予・土佐である。日代・日余等の字を宛てている。ただしいまだその峠を意味するか否かを、確かむることができないのを遺憾とするのみである。

峠をヒョウということは、大正初年の『歴史地理』にも書いておいたが（前文参照）、改めてこれを問題とするために、今一度多少の重複を忍んで、ここに意見を載録してみようと思う。自分の知る限りではこの例は関東に限られ、ことに上総・下総に多かったように思う。上総は全体に地名に特色があり、下総はこれに接した部分だけにその感化が及んでいるのであった。手賀湖北の中峠をナカヒョウと呼ぶことは早くから知っていて、何かこの土地限りの事情に基くかと思っていると、印旛以南の丘陵地一帯にいくらでも同じ地名があり、

片仮名をもって何々ビョウと書いた場合にも、場処は必ず岡を越えて行く路の中ほどにあった。その例は、

上総山武郡源村大字滝沢字峠道（ひょうみち）
同　同　同　大字酒蔵字峠ノ崎（ひょうさき）
同　同　同　大字極楽寺字峠ノ腰（ひょうこし）

などのごとくいたって多いから、少なくともヒョウが他地方における峠に近いものを意味することだけは疑いがなかろうかと思った。別に同じような地形を現わすヒョウにいかなる文字が宛ててあるかを尋ねてみると、手元に今他の府県の例を集めておいたものは見当らぬが、

上総市原郡市東村大字金剛地字毛無鋲（けなしびょう）
同　君津郡富岡村大字下宮田字境鋲
同　同　同　大字上宮田字境俵

これらがいずれもビョウと訓（よ）ませてある。毛無しとは地味の悪く、草木の生長していないヒョウのことらしい。狐ビョウというものも幾つかあった。稲荷俵と書いてトウカンビョウと呼ぶものもあるから、おそらくは岡越えの路の頂上に、狐神を祭っていたことを意味していたと思う。そうして上総には今でもそのような信仰がある。次にはまた山扁の票の字を作って用いている場合が少なくない。

上総市原郡姉ヶ崎町大字深城字狐嘌

下総海上郡海上村大字引田字中⿰山票
上総君津郡平岡村大字永吉字中⿰山票

後の二つはともにナカビョウといっている。

そこで自分は⿰山票はすなわち標であろうと考えてみたのである。峠という漢字は和製であろうが、それにヒョウという音の生ずる理由はなかった。ただ丘陵の嶺通りの、通路で横断する地点を村の境としていたために、標とは峠のことと誤解して、しかも普通の標と区別すべく、いつとなく山扁の字を使用したものかと思う。標は通例は多くは立木であった。武蔵などではこれを榜示木と呼び、別にそのために生樹を栽えず、ただ削って白くした棒などを立てた場合には榜杭といい、まるまる木がなければその場処を榜示戸とも法師土とも記し、かつ訛ってはまた端戸とも書かしめた。橋もなくして橋戸と書くのも同じ場合である。標はもと上総の方言に、右の榜示戸をヒョウといったのを、何とかして漢字を宛てておこうとして発見したものであり、峠はまったく字の本義を忘れて後に、語の内容から新たに試みた結合であった。そうして、鋲や俵は一種無頓着なる万葉仮名であろうと思う。

方言といったところが決して土語ではなかった。標とは本来境の木のことであり、これを漢音で呼ぶのもこの地方だけの心得違いではなかった。古くからの例では大嘗会の標の山などは、記憶もない昔から音読した。これも御式の霊地を劃した堺の木であった。近世においては標の杭などともいったらしく、『国史大辞典』の標の条にも、単に朝廷公事の時百官列行の序を定むるために立てる標木としか書いてないのは、つまりは本の意味を考えてみなかったのであるが、最初土地占有の一般的方式として、この木を立てる風習がなかったら標という語もできなかったはずである。賀茂の競べ馬で勝負の木、またはしるしの木といった楓の木も公けの文書には標と書いてある。『延喜式』巻四十八、五月六日競馬の条に、

左右馬寮允属各一人、率馬医、就馬留標下、注勝負丈尺

とある馬留標がすなわちこれである。また弘仁内裏式五月六日の観馬射式の条、

当第三的南　建標木

到此標木下、定馬遅速云々

とある標木もそれで、賀茂でなくともまた競馬でなくとも、地を限り境を定むるのが標であった。『釈日本紀』巻二十秘訓、白雉元年の条に、

堺標　　サカイノシメ

すなわち標は我々の注連縄のシメ、また「紫野ゆきシメ野行き」の古歌に歌った紫野のシメと同じく堺を限って土地を占める方式を意味していた。

田舎の人がその標を字音のままに、ヘウまたはヒョウなどと呼んでいたというのも空想でない。たとえば『談海集』巻二十二、寛文十一年九月九日、摂州芥川の仇討の物語の中、松下助五郎が東海道を上るとて江戸を発足する条に、芝を過ぎて高輪を通るとて同行者岩崎覚左衛門が狂歌、

物の名もところによりてかはりけりヘヲとは謂はで高名和と謂ふ

今の高輪は浜沿いの低地を通行するゆえに、あるいは高縄手の省略のように解した人もあ

ったが、以前は二本榎の通りを八ツ山の方へ出たもので、明らかにタカハナワであった。ハナワは塙の和字が示すように岡の上のことである。多分アイヌ語のパナワと同一であり、雑居の時代に彼から採用した地名と思う。その塙の路を地方によっては、やはり上総のごとくヘオといっていたのである。岩崎覚左衛門はいずれの国の生まれか知らぬが、かの難波の芦も伊勢の浜荻の歌をもどいて「ヘヲとは謂はで」と詠んだのを見れば、この語は相応人に知られた普通名詞であった。

『新篇武蔵国風土記稿』巻二十二に金沢領称名寺の元亨三年の石塔の銘文を載せている。実物は見ることを得ないが自分の判断では、古くからあった文書を後にこの石に刻したものかと思う。単に寺の四至を細叙した記文である。それには境木のことをことごとく標木と書いている。これなども多分あの地方の方言で境の樹をヒョウギといったゆえにこの字を使用したものと思う。

上越後地方にはまた標の竿という風習があった。いろいろの意味で注意に値するから、このついでに話しておきたい。『温故之栞』巻四に、高田の城では大手の前に場所を卜して、長さ八尺の竿を建ておき、年々雪の多少を測り知る。これを標の竿という。その竿を越えて一丈の降雪となる時は、城主より早打にて江戸幕府に注進するを例としたとある。それが近世発明の方法でなかったことはまた同じ本に、東頸城の松之山から魚沼郡の奥山里かけて毎年初雪に先だって家々の外面に長い竹竿を立てておいた。その竿の上端には藁をもっていろいろの物の形を作って結び付け、雪で埋まってしまった場合に、その家々の標としたというのは、一方においてこれを雪量の尺度に利用した場合を想像せしめるとともに、他の一方には家の記号の昔風を考えさせる。竿の頭の藁製の物の形がいかようのものであったかは、できるならば今の内に尋ねておきたい。これは単に人間の訪問客の案内だけでなく、正月望（もち）の夕にまず訪い来るもの、すなわち精霊（しょうりょう）と家々の神の道しるべであったこと、あたかも盆の高（たか）燈籠（とうろう）と目的が一つであると思う。日本海に面した雪国の住居では、深い雪の底にいて歳神（としがみ）を迎える必要があったのである。この目じるしの柱のことも、越後ではやはり標の木または標の竿といっておったのかと思う。『温故之栞』には『夫木集（ふぼくしゅう）』の大炊御門為佐（おおいみかどためすけ）の歌、

　越の山立て置く竿のかひぞ無き日をふる雪にしるし見えねば

という一首を引用しているが、歌言葉でもし「しるしの竿」といったのがこれだとすれば、自分の想像はほぼ当っているだろう。

　今一つこれも神樹篇の問題であるが、東北地方で寄生木（やどりぎ）をヒョウというのもホヤの転訛という説はあるが根原は同じかと思っている。津軽では我々のいう天狗の巣、すなわち桜などの老木が病のために、畸形（きけい）の枝ぶりを示すものをもヒョウといい、必ずしも寄生だけには限っておらぬ。山に入る人はよく知っているだろうが、天然の樹木の少しでも常の形と異なるものは、すぐにこれを山の神の所為に帰して手を触れぬのみならず、またいろいろの解釈を付与していた。たとえば藤などのからんで捻（ね）じれたもの、幹が二股に分れて末で合ったもの、または隣の木と接合したものなどには、たいていは特別の名があって、これを目標にもすれば地名にもした。山の神の木算（きかぞ）えと称して、山に入ってはならぬという日に、禁を犯し

て入った者が、山の神に捻じられて捻じれ木になったという話もある。山中の境などは以前はそう明確なものでなかったから、この類の特殊な樹があればこれにより、嶺通り・水分れに何か異常の木があれば、他の木は伐(き)り払ってもそれを保存し、なお必要があればさらに積極的に、他日の標木になるように、一定の計画の下にそのような木を育成した。二本松・三本松という類の相生(あいおい)の木が、永く地名となって残るのはもと目的があったからで、その一半は特に将来を期して栽えたものらしい。すなわちヒョウの必要はまず存し、宿り木をこれに充てたために、この名が彼に移ったのではないかと思うのである。

この想像の当否と関係なく、少なくとも峠のヒョウは標木の標から来ている。ヒョウは本来は境木のことであったが、目的が境を定むるにあり、境には普通に木を立てた結果、ヒョウは境を意味し、従って峠を意味することになったのである。それと同じ順序を追うて境の山をツクシという地方がある。秋田県などに大ツクシ・小ツクシなどというモリすなわち峯の名の多いのはその例である。下野国(しもつけ)では特にこれをシメツクシと呼んでいる。

下野那須郡境村大字下境字御七五三尽(おしめつくし)
同　芳賀(はが)郡市羽村大字多田羅(たたら)字注連図久シ(おしめつく)
同　同　大内村大字京泉字御神明標(おしめつくし)

これらのシメツクシはたといそこに樹がなくとも、明らかにその地点が上総のいわゆるヒョウすなわち地境なることを語るのである。標の和訓がツクシなることは、難波の津の澪標がこれを証明する。古くは万葉仮字で水咫衝石などと書いたために、あるいは別の説明もあるか知らぬが、『延喜式』以来ミオのしるしは常に木材を使用し、近世はもっぱらこれをミオ木といった。石とは縁なきはもちろん、築く事であるという説はなお疑わしい。語原は何であれ、標木の日本語はシメでありまたツクシであった。

『伊勢の浜荻』巻一に、注連（しめ）を標と同じものだということを述べて、その末に次のように書いてある。他国にて注連縄というものを、伊勢神宮の地でシメツクシというのは方言である。種々の物を飾りに附け尽すによるという説がある。また一説には神部（かんべ）の家では毎年旧（ふる）いものを取り替えず、次々に新しいものを重ねておくゆえに、多いという意味でツクスというのだとも説く。「しかれども案ずるに注連つるくしの略なるべし云々」とある。土地の学者でしかも他国を知り、風習の異同に興味を抱いた人までが、このような愚かなことを言うのである。考えなしには古書を信従する事はできぬ。

三二　アエバ

武蔵の村々に饗庭（あえば）という地名かまたは家名が多いが、相場もこれと同じく、ともに道饗祭（みちあえまつり）すなわち邪神祭却の祭場のことであろう。また北武蔵などに多いアイノ田「間の田」という字も単に里と里との境の意味でなく、饗場の田ではあるまいか。二万分一図で見ると、古川跡の田に開かれた所に「間の田」が多い。すなわちあまり古い地名でないことがわかる。

二三　田代と軽井沢

軽井沢と称する地で最も有名なものは、もちろん中仙道碓氷峠の軽井沢である。かの地を旅行した人はしばしばどういう意味だろうという。自分はこれまでこの地名の諸国にわたって多いことと、それが知れている限りいずれも峠路の麓にあることとを注意していたのみであるが、試みに一箇の解説を提供してみようと思う。まず今までに耳にしたところでは、村岡櫟斎翁の『甲信紀程』に軽井沢は涸渓の義ならんとあり。吉田博士の辞書にけだし水源涸渇の渓頭の謂ならんとある。これが一説である。この説の事実と合わぬことは二三箇所の地図を見ても分るのみならずサワとはもとより水ある谷のことである。吉田氏はまた『東鑑』の桂井は枯井の形誤かと言われたが誤りとすればむしろ軽井の写し損じかも知れぬ。『倭名鈔』の郷名に葛例または嘉礼があるというが、この類例は今日は多くは佳例川・嘉例川などと川の字を伴ないて存しかえって涸渓の説に背いている。嘉例沢、佳例川等が果して軽井沢と同じ語の変化なるか否かはまだ疑いがあるが、こちらにはまた別の説明がある。最も奇抜なるは『新撰陸奥風土記』一に、陸前遠田郡黒岡という村の山中に鰈魚沼がある。鰈魚はもと海中の魚で沼ではここのみに産するゆえとある。おそらくは地名があって後に起った伝説だろうと思うが陸奥南津軽郡浪岡村大字王余魚沢を始めとして王余魚の地名は羽後その他にもあった。次には岩代耶麻郡月輪村大字山潟の支村には餉沢新田がある。この宛字からは山路の側に清水などの出る地で、旅人が餉を認めた場処などという説が起りそうだ。同国北会津郡門田村大字御山の乾飯沢なども、今ではホシイイザワと訓ませているが、元はカレイザワかも知れず、現に田に注ぐわずかの水流に、八幡太郎義家乾飯を洗ったという口碑を存している。しかも軽井沢という地名が東日本に限られているに反して、嘉例川の類は全国に弘く存し、奥州でも北陸でも二種並び存しているのを見ると相似たる地名ながら関係はないのかも知れぬ。『静岡県方言辞典』によれば、かの県内のいずれの地方かでは、崖のことをガレといい、また渓川に沿える細路をばカレというそうだ。ただカレイがカルイと転訛することは、どうもあり得べくも思われぬ。

しからば軽井沢の元の意味いかんと言うと、自分はカルウと言う動詞の連体言カルイであろうと思う。カルウは普通の辞典には見えぬが背負うという意味の中古の俗言である。九州には今も用いられているが、一地方のみの方言ではないらしい。有働良夫氏の話に肥後の菊池では村民の不都合な者を排斥することを「燗鍋かるわせる」という。すなわち炊具一つ負わせて居村を追い出すことだ。樋口勇夫氏は筑後久留米領で、乞食をツウカルイすなわち笈負いというと私に教えられた。察するところカルウはカラム・カラグなどと語原を同じくし、縄の類で背に結い附けることであろう。江戸でも以前物を背負う労役者を軽子と呼んでいたことは、牛込の軽子坂などの例が示している。『言海』にカルコは簣の種類で軽籠の義なるべく、これをもって物を運ぶゆえに人をもまたカルコといったのだろうとあるが、単にカルイ子とも解せられぬことはない。長門阿武郡川上村字三荷カルイ、羽後仙北郡淀川村大字中淀川字殻笠沢などの例も幾分右の想像を助けるようだ。峠路の取掛りにこの地名の起った事由は、つまりその地までは馬の背で荷物を運び来たり、それより上は馬が通わぬゆえ、その荷を小さく解き分け人の背で山を越す支度をするために、自然に足溜りとなり村里なども起立したので、同じ碓氷の東麓にもある坂本の宿、古くは郷名にも存する坂梨（坂足の約）、さては馬返しという休茶屋のごとき、いずれもこの事情のためにできた地名である。岩代河沼郡片門村の支村軽沢が、越後街道を挟んで十三戸山下に住し、寛文中まで別村であったこと（新編会津風土記）、陸前加美郡小野田村の軽井沢が、七百米内外の二つの山の間にあって羽前との境山に近く、旧藩時代に番所を置かれたこと（仙台封内風土記）などを考え合わすべきである。

このついでに一言したいのは軽井沢と田代という地名との関係である。この二地がしばしば相接してあることはよもや偶合ではあるまい。たとえば、

伊豆田方郡函南村大字軽井沢
同　同　同　大字田代
岩代大沼郡東川村大字軽井沢
同　同　同　大字田代
羽後雄勝郡田代村大字軽井沢
同　同　同　大字田代
同　北秋田郡十二所町大字軽井沢字軽井沢

同　同　同　大字葛原字田代

少し離れてはいるが上野吾妻郡嬬恋村大字田代なども、浅間山の東側を伝って碓氷の軽井沢と通うている。この田代という地は全国に何百とあるが意味の深い地名だ。田代という語は近世の書物には単に耕地の意味に用いられているのもあるが、その字義から推してもまたその所在が多く入野の奥であることを考えても、もとはただ水田適地ということで、上古の文書に墾地などとあるのと同じ意味であったらしい。天平十六年の大安寺資財帳に、伊勢国三重郡采女郷十四町の内訳、開田二町五段未開田代十二町、同員弁郡宿野原五百町、開田三十町未開田代四百七十町などとある。この未開田代はやがては田代という地名の起原であろうと思う。降って『続左丞抄』に採録した建久六年の若狭の国富保の文書などには、前には田三十四町一反余の内訳、見作(現作)二十五町三段余、田代八町八段余とあり、後には同じ数字を再記して、見作田何程、荒何程としてある。要するに開けば水田になるべき地のことと考えられる。その田代が今はたいてい開かれて一区の村里の名になっていることは、以前その下流または隣接地に本村などがあって、早くから水田適地としてこの地に着目していたのを人口が増すにつれて開作に手を下したということを意味し、多くの田代がずいぶんの山奥にあるのは、今日でも北海道・樺太の新村で米を栽培したがると同一の人情で、水の手の乏しい高地を拓くに至り、いよいよ米作の希望を痛切にした結果が、地名となって残ったものと思う。しこうしてその田代に接近して存する軽井沢が、負搬してまでも道路を求めた人間移動の流れの溝口を意味するとすれば、これだけでも昔の田舎の生活が偲ばれる。伊豆の今一つの田代などは、源平時代にすでに狩野氏の分家が入って住んでいた。

三四　イナカ

田舎という語の最も古く顕われたのは『日本書紀』垂仁天皇の二年、意富加羅国王の子都怒我阿羅斯等の伝説である。その中の黄牛に田器を負わせて田舎に将往かんとすとあって、田舎の二字をいつの頃よりかイナカと訓ませている。『書紀』ができてからすでに千三百年以上になるが、今もってこの語の範囲が判然と分らない。前年肥後の天草下島の大江村において古い村絵図を見たことがある。この村は三百年来の切支丹がたくさん隠れて住んでいた僻村である。西に小さな湾を控えた簡単な一盆地で、人家は大方周囲の山の裾に構えられ、道路も本線は麓に沿い耕作地を潰さぬ工夫がしてある。地図を見ると、中央の田のある部分をイナカと書いている。現在の地形と比べて見て自分はこの語の本の意味を理解したような気がした。イナカはすなわちイの中で、イとは民居すなわち家居の居であろう。『万葉』の歌に春霞ゐの上ゆ只に路はあれど云々とある井上は堰に臨んだ山路とも見えぬことはないが、それではその路が近いということも感じにくく、また少々突然のような気もする。これもやはり民居の上で、今ならば裏の山路を越えれば近いが、逢いたさに迂回をするとでもいうべき情合いであろう。

昔は今でいう田舎それ自身の中において、特に田舎者がイナカと名づけた地域があった。

たとえば対馬(つしま)国佐須村大字久根浜、同大字久根田舎の類である。同じ島豊崎村に大字浜久須及び大字久須、後者は『津島記事』によれば俗にあるいは田舎久須と称すとある。仁位(にい)村大字曽にも字田舎及び字浜がある。ともに以前のいわゆる枝村(えだむら)である。これらの田舎に対立する浜はおそらくは船附場の町屋あるいは漁民部落であろう。たとい幾分か農業を営むとしても、経営の様式がよほど田舎の方とは違っていたかと思う。元一村の土地がかくのごとく二つの部落に分立したのは、決して単純に距離のためではないはずである。ほかの地方では同種の場合に浜村に対して用いられる名称は岡村であった。『伊豆志』巻三におよそ海浜の村落にして地に高低あれば高き処を岡といい海傍を浜というとある。田方郡伊東町大字岡などはその一例で、今温泉の出る海辺の町屋はすなわちこれに対する浜である。同郡対島(たじま)村大字八幡(やわた)野(の)も岡と浜との二部落に分れているのを同じ書には相隔つること七町ばかりにして二村のごとしとある。駿河の清水湊も『新風土記』によればもとは浜清水と呼び、これに対して今の入江町大字上清水及び不二見村大字下清水の地を合せて元は岡清水といった。薩摩の海門岳(かいもんだけ)の南麓にも児水(ちゆがみず)という清水によって地名を得た村があって、これを岡児水及び浜児水の二区に分っている。

これらの区別をもって、単に隔絶した二集団に、おのおの地形相当の名を附しただけと見るのは誤りである。自分の見るところでは岡方・浜方の二部落が隔絶することは、地名の原因にあらずして、むしろ地名を生ずるに至ったある一原因の他の結果である。語を換えて言わば岡方の百姓はかねて浜方の百姓をする訳には行かなかった。二三男の余分の労力を分家する場合にも別村の岡方に入り込むまでも、ただちに自村の浜へ出て住むことはむつかしかった。嫁を迎え聟(むこ)を取るにも同じことで、なるべくは土地状況の共通な村方と縁組して、二十歳も越えたものに新たに仕事の繰廻し方から年中行事までを、教えてかからねばならぬ面倒を避けるのは当然の話である。ゆえにかりに最初は一家から分れた二部落であっても、いつとなく互いに他所のごとく見るようになりやすいのである。この差別は海から入り込んだ内地にもある。岡方といっても必ずしも畑場のみではなく、清水を掛けて棚田を作るはもちろん、時としては屋敷は丘陵に構えておいて、下りて居中の田を作る百姓もあろうが、総別高い地に村を占めた農家は、どうしても米作に専心することができぬ。ことに市場の交通における不利益は、ぜひともその農作の様式の上に影響をする。

　一つの村に二様の農村を併立せしめ、私経済上調和もすれば衝突もすることになり、新町村の政治に対しいろいろの問題を提供する。それを皆地名が示している。美作などの大字または字に山手方・里方・谷方・畝方といい、地方によってはあるいは谷方渡方(わたかた)・山方里方・里方野方または町方在方などと部落の分れているのは、それぞれ多少の相違はあるが、いずれも皆しかるべき仔細があると認めねばならぬ。伊豆の村々や大和の山辺郡などの岡の上の百姓、または東京以西のいわゆる野方場の百姓は、官道の通過というような特別事由がなければ、集合部落は作りにくく、すなわちイを形造ることが少なかった。ゆえにイナカという語の本の意味は中古以前の土着のごとく岡の裾(すそ)に住んで、沖一名和田(わだ)の水田を耕す地方、すなわち今日の語で田処と呼ばるる村々にのみ当っている。

三五　サンキョ

関東から奥羽にかけての地名にサンキョというものが多くある。字は散居とも参居とも三居とも書くが山居とあるのが多く、山居沢・山居野・山居森・山居館などというておる。多分はその文字のごとく山中の住居の義かと思っていたが、不思議に平地にも往々にこの名がある。たとえば羽後酒田港で有名な米穀倉庫の所在地なども確か山居であった。市街から少し離れ最上川の川口に臨んだ水郷である。房州では太海村の西山と江見村との境に一つの山居がある。これなども山というほどでない海岸近い地である。これについて思い出すのは今から十二年前に伊豆の大島の元村においてこんな事を聞いた。この島では息子に嫁を取った即日に親夫婦は別居する。これをインキョという。そのように壮年で隠居をしては、そのまた親たちすなわち親夫婦の祖父母がいる場合があろう。これを区別して何というかと聞いたら、那知為蔵という後に村長をしたほどの若い隠居は笑いながら「それはサンキョといいますよ」と答えた。よく曾祖母のことを三階婆さんなどというから、これに似た剽軽な流行語だろうと考えていたが、事によると家族増加の場合に、その一部が分離して遠い原野の開墾に着手するのをサンキョといったのが元で、字はむしろ散居と書くのが当っており（散田という語が古いから類推してそう思う）、山居と書いても多くの場合には当っているというまででではなかったろうか。タヤ（田屋）という語はある地方では産屋・忌屋を意味するが、もとはやはり出て耕作するのが名の起りらしい。しかもそのタヤが、多くの新在家・出屋敷の起原であったことを考えてみると、右のサンキョはとりもなおさず、昔の分家制度の痕跡ではなかったかと思う。『和歌山県誌』下巻方言の部にも、東牟婁郡で三男のことをサンキョというとある。必ずしも三男に限ったことでなく、大島と同様に第一次の分家をインキョというから口拍子であろう。

三六　垣内と谷地

『郷土研究』に必ず研究せらるべくして、ついにこれという説にも接しなかったのは垣内の問題である。村の歴史を調べる人々にとっては遺憾なことであるが、つまりそれだけに込み入った概念を得にくい事柄なれば仕方がない。『三州志』などを見ると、加州藩では他の諸国で出村・分郷・枝村といい、越前で朶などといっていた小部落を垣内と公称し、何郷何箇村及び垣内幾箇処などと録している。垣内は文字のごとく垣の内でいわゆる土豪の囲い込んだ地域を意味するからは、枝郷をかく呼ぶのは適せぬようであるが、これは村の属地の義に一転してから後のことであろう。越前敦賀附近の村で共有地のことを垣内山と呼んでいるのを聞いたことがある。その垣内山を拓いたゆえに新部落をも垣内というのはあたかも東京の近郊で村附の山野を開いた一区をサンヤ（山谷、三屋などと書く）というのと同じであろう。文字よりいえば山野はただ未開地であるが、夙くから個人の占有に帰した山野のことを、某のまたは村のという語を略してただサンヤと呼んでいた。支村の垣内もその山谷などと同じとすれば、ずっと以前一区劃の屋敷地を何々垣内と名づけたのと、結局趣旨は一致する。要するに後には共和的の垣内も起ったが、この語の本来の意味はある有力なる一人の占有者の分内に、その被護者が許されて住みかつ耕すということで、大和や紀伊辺にはたまたまその古き思想がだいたい昔のままこの語に伴なっていたのである。その他の諸国にも注意して見ると同じ痕跡はあって依然として小区劃の地名に多く用いられ、ただ住民がカイトの意味を忘れたために、漢字を宛てる時に勝手なことをしている。垣内は古くからカキツと唱えていた。それがカイツとなりカイトとなったので、処によってはカイチと聞え、または方言でカクチとも発音したかと思う。伊勢・近江・美濃などはカイトまたはカイドであったとみえて、貝戸・海道・皆渡・開土・外戸などの字が当ててある。三河の北部などはカイツであったとおぼしく、往々御所貝津・殿貝津の類がある。伊賀では旧村名に二三の「界外」があって今はカイゲと呼んでいるが、これも「外」の字を「ト」と訓(よ)んだのではあるまいか。信州上伊那郡藤沢村の御堂垣外(みどうかいと)なども垣内と書いてカイトとは呑み込めずまた事実その御堂の境内でないゆえに、後の庄屋等がさかしらに「外」の字を当てたと見える。「界」の字を用いたのは区劃の思想が幽(かす)かに伝わっていたためであろう。丹波北桑田郡大野には「文字塁地(ぶんじがいち)」という字もある。ついでに言うがブンジは梵志(ぼんし)すなわち後の虚無僧(こむそう)のことで、梵志が貰(もら)っていた屋敷のことであろう。波多垣内(がいち)・神子(みこ)垣内の類は中国辺に多い。中国ではもっぱらカイチであったらしく、しばしば「皆地」の字を当て、また備前・美作以西に今は岡ヶ市・

岬ヶ市などと「ヶ市」の字を用いる例がはなはだ多い。おそらくはその邑落に小さい市でも立っていた地と考えたのであろう。これとよく似ているのは関東の「何ヶ谷戸」である。この文字を使用し始めた人々は、殿ヶ谷戸・政所ヶ谷戸も皆ヤトの名と考えたのかも知れぬが、他の例から押すとそれは疑わしい。鎌倉の笹目ヶ谷・扇ヶ谷の類もこれを同じである。谷をヤツというのはもちろん、アイヌ語のヤチすなわち湿地が起りで、現に常陸でも沮洳の地をヤチ・ヤチッボ、あるいはヤチッベなどと呼び（茨城県方言集覧）、会津でも下湿の地をヤチと言い（新編風土記）、江戸附近では草茂り水ある所をヤといい（俚言集覧）、佐渡でも低地水多き所をヤチ（谷地）またはフケと呼び（佐渡方言集）、信州ではさらに進んで蜘蛛の巣をもヤジと称ったそうである（これは虫の悩むことヤチのごときためであろうか）。従ってヤトもまたヤツからの再転訛か、または「ヤの処」の義ではあろうが、これをある部落の地名とする場合には当字の誤りと見ねばならぬ。ヤチは西へ行くとフケともウダともムダともいっていずれも稲田に開き米を作るにはよい地形であるから、人のその附近に住み広い区域の地名とするは怪しまぬが、家居を構えてヤチに住むとは思われず、あるいはまた附近のヤチによって住所の名を設けたとも考えられぬ。つまり谷すなわち別にサクまたはクボという地形を、何ゆえにヤチまたはヤツというかを人が忘れてしまったために、右のごとき当字が起ったのであろう。『碩鼠漫筆』によれば、上州にも何々ガイト多く、足利時代の寺の文書などには戒度の字などを当ててあるが、今は多く谷戸の二字に改めてある。土地の人の説では山間の路狭き所を何々ガイトという由、『曾丹集』の歌にある「かいとの路」はこのカイトかとある。人家のない山の入などならば、やはり谷を意味するヤツかも知れぬ。しからばまた昔の垣内ではないのである。

三七　タテ

東北六県に地名としてまた普通名詞として最も広く行わるるタテという日本語を、手近にかつ代表的に実物をもって示しているのが、常陸真壁郡下館の町である。川童駒曳の一話を伝うる武州引又宿、すなわち今の北足立郡志木の町も、古くは又館村と呼ばれ、これは北向、彼は南向の差はあるが、地形がよく似ている。ただし今日の経済生活に交渉の多い点、従って旅人の視察に興味の多い点は下館が優っている。

最初に言いたいのは館という文字を宛てられたことである。人はこの漢字ゆえにただちに武士の居宅を想像するが、館は国訓タチであってタテではない。しかも奥州のタテは古くは楯の字も用いられて始めからタテである。しからば館という字は何か因縁があるらしく見えるために存外流行したまでで、実は蝦夷の地名に漢字を代用した場合と同じく、むしろ若干の無理ある表示である。東北に往って聞いてみても、岡の尾崎をタテとはいうが館迹とは言わない。畑とか林とかの場処をさしてただタテと呼ぶのである。もし強いて細かく説明するならば、奥羽でタテというのは低地に臨んだ丘陵の端で、通例は昔武人が城砦を構えていたと伝えられる場処である。タテが必ずしも武家の住宅に基く名目でないとすれば、次には何ゆえにその多数に偶然に昔の砦の跡があるかという問題が起る。我々は 飜って常陸下館の実状によってその理由を会得しようと思う。

一言をもっていえば、下館は『日本書紀』にいわゆる要害之地である。野州の芳賀郡から向って来ると国境線上に立つ新しい町、久下田の谷田貝を起点として、正南の方へ約二里、幅は六七町の低くして細長い丘陵が、中指のごとく茨城県内へ差し入って下館はその南端にある。東の麓に迫って流れるのが五行川で、その東にやや離れて蚕養川の水が行く。今の落合は町からさらに二里弱の南方であるが、古来幾度となく水筋が変ったかと思われる。この二つの川はともにこれという源頭もなく、山野の落水を集めた川で、川というよりもむしろ沼地の澪である。利根と鬼怒川との烈しい浸蝕によって、下流の地盤を低めた結果、この辺一帯のヤチの水がこれに誘われて、その跡を水田とすることができた。五行川・蚕養川はいわば排水渠である。東京附近にも、この類の小川がいくらもある。谷の傾斜がはなはだ緩で、真黒な腐植土の泥深いフケ田を包んでいる所は、いずれも後に一方口が開けて水を搾った昔の沼沢である。これと接続する岡の端は、いかなる場合にも農村を構えるに適している。すなわち前面が開けて日射通風によろしく、雨水はすぐ流れ落ちて湿気の患いがない上に米を作り得る土地が手近にある。しこうして下館のごときはかかる低地を三方に控えているのである。中世の武人が軍略の必要からその住居地を選定する場合にも、これほど好都合の土地は多くはなかった。平和の時節に自身耕作を経営するには右申す通りである。一朝干戈の沙汰が起っても、退いて守るにはタテの方が最も良い。濠や柵などは限りある人の力になるもので、その万全を期するためには莫大の労費を要する。これが天然の足入場であれば、間近く敵を寄せ附けるまでもなく、その行進の自由を妨げられているうちに、遠矢で防戦することも容易である。近年の平城にも川や湖水のごとき天然の地形を利用することは多かったが、大名がいよいよ大きくなって広い城下町を控えねばならぬようになれば、ヤチに連なる岡の片端などに引っ込んではおられず、どうしても石垣とか二重三重の堀池とか、人間の技術をもって補充するの必要ある土地にも城を築くことになったが、昔の武士は淋しいなどは平気で、なるだけ往来のしにくい場処を探してあるいたので、つまりは城もまた多くの百姓と同様に、田舎から都会へ引っ越す傾向があったのである。

各地のタテはいずれも下館が代表するごとく、（イ）土地高燥快活にして平素の生活に適し、（ロ）水田に適する平地があって多くの農民を住ましめ得、（ハ）また卑湿にして敵の攻め寄するに不便なる低地を控え、（ニ）兼ねて展望の都合よろしく、（ホ）なお戦利あらざる場合に静かに立ち退き得る山地と一方に聯絡し、（ヘ）その上に清浄なる飲水と燃料があるのを条件として選定せられたものらしい。上州館林などもこの意味においてのタテである。常陸の中でも太田及び水戸は同じ例に引くことができる。ことに太田はよく地勢が下館と似ている。いわゆる根小屋百姓が狭い岡の麓に居溢れて、城廃せられて後次第に岡の上に移住した形などもよく似ている。領主が細長い丘陵の突端に、袋蜘蛛のように住んでいた時代には、岡を縦貫する道路は城の大手の城戸に突き当って左右に分れて根小屋に下ること、今の水戸の本町筋などのごとくであったものが、城がなくなればまっすぐに突き通して丘を降る。下館及び太田の町においてはそれが今の本通りである。信州の飯田なども岡の端の城であった部分を劃して立派な堀切があったのを、明治になって士族が集まって埋め立ててしまった。つまりはいずれの城下町でも城廓本位から商売本位に遷(うつ)るために、多少不自然な変更を加えるまでも、いったん発生した町をほかへ移すことはなく、地形の拘束を受けながらそのまま成長したものである。従って奥羽に数多きタテの中で、町にもならずに淋しく残っているものは、砦(とりで)として久しく拠(よ)るに適しなかったか、または根小屋を控えるだけの勢力を持たなかった武士、今なら中流の地主ともいうべき小名の住んでいた処であろう。もっとも町は時として昔の場処から三町五町と動いている例がないではない。総体に村は低い方へ下り、町は高みへ登って行く傾きがあるかと思う。すなわち前者は分散し後者は集合せんとするからである。しかしそれとても地形が許さずば是非がない、岡の上の平地、俗にいう高台の多いのは関東・奥羽の特色である。西部諸国では城山の形式がよほど違う。山が険阻(けんそ)で尖っていれば、仕方がないから麓に町が固まる。但馬(たじま)の出石(いずし)が城山に東南を塞(ふさ)がれ、竹田の町が西を閉されて、窮屈に固まっているのなどはその例である。丹後の舞鶴、奥州の二本松のような、馬蹄形の町もかくのごとくにしてできる。分内広くして市街が今いっそう大きくなれば、徳島・松山・宇和島などのごとく、甍(いらか)の波の中に城山が一孤島のごとく漂っている。これを島というならば東京の城山のごときは半島である。人馬の足を立てにくい蘆原の中へ、細長く突き出した丘の端に、太田道灌(どうかん)は要害を構えたのである。下館などとも、もとの形に差別はない。こちらはただヤチを乾かして、男女が多く住むようになったというばかりである。大都会の予定地としてならばこんな場処は見立てはずまい。

三八　堀之内

東京近郊の地名で、散歩者の注意すべき一つは堀之内という部落である。和田堀之内の祖師堂のごときはわずかに百年余の由来しかないのに、人はかえってこれを唯一の堀之内のごとくにも考えている。武蔵にはこの地名はことに多い。『新篇風土記稿』によって数え上げた字だけでも八十四あった。近い処では北豊島郡志村は古名を堀之内という。城址あり、城址ある村には多く堀之内の小名ありと同書に見えている。北足立郡石戸村大字石戸宿字堀之内は石戸氏の城址、入間郡勝呂村大字石井の堀ノ内は勝呂氏館址、同毛呂村大字毛呂本郷の堀ノ内は毛呂氏の館址、同村大字平山の堀之内には江戸時代にも領主村田家の屋敷があった。その他比企郡菅谷村大字大蔵の堀ノ内は、帯刀先生源義賢の住んでいたいわゆる大蔵の館の跡といい、同郡玉川村大字玉川郷、北埼玉郡成田村大字上之、南埼玉郡平野村井沼、同黒浜村江ヶ崎、都筑郡田奈村恩田等の堀之内には、いずれも城址だという口碑がある。ひとり関東の国々のみならず駿遠の境などにも多い。駿河志太郡伊久美村大字身成の堀之内については、『駿河志料』巻十二に「この村は身成本郷の地なり、今川家時代家臣の居あり。ゆえに堀之内と称するなるべし」とあり、丹波氷上郡沼貫村大字稲畑の見田堀ノ内に付いては『丹波誌』に「この山に城山あり、その麓に古堀あるゆえ今もかくのごとくいう」と見えている。堀というと今の人はただちに城砦を想像するが、堀之内は必ずしも常に戦術上のものではなかった。中古の武家は通例砦の中には住まず、戦時の防禦地は険阻の山の上にあって、平時は平地に今の大地主のようにして住んでいた。堀之内の堀はその屋敷を取り囲んだ工作物で、往々その内には田も畑もあったようである。

『新編常陸国誌』に集録せられたる鹿島文書貞治四年の請文に「そもそもかの岩瀬郷においては、本主益戸左衛門尉新田開発、後閑堀ノ内たるの間、往古より今に至るまでなんらの役なき所なり」とある。後閑はすなわち空閑である。開墾者がその特権を留保する土地の区劃を示すものでこの点から見れば堀之内は、独乙のホーフに比べられる名主の垣内とまず同じものである。古い意味の寺の境内もまた堀之内と呼ばれた。たとえば下総国府台総寧寺の天正三年の制札に「一つ寺中の堀之内陣取るべからざる事」とある（嘉陵紀行二編三）。神奈川近傍の某村の古図に、寺の領地の周囲を堀をもって繞らしたものが、これも『新風土記』に載っている。弓は袋の世の中となれば、単に地境の標識としてはまことに地面の不経済であることを皆感じて、堀を埋めまたは潰れるに任せておいて後に水田に編入し、ついには後世の思想によって狭い館址ばかりの地名と考うるに至った。下野下都賀郡小野寺村の字堀之内は古城跡の地名である。『古河志』巻下に「昔の構の堀と見ゆるは今水田にて堀之内はことごとく畠なり」とあるが、田も作れる地方であったなら畠ばかりを囲い込むはずがないから、これも今少し遠方に境堀の跡を覓むべきである。日向諸県郡沖水村大字郡元の字堀之内は、島津荘の中央に位し堀之内御所の名も残り、藩祖忠久の居住地であったという。『山田聖栄自記』に「島津御荘と申すは日州庄内三ヶ国を懐ける在所とて、庄内島津庄南郷(みなみごう)の内、御住所堀之内に御作りあり御座候訖(おわん)ぬ」と書いている。地頭手作の地として、特に区域内にまた事々しい堀を構えたのは、もちろん他の一方に用心堀の意味もあろうが、とにかく多くの堀ノ内が村をなしているのを見ても明らかなるごとく、これをただちに城址と考えるのは、まるまる何の事か知らぬ人より少しくましだというばかりの、やはり一箇の誤謬(ごびゅう)である。

三九　根岸及び根小屋

東京と横浜とに一つずつある根岸という地名は、また関東から奥羽へかけて数多い地名である。『地名辞書』には前代の地誌の説を承けて、山の根岸の義なるべしと書いてある。またそれより他の解しようもない。目撃または地図によって自分の検した数箇所の地形もこれに合致している。ただし何ゆえにこの地名がはなはだ多く発生したかについては、なお考えてみる必要がある。岸はもと水際のことであるのを、丘の麓にまで準用したのは、方言かあるいは転訛である。すなわち特にある地方またはある時代の風であったと見ねばならぬ。しこうして前者としてはあまりに分布が弘い。一方には農村の経済史もこんな地名を持つ部落の起立が比較的新しいものであることを旁証(ぼうしょう)している。その原由が少なくも二つある。第一には村が高い処から下りて来る傾向である。子供がだんだん増加してサコやハザマの田だけでは米が不足する。幸い今までの沼地に幾分か土が加わり水が退いて来たから、畔を張ってこれを仕付けることにする。すなわち根岸という村は、根岸に家を作って開発するのが便利であった土地が新田となった時代にできたものと見てもよろしい。何となればかかる地点が経済上なんらかの意味を持って後始めて命名の必要が生じたはずだからである。第二の事情は荘園が小さく分裂し、多くの小名が各自館を構えて兵備を事とする際、家来と農夫とを手近くその保護の下に置いたことである。すなわち次に言わんとする根小屋とともに、根岸もまたただの丘陵の根ではなく、ある武家の占拠したタテの地の根際であったらしい。根小屋の小屋は屋形または殿に対する小家で、すなわち領主配下の農民群のことかと思う。同じく関東の地名に、

　下野那須郡那珂（なか）村大字三輪字禰柄蒔（ねがらまき）
　同　同　下江川村大字熊田字ネガラ町
　常陸多賀郡華川村大字花園字根加良満里
　下総海上郡椎柴村大字塚本字根柄町
　同　香取郡神代村大字小貝野字ネガラミ
　武蔵都筑郡新田村大字新羽（にっぱ）小字根久留見
　同　南多摩郡加住村大字北大沢字根搦（ねがらみ）
　相模中郡南秦野（みなみはだの）村大字平沢字根搦

などというのは、多分また岡の麓にある民家の地であろう。カラマルという方言は『万葉』

巻二十の武蔵の防人歌にも見えている。岡に沿うことをカラムまたはカラマクともいったと思われる。城の二つの入口を大手・搦手と呼ぶことはここから説明が附く。古くはこれを遠戸・近戸と言っている。正面は平坦であるから門をなるだけ遠方に置き、外人の進入にひまを取らせる。いわゆる遠侍・遠廐はその方面を守らせたものである。他の一方には裏口の崖を斜めに、樹隠れの嶮岨を降って出る路が近戸である。根搦へ下りて行くからすなわち搦手というのであろう。これは古い世からの風習のままらしく思われる。

根小屋が城下の村であることは、各地の根小屋村に必ず城山を控えているほかに、まだ多くの証拠がある。相模津久井郡串川村の大字根小屋について『新篇風土記』には「按ずるに根小屋はすべて番手根城など建つる所の通称にて往々にしてあり、中頃津久井城ありてよりこの村の名は起りしなるべし」とある。駿河駿東郡浮島村の大字根古屋については、『新風土記』に「北条早雲の居住せし興国寺城この地にあり」とある。これだけでは城址のことか城址の麓のことかよく分らぬが、同じ『新風土記』に駿州安倍郡久能村大字根古屋を説明して「根古屋は城下の在家のことなるべし、久能城の下にあればかくいうならん」と見えている。『上総町村誌』の夷隅郡長者町の条に、この町から今の上瀑村へ掛けての八大字（七町一村）は、相連って一つの市街地である。もと大多喜城の根古屋と称し城下町であったとある。

武蔵の根古屋については、『新篇風土記稿』の都筑郡新羽村の条に「この村を一に根古屋庄という、小机古塁に近ければにや、根古屋というは塁砦の通称なりという」とあるが、一方に北埼玉郡騎西町の条には「武家屋敷の集まりし所を根小屋という」とあり、同書に引用した南多摩郡浅川村大字上椚田原宿飯縄神社の文書には「八王寺御根小屋に候の間薬師より山内の山の竹木伐るにおいては曲事たるべきの旨、その時分より仰せ付けらるるの処云々」とあり、比企郡松山町岩崎氏の古文書にも「松山根小屋の足軽衆云々」と見えている。さらに根小屋の語が遠く九州で用いられた一例がある。『肥後国誌』巻十三に採録した『響原合戦覚書』に相良家の軍評定のことを記して「いよいよ覚悟を究めたる籠城ならば、宿城、根小屋を焼き払い、そのほか近辺の在家をも自焼するは籠城の法なるに云々」とある。右の宿城と根小屋との区別のことは、『金沢江戸道中記』の上州倉賀野駅根小屋城跡の所にこう書いている。曰く、根小屋とは山城に町の附きたるをいう。宿城とは平城に町の附きたるをいう云々。根小屋という地名の元の意味は定めてこの通りであろうが、後には単に城に保護せらるる所というまでになったようだ。たとえば江戸城のごとき半ば平構えの城にも、やはり一つの根小屋があった。山林局の宮崎君の話に、西河岸から北竜閑橋の堀筋の辺までを、以前は根小屋と称えたものらしい。あの辺に大工のカンナに使う樫の木のごとき、いろいろの器具用の材木を売る商人が昔から住んでいて、その取り扱う商品をば今でも根小屋物と呼んでいるという。

　根小屋とよく似た地形をまた寄居という。寄居も多くある地名で城のある地である。文字から推測すれば城下のことらしいが、これと根小屋といかなる差別があったかを知らぬ。中国以西ではまた山下という。サンゲは疑いもなく城山の下ということである。岡山市の東西中山下は人もよく知っているが、備中高梁にも内山下、美作津山にも山下、その他村々に同じ地名が多い。作州英田郡海内村田中氏の文書には、宛名を安土山下町中としてある。百年前に成った『阿州奇事雑話』に「徳府（徳島）の御山下にも飛脚等に来たりし人ありて」とか、「御山下島々所々一体に言い伝うるは」とか、城下のことを皆サンゲと言っている。山城綴喜郡宇治田原村大字岩山字山下は明治七年まで独立した一村であった（郡誌）。法師などの言い始めた漢語であろうが、山の下に構成せらるる村は城持が多かったため、根岸、根搦と同じく特定の意味を含むようになったものと見える。

城に最も接近した城下町の一部分を片原または片羽というのも同じ例で数がはなはだ多い。鹿児島県の各村で士族の居住する区域を必ず麓と呼ぶのも山下と同じものである。麓の中心にある一敷地を御仮屋という。仮屋は東国に数多い狩宿・仮宿と同じで、領主またはその定使が来ては事務を視る処である。古くはこれを政所といった。薩隅の御仮屋は多くは小高い形勝を占め、士屋敷のこれを繞ること根小屋または山下の城山に対すると一様である。肥後などで椁というのは構のことかと思うが、実際はまたその外廓すなわち麓に当る区域をさしている。たとえば肥後玉名郡府本村、これは小代山の西麓であると同時に、土豪小代氏の掻揚城の根小屋であったようである。

四〇　土居の昔

播磨の方言に堤防のことをドエという。これは土居の転訛に相違ない。堺などの置土をドイということは西部諸国一般の風である。『静岡県方言辞典』にも、ドイ、土手のこととある。ただしこの県伊豆の東西の海岸におのおの一所ずつある土肥は、これとは別物であろうと思う。陸軍の五万分一地図を見ると、中国から四国へかけて土居という字・大字がはなはだ多いが、土手を意味するドイをもって果してこの地名を説明することを得るか否かは一つの問題である。あるいは土居または土井という村はドイすなわち土堤をもって囲んだ中に住んでいるための名と速断する者もある。なるほど稀には土居の内の称ある村または字がある。たとえば『因幡志』の今の岩美郡倉田村大字蔵田の条に、八幡宮の社地は今の社よりはるかに東へ通りて広大なり。今その旧境を土居の内という。社職三十余人甍を並ぶ云々とある。しかし城壁をもって囲まれた小邑落が、中世日本の田舎にかように多かったとは思われず、実際かりにそうであったならば多くの土居が単に土居とのみ言って土居の内の少ない理由もない。因幡にはことに何の土居という地名が多く、普通小さな部落の名であるが、周囲に土堤があるというような顕著な地形は記述せられておらぬ。次いで伯耆は『伯耆志』に今の西伯郡大国村大字新庄の一字に土囲と呼ぶ地がある。これには空隍の跡がある。出雲でも『雲陽志』、今の八束郡上川津の条に、伝えて多賀備中守信忠の屋敷跡という地を土人は土井と呼ぶ。三方は堀で石垣の跡がある。同じく仁多郡の大内原に土居、これは三沢為清が亀嵩の城を築く前三年の間居住すといい、土居とは屋敷のことだと言い添えてある。簸川郡塩冶村には塩冶判官の屋敷跡と称する地、これを判官の土井と呼び今に至るまで民家を作らぬ。これは一町四方に土手を築いてあるという。長門では『長門風土記』に、豊浦郡阿川村字土井、昔某氏の大屋敷なり、これを御土居と唱えしを後世土井と誤ったという。阿武郡田万崎村大字江崎の字土居についてはこうも書いてある。当所は先年益田河内様御田屋御坐候事(以上)。田屋という語は後にはいろいろの意味も添わったが本来は漢字の荘に当る語で、田舎の領地内に作りおき農業事務所とも名づくべき用に供したもので、古くは政所ともいったものである。東国の仮宿・狩宿、薩隅日の御仮屋も、領主巡視の折の休憩所の義に出でたものであるが、実は代官ばかり入部するから結局同じことになる。土佐などでは近い頃までこの政所を御土居と呼んでいた。伊予の土居は土居得能氏の土居ばかり早くから有名であったが、あの辺を旅行した人はよく知るごとく、阿波・土佐の山村にかけて土居と言う村名が無数にある。『小松邑誌』巻十三には伊予各郡の土居構五十三所を列記している。いずれも河野家の家人であるらしい。たとえば越智郡では鳥生の土居構には鳥生氏住し、野間郡池原の土居構には池原氏おり、温泉郡桑原の土居構には桑原氏おり、同じく松末の土居構には松末氏住みて、一にまた松末館とも書いてある。これをもって見れば、土居は決して近世にいわゆるドイをもって取り囲むことを要せず、単に武家の屋敷というに過ぎぬようである。四国の境山の地形を知っている人は、おそらくはこの辺に土手を築く必要のなかったことを認めるであろう。土佐にはたくさんの実例があるがかりにその一例を挙げると『土佐州郡誌』安芸郡土居村の条に、方言に邑中の堡城これを土居という。この地安喜氏の旧塁ありゆえに名づくとある。これらを考えると土手をドイということは、全然屋敷の土居とは関係なきかまたは後になって意味が変化しただけで、ドイをもって囲んだから土居だという説は成り立たぬ。この土居の地名の多く存している中国・四国の村々に入り、その地形を審かにしつつ昔からの生活を考えたら、多くの面白い事実が発見せられることと思う。東北のタテには今は民居の絶縁したものが多いが、土居の方はそうでないのは、多分は農業組織の差異がしからしめたのであろう。

四一　竹の花

『袖中抄』に引くところの古歌、「我のみや子持たりと思へば武隈のはなはに立てる松も子持たり」、『拾遺集』に「高砂の尾上に立てる」とあるのは、普通の耳馴れた詞に詠み改めたものであろう。武隈の塙の松は有名なる奥州の歌名所で、古来人のもてはやす所である。今の岩沼の停車場の案内札に竹駒神社これより何町とかあっていたって近く、近世になってたびたび相続の松を栽えている。あれを昔の武隈としてもこの話には差支えがない。真偽とかくの論はあるが自分の見るところによれば「高砂」と同じく必ずしも一定の場所の地名ではないかも知れぬ。従って多くの「武隈」の松が名乗って出で得るのである。武隈という地名の起原は、一説には下を流るる川の名と同じくもと阿武隈(あぶくま)であったのが、阿の字脱落して読み方を誤るに至ったのだろうとあるが、あまりに文字に拘泥した説明である。思うに阿武隈または武隈の名はともに中国以西に多い久万(くま)もしくは何限という地のごとく、水流の屈曲している地形を意味する普通名詞であろう。『新撰字鏡(しんせんじきょう)』に「岸久万、また太乎里(たおり)、また井太乎利、曲岸なり」とある。ただしクマもタオリもともにまた山についてもいう語であるからこれは単に彎曲(わんきょく)というだけの意味であったと思う。しこうして武隈はすなわち高隈かも知れぬ。そうすれば塙(はなわ)というのによく合する。清輔(きよすけ)『奥儀抄(おうぎしょう)』のこの歌の註にも、「武隈のはなはとて山の差し出でたる処のあるなりとぞ近く見たる人は申せし」とある。通例クマといえば岸と平らな低地であるゆえ、水に臨んだ丘陵の端を特に高隈と名づけかつ遠方からも望み得るゆえにそこの松を見たとか見ぬとか歌に詠んだものと思う。塙の字は多分は和製の合意文字で、土の高い処がすなわちハナワであることを証している（アクツを圷と書くのはこれと対している）。『落葉集』巻一に、ハナ山、山の差し出でたる処をいう、塙に同じ。ハナワ、塙と書けり、山の差し出でたる処なりとあるのはあるいは『奥儀抄』によったのかも知れぬが、現今常陸稲敷(ひたちいなしき)地方で高い地所をハナワというのは事実である（茨城県方言集覧）。処によっては花輪と書きまたは半縄と書くのも多い。あるいは猪鼻(いのはな)または竹鼻などともあって、岡の端を鼻という方へ持って往ってあるが、自分の知っている下野益子(しもつけましこ)の西の塙などはきわめて緩傾斜で鼻などはない。また川岸に沿った長い丘陵などもある。このハナワなどはアイヌ語だといってもたいてい誤りはあるまい。アイヌ語の Pana-wa は Pena-wa に対する語でワは「より」、パナは下、ペナは上である。パナワとはすなわち「下から」という意味である。日当りがよく遠見がきいて、水害を避けつつ水流水田を手近に利用し得る地勢だから、人が居住に便としたに相違ない。猪鼻台などのイはすなわちイナカのイであって民居ある高地と解せられ得る。竹鼻または竹ヶ花という地名が武蔵を始め諸方の川辺に多くあるのは、風害・水害を防ぐと同時に家を隠し遠目を遮る昔の田舎武士の武備であろう。土佐の旧記『大海集』に幡多郡塩塚村の里の平城を記し、北の山城切三方低く遠近の流れあり。エノハナを築きてはヌマとなりまんまんたる地なるべし。東西は深田地あり、昔は大竹原にも山つづき掘り切りけんとある。ヌマという語はここには古代の意味に用いている。深田すなわち沼沢の地に突入せる山の尾を掘り切り、一朝堤を高くすればこの堀に水を溜めて要害となし得たことをいうのである。城の傍らに大竹藪を構えたという話は多くの書に見えている。竹の花という地名のよく戦記に出て来るのは注意すべきことである。岩沼の竹駒のハナワもあるいは古の竹の花でないともいわれぬ。ただし東北には大きな竹はあまり繁茂することができぬようである。

四二　八景坂

大森停車場の上の八景坂はどう考えてみても八景一覧の地とは思われぬ。近年たびたびの土工などのためにやがて地形も不明になろうから、今の間にあの地名の何を意味するかを確かめておこう。自分の見るところでは八景坂の八景は単に上品な当字であって、ハッケまたはハケは東国一般に岡の端の部分を表示する普通名詞である。武蔵には特にこれから出た地名が多い。甲武線の附近ではたとえば小金井の字峡田、調布町小島分の字峡上、谷保の字岨下。北郊にあっては田端の字峡附、岩淵町大字袋字峡通りの類、多くは古くから峡の字が用いてある。『武蔵演路』巻二、豊島郡峡田領の条に、当国の方言に山の岸または丘陵の片なだれの処へ作りかけたる田を、ハケ田というとある。また『新篇風土記稿』の入間郡下安松（今の松井村大字）の条には、多摩郡山口村の辺より新座郡引又町（今の北足立郡志木町）の辺まで、すべて峡つづきゆえに高くして南の方は柳瀬川のへりに傍いたれば低しとある。「峡つづき」の台地の外縁であることは往ってみればすぐ判る。峡の代りに岨もしくは※（山＋圭）の字も用い、西多摩郡平井村の字では欠の字をもってハケに当てている。相模の原野地方にも武蔵野に似た地形があるが、ハケまたは※（山＋圭）の字を当てた例が多い。これらの漢字はさまで研究した用法でもあるまいから、いちいち『竜龕手鑑』などを検してみるだけの必要もなかろうが、とにかく文字の方からもある状態を現わそうとした努力だけは見える。しかし他の地方においては多くは羽毛・端気などと音を画くのをもっぱらとしている。ただ一つ利根川の上流に（上野利根郡）久呂保村大字川額と、額の字をもって川の高岸を表わしたのは例外で、思川の川筋には（下野上都賀郡）板荷村字川化または大川化などと化けるという字が当ててある。東北においてはハケよりもハッケの方が多かったと見えて、八慶または何八卦などという地名が少なくない。八景とあるのもいくらも見かける。ハケとハッケと別物でない

ことは、『茨城県方言集覧』に、

バッケ　多賀地方にて崖のこと　また他の地方にて山岡などの直立せる崖

イワハケ　岩の傾きたる岨

とある。岨という標準語は普通水流に臨んだ高岸にのみ用いられるが、もし下が湿地平田等何であっても構わぬとすれば、ハケはまことにこれに相当している。尾濃以西の諸府県ではほぼこれと同じ地形をホキというのと、子音も共通であるからおそらくは本は一つの語であろう。アイヌ語の中にも偶然かも知れぬが似た語がある。『地名辞書』続編に国後島の大八卦、一名ノポリパッケ、島中第一の高山なりと大槻氏『風土記』に見ゆとある。ノポリはすなわち山であろうからこのパッケも切崖のことかも知れぬ。『バチェラア氏語彙』には、Pake = the head（頭）サパ（頭）に同じとあるが、永田氏の『蝦夷語地名解』には釧路白糠郡ペシパケ岬、ペシは崖、パケは端、平なる山側とある。また北見常呂郡ニクルパケ、ニクルは樹蔭、パケは端、林頭と見えている。もしこれが根原であったとすれば、ハケとばかりで山の端、岡の端をいうのはソワ（側）とかイリ（入）とかほかに類例のない話でもない。また禿から来たのだろうと言う人があるか知らぬが、濁音の盛んな地方で二つの語が併行している上にハケは多くの場合に禿げておらぬのである。この地名の発達し分布したのにもまたしかるべき仔細があった。すなわち日射・通風・水利から、交通・防禦の便宜までが、やはり中世人の居住経営に適したために、古くからこういう地形を注意することが深かつたのであろう。

『吾妻鏡』文治五年九月十二日の条に、奥州征討の将軍が傔仗次の波気に宿したとある。これなどがハケという語の初見である。『旧蹟遺聞』以後の研究者は、これをもって今の岩手郡厨川村の字八卦に当て、吉田博士は「波気」の下に「家」という一字が落ちたのだろうといわれた。しかしこの頃の武家が諸処のハケを求めてこれを住宅としたと仮定すれば、その邸を直接に波気と呼んだと見ても不自然ではない。要するに八景の見当らない大森の八景坂は、岡の上（ハナワ）の村里から浜辺へ下りて行く坂のことで、風流という物を知らぬ人の附けた名だ。この坂一名をヤゲン坂、ヤゲン坂は八景をヤケイと呼んでからの誤りだろうという人もあるが、これも素読学問時代の臆説でヤゲンは語のままに薬研のこと、久保を利用した緩傾斜の坂であったがゆえに、両側が高かったからの命名に違いない。古くはこういう地形をウトウ坂と呼んだものが多い。

四三　新潟及び横須賀

わが邦海岸の風景を攻究せんとする人々のため、自分は試みに新潟及び横須賀という地名の由来を考え、できるならばこの二つの名の関係を明らかにしてみたいと思う。カタもしくはガタという地名は太平洋岸にも愛知潟・平潟などの古い例はあるが、まずは日本海海岸に特有なものである。この方面においては、北は津軽の十三潟、秋田の八郎潟から、南は筑紫の香椎潟、宗像に及んでいる。北国においては、ガタとはまた平地の湖を意味する普通名詞である。しこうして多くのガタはその一面がはなはだ海に近い。海とガタとを隔絶するところの陸地は、おおむね幅の最も狭い砂浜であり、その上往々にして水がその海と通っている。この事実から推せば、ガタは英語のラグーンに宛ててよろしい語である。しかるに地理の教員はLagoonを特に潟湖などと訳させて、ただの潟と区別しているのはなぜだろうか。おそらくはガタという日本語が夙くより東西の海岸において意味の差異を生じていたのを知らずに、一を採り他を退けたためだろう。全体ガタに潟の漢字を宛てたのが古人の誤りかと思う。あるいは干潟という語は古くあるから東海岸でいうカタの方が本来の意味だというかも知らぬが、干潟はすなわち潟の干たのをいい、むしろただのカタの乾いておらぬことを証する。それを理由にするのは、白熊という語があるから熊は白いというと同じき無茶だ。

前年越後から羽前・羽後へ掛けて旅行した時、信濃川、阿賀野川を始め大小多くの川が、海に入らんとする所で必ず少しずつ右すなわち東北の方へ屈曲しているのを見て、すべてこの海岸には西南の風が強く、かつ多いのではないかと考えたことがある。『筑前続風土記』の巻一にも、国中の川の末北海に入る所はその流れ多くは東へ曲りて海に入る。それゆえは西北の風強くして砂を打ち上げて川口を塞ぎ埋むれば、その水ただちに海に入ることあたわず、川口にて東へ曲り流るるなり。ただし遠賀川は大河にて水流盛んなればしからずとあるのを見て、いよいよそう極めていたのである。しかしさらに細かく考えてみると、物は単純には断ずることができぬ。この場合には少なくもなお二箇の観察すべき材料が残っていた。その一つは砂嘴を構成する砂はどこから来るかということ、二つには川口の附近に何か風位に影響すべき地物がないかということである。まず前者から言うならば、いわゆる浜の真砂はすべて皆石川によって、内陸の方から運搬せられる。その川自身が志賀先生のいわゆる中流をもって終る川であって、海まで砂を持ち来ることができるならば、つまり最も手近に材料があるのである。ゆえに貝原翁の言うごとく、逆風がいったん沈んだ海底の砂を巻き起し、これを川の出口に布列せしむることができる。紀州の新宮川のごときもその一例で、水のすこしく落ちた季節には何度となく川口を砂で塞ぎ、これを掘り切らねば海の船を呼ぶことがならぬ。しかしこれだけならば今一段と大きな川では、筑前遠賀川のごとくその害を免れ得るはずである。信濃川などもよほどの洪水の時のほかは、砂は大部分中流の両岸に落ち付くから、あれだけの大砂山を作るに十分なる砂は供給し得ぬ道理である。思うにこの場合には向い風よりもむしろ横吹きの風が多く働くので、他所の川口の砂を持って来てそこに置くらしい。遠賀川の川口が塞がらぬのは、水量が多いためのみでなく、自分の川の砂が乏しく、横吹きの風が弱くあるいはその他の理由で、砂の運搬が少ないからであろう。小さい磯山川でも砂持の力は存外大きく、また存外遠方まで運んで行くものである。薩州西海岸の南部すなわち日置郡の旧阿多地方の吹上はすばらしいものである。二三十年の砂防林の松が頭だけ埋め残されて、栽えたばかりの小松のように見える。近頃まで土地の人は見もしないくせに、この砂は支那の揚子江の砂だなどといっていたのを、何とかいう雇外国人が来て、これはことごとくこの国北境に近く流るる川内川の砂、すなわち霧島の西側から出るものだと断定したという。すなわち川の口からいったん甑島の列島まで押し出した砂を、さらに北西の風と浪(なみ)とが打ち返して南隣の迷惑の種を積むのである。この点は論より証拠、砂の検鏡または分析をするまでに学問が進めば判ることである。次に第二の点において、砂嘴の方向と測候所の風位報告と合わぬことがあってもこれも驚くに足らぬ。前の甑島の例でも察せられるごとく山の上の風見の鴉(からす)ばかりでは砂の行く先はきめられぬ。島または山に吹き当てた風は必ず屈曲する。これを日本の古い語ではシマキといっている。シマキは多分島巻の義で、越前の荒島岳などのように内地に屹立(きつりつ)した山でも、やはりこの現象が深く注意せられ、こうした山にはよく風の神が祭ってある。駿河の久能の山彙(さんい)あるいは越後の弥彦(やひこ)のごとき海に面して横たわり臥(ふ)せる山ではかりにまともに沖から吹き当てる風でも、この山の附近においては横に流れて浜に沿うた風となる。また一処ばかり海中に突き出した岬の山があるとすれば、これへ吹き付ける海風はいかなる方位でも、その反対の側面においてはその岬端に引いた切線の方向に走るから、風位が常にほぼ相似ている。有名な千葉県の九十九里の浜でいうと、北は飯岡の鼻から南は大東(だいとう)の崎まで、永くあの曲線に似寄った風ばかり吹いていたのである。かの地方のことは後にも言おうと思うが要するに川口の一方に曲るということ、または多くの天橋立(あまのはしだて)のできる原因は、その地または近県に砂を持ち出す荒川のあることと、風位を統一するような地勢を具えた島、または海岸の山のあることである。いわゆる主風(Prevailing wind)の特質は動力としては第三に位するかと思う。越後蒲原(かんばら)地方の川について考えてみても、川口の北へ曲る理由は、一つには海府(かいふ)地方の浜には砂が乏しく、幸便の風はあってもこれに托すべき北からの荷物はないに反して、上越後の方にはいくらも砂を出す三流四流の川が多いから、砂嘴が南の方に根を持ち得るのかも知れぬ。

それから潟の発生に説及ぼしてみたいと思う。川口の砂浜がすでに必ずしもその川の搬出した物でないとすれば、もちろんさしたる川の流れて出ぬ海岸にも、右のごとき砂嘴はできるはずである。汀（みぎわ）の屈折した静かな入江、ないしは海沿いの低地の地先に、砂の堤がおいおい高くなって来ると、それから内側はすなわち潟である。荒浪が幾度となくこれを毀（こわ）しているうちに、あるいは松が生えるとか人が来て工事をするとか、何か他の力が加われればその堤が永久の物となり得る。あるいは一時砂浜が大変高くなって、その高さそれ自身が永続の原因となることもあろう。地図で見ると中国の沿岸などに寄島とも名づくべき島がある。島の長さに沿うて内側へ砂嘴が延びる。陸の方からも遠浅になって、飴（あめ）などをむしったように砂がつづく。その上を人が渡るようになる頃には、いずれか一方の入込みの深い側が浪のやや静かな小湾になる。相州江の島なども今に橋が不用になるかも知れぬ。長門（ながと）の萩の笠島なども その例である。湾になって内から大浪が通り越さぬようになれば、そのまた口に今一つの砂嘴ができようとする。越後の弥彦山などはその記録があってもなくても、元は島に相違ない。その島のまず陸地と続いたのは、おそらくは寺泊（てらどまり）・出雲崎の方面で、東は今の十三潟のような大きな入海であったのであろう。信濃川の水はいかに多くてもあれだけの広い低地を充たすには足らない。ゆえにその両側に川と独立して多くの潟ができたのである。そこでなお少しく北海の諸国の潟の成立について考えてみて、それから横須賀という地形に説及ぼしたいと思う。

天橋立という語は、小式部内侍（こしきぶのないし）を始め多くの人が歌に詠んだほかに、『釈日本紀（しゃくにほんぎ）』に引用した『丹後風土記』の文にも見えているが果して今の地を指した地名か否かは疑いがある。それはハシダテといえば梯（はし）を立てたような嶮しき岩山をいうのが常のことで、その梯が倒れて後にこれを橋立というのは不自然なるのみならず、『風土記』に大石前（おおいそざき）とあるのが今と合わぬ。これはむしろ湾の外側の岩山のことであったのを、名称と口碑とがいつか湾内の砂嘴に移って来たものと見られる。現在の橋立の名前としては、今では山上の寺となっているところの成相（なりあい）の方が当っている。しかしずいぶん有名な語になったものだ。加賀江沼郡の橋立村なども、百二三十年前までは黒崎から西北に、海中へ二百間ばかりも突き出した懸崖（けんがい）の石崎であったゆえに、それが崩壊して後までも地名となって残っている。同じ丹後の中でも、但馬（たじま）に接した久美浜の入江などは、規模が総体に宮津湾口のものより大きいにもかかわらず、偏鄙（へんぴ）で見に来る人が少ないばかりに、土地の人までが遠慮をして小天橋などと名乗っている。これらの例もあるから、今となっては潟の外郭をなす砂嘴はすべて丹後同様に橋立と呼んでおくのが便利かと思う。

多くの橋立は海の都合風の都合で今日でも切れたり繋（つな）がったりする。地形の一定せぬことは驚くばかりである。与謝海（よさのうみ）の本家本元でも、あの切戸がしばしば塞がったり壊れたりなかなか厄介であるそうだ。従って潟発生の時代も一様でない事はもちろんである。ただしその歴史を側面から闡明（せんめい）する材料はまるでないでもない。久美浜の橋立なども目下まったく民居なきにかかわらず、石器時代の遺物が多いほかに弥生式その他の土器が出る。さらに古銭を掘り出したこともあるといって、同地の織田郁次郎氏がこれをたくさんに持っておられた。伯耆の夜見浜なども、寛永十六年の大水を始め数度の地変を経歴し、今の浜の目十八ヶ村は多くは三百年来の新墾であるのに往々にして陶器・古刀を発掘しまた古墳に打ち当たることが多かった。崩してはまた盛り上げた砂浜ではあるが、大昔の黄泉への通路はやはりこの中央部を縦貫していたのかと思う。かくのごとき地形は古代の孤立部落にとっては、存外便利なる居住地として選択せられたとみえる。その理由を尋ねると、小船さえあれば平和なる交通に差支えないと同時に、敵人には近寄りにくい場所であったからで、しかも水産物の採取にはこの上もなく好都合で、船越の便があるために淡鹹の漁業を兼ね行い得る。耕作に重きを置かなかった海部種族などが逐次に内陸を経略するには最も形勝の地と認めてよろしい。砂浜もまた交通の点から見ても思い掛けぬ淵や切崖に臨んで迂回せねばならぬ場合に比べると、砂浜の方が見通しが届いて多くは近路である。ゆえに一旦の高浜が小松など生立ちまずは崩れぬものときまれば、単に附近の住民でこれを使用するのみならず、大きな官道もこちらに定められ、出村・新在家ができる。駅が設けられる。そうなればいよいよ崩れぬような人工も加わって行くのである。越中の布勢などは大伴家持の時代からすでに潟で、その岸は街道であった。その東の奈胡浦は後世の放生津である。浦というからは大いに海と通っていたのであろう。近頃の河川工事でまた面目を改めたがそれ以前にすでに完全なる一つの潟で、潟と北海の浪打際との間、広きは百間狭きは五十間ばかり、高潮の時は外波が湖中に打ち入り、駅路の交通ができなかった。貫之の歌に汐越ゆる越の水海とあるのはこれかと言った人もある（遊囊賸記巻二十四）。羽後の象潟などは、百年前の鳥海山噴火以来、まったく水田に変じて当年の美景はないが、今もこの汐越が町の名となって残っている。これもまた潟と海との間を通路としたゆえにかかる地名が永く伝わったのである。能登は潟を研究する者にとって最も趣味のある国である。半島の東側面には方言に澗と称する大小の入江が多く、西海岸は反対にほとんど一続きの砂浜であるが、その砂浜に尻を塞がれて今も小さな潟が残り、東西両面の地貌が古くは同じようであったことを示している。羽咋川をもって海と通う千路潟、福野干瓢の産地たる福野潟のごとき、いずれも西南の寄砂のために澗の口がだんだんに潰れた例である。これもさまで古い事ではなかったとみえて、山に沿うて中通りという一筋の路が残っている。「能登はやさしや土までも」と歌ったのは、西海岸の砂嘴がまだ完成せぬ前、中通りの山路を三崎へ往来した時代のことである（能登名跡志）。この点だけは駿河東部の官道の変遷と似たところがある。富士川の津を今よりも上流へ登ってから渡り、十里木越をして須山から足柄道へ出た古道は、やはり鉄道の通っている今の海岸の砂原があまりに浮島の原であったために、いっそのこと思い切って山に入ったので、伊豆の国府の道順を考えると、海岸を通れるものなら箱根路の方が、早くから便利であったのである。

　ほかにも話の種は多いがとにかくこの一篇の結末を附けておこう。入海の口に砂嘴が成長すると、その内側の光景の変化することはひとり水の鹹淡ばかりではない。潟に入り込む川は淡水を運び入るるのみならず、土をも砂をもたくさんに持って来る。入江の水が外海から隔絶して静かになれば、その影響は川口よりはるか奥に及び、粗い川砂を早く上流の方で沈澱させて、細かい泥のみが多く来る。岸にはいろいろの水草が繁茂し、朽ちてまた泥を作る。従って周囲からはおいおい浅くなる。十三潟・八郎潟の湖岸が次第に田になって行くのは、すなわちこの種類の排水であって単に水の溜まる場所を狭くしたのみで水を落したのでないから時々の出水を免れぬのみならず、常からきわめて卑湿である。こんな土地を奥羽ではアイヌ語を襲用してヤチと呼び萢の字などを宛てている。北陸では多くはフゴという。すなわち東国などでいうフケ田のフケである。山陰の諸国ではウダという。九州のムダと同じ語であるらしい。根子掘と称して泥炭を採る習慣、坂鳥または坂網といって鴨を猟する生活なども、海岸の淡水漁業とともに、かくのごとくにして潟の周囲の地に起ったのである。越後の蒲原地方などのように、無理をすれば水田も広く作ることができる。ただだいたいの趨勢から考えて、新時代の我々のためには潟は決して快適の地ではない。我々は平忠常でないから別にこんな要害の地を求める必要がないのである。ただまるまる海であるよりははるかに利用に便だということを、人口の溢れる現代としては大いに珍重し、さらにまた水蒸気の変化に基く風光の美しさをもって、この辺の生活の楽しみとすべきである。

さて飜って東方の海岸にこの種の潟の少ない理由を考えてみるに、第一には潟の下地をなすべき入江または潤が少ない。備前の児島湾や土佐の浦の内のごとき海曲でも底からあせて行く傾きはあるがまだ口を塞ぐまでの砂が寄らぬ。また駿河もしくは上総の海岸のように砂嘴の十分に発達した地方でも潟を構成する前に水が排出せられてしまう。上総の海岸などについていうと、成東から大多喜までの丘陵地の外に、これとほぼ平行して幾筋かの低い砂丘と湿地とが波をなしているのは、右の経過を記述するもので、いったん砂が押し寄せて川口が屈曲するとその次の大水はこれを突き破って直通し、旧河道を廃物としかつ幾分かその水を排水し、さらにその外に出てまた屈曲し始めるのである。かの地方で魚屋（なや）というのは、内陸から浜に出て漁業をする場所であるのが、その魚屋すでに海に遠ざかってただの農村の字となっているものがある。これはつまり太平洋岸の陸地が次第に高まることを意味するもので、この点日本海岸とはまさしく反対である。北海の水位が高くなって来て土地の沈んだことは、いろいろの事実によってこれを認め得る。同じ砂浜の力でも状況が異なれば、結果に大きな相違ができる。新潟の発生するような状況の下にあっては、いつまでも上総で見るがごとき横須賀は起らぬ。須戸または須賀と呼ばれる地形はすなわち東の海岸の特色である。

四四　カクマその他

越前大野郡石徹白（いとしろ）などでは、上と下と二つの平地の間にある急傾斜地をハバといい、急傾斜地の上方にある緩傾斜地をタナという。谿（たに）が急に広くなる処をオーギという。これは地形が扇状をなすからであろうと思う。ただしいずれもこの山村にのみ特有の語ではなかろう。またこの村から石徹白川に沿うてやや下ると下穴馬（しもあなま）村大字角野（かくの）前坂と同村大字朝日前坂との二部落が、川を隔てて相対立している。角野前坂は川の東で西に面し、朝日前坂は川の西岸で東に面している。それからなお二里余の下流で、ちょうど九頭竜川（くずりゅう）との落合いの辺に、また同村大字角野と大字朝日とが、九頭竜を隔てて同じように相対している。大字角野は銅山のために起ったらしい村で、型のごとき陰地である。しこうして前の角野前坂とはなんらの関係がないという。朝日という地名が朝日をよく受ける特徴からできたことは地形だけからでも疑いがない。これに対するカクノのカクは、あるいは「隠れる」などの語と縁のある陰地の義ではあるまいか。関東・東北に多い角間（かくま）または鹿熊など書く地名も、これと同事由かも知れぬ。川の隈だからとは説明しにくいカクマもずいぶんある。もっとも山の北または西に当る日影に乏しい処は、東国ではアテラというのが普通である。大和・伊勢でこれをオンジと呼ぶのは陰地の音読らしい。

四五　ダイ

ダイと言う地名の語は、音は同じでも地方によって、少なくも三種の異った意味をもっているように思う。東京で白金台（しろがねだい）とか小日向台（こびなただい）とかいうダイは、河沿い海沿いの段丘のごとき、上の平らな高地のことで、高台（たかだい）と言う語もあり、既墾の地は台畑（だいばた）などとも言っている。このダイは多分は文字通りに物の台などと似寄っているからの名であろう。文字も常に台の字を用いている。河内・和泉その他畿内の国々では、ダイというのは他の地方で組とか坪とか区とか言うのに該当するらしく、上代（かみだい）、下代（しもだい）、東代、西代などと対立するものが多く、文字は常に代の字である。その意味はいまだ判らぬが事によると、耕地の一区域をシロと言ったのが元かも知れぬ。

第三には岩手・青森・秋田の諸県において、ダイと言うのはまた格別で、文字は台または代の字もないではないが、普通岱の字また堆の字を書き、平の字を当てている例もまた多い。このダイだけは往々にして夕は清音である。山村に入ってみるとタイがサワに対した称呼なることが判る。すなわち鯨岱・鯨沢と言うように一の固有名詞が岱と沢とに附いて併存している。あたかも中国地方でウネ（畝）とタニ（谷）と対称せらるると同じで、自然タイの地形も知られるのである。このタイはアイヌ語の残りのようである。バチェラア氏の語彙によれば、tai タイ= forest 森とある。金田一君の説に従えばこれは少し誤りで、タイとは傾斜地のことだと言う。木のあるタイは特にニタイという。陸中胆沢郡姉体村または陸奥二戸郡姉帯村などのアネタイなども、狭い傾斜地を意味するアイヌ語と解せらるるという。かつて逢った秋田県の人に何平とか書いて平をサカと訓ませた苗字があったことを記憶する。平をサカというのは不思議だが、おそらくは平の字を宛てたタイが傾斜地のことであるがためで、日本語に訳すれば坂に該当するためであろう。これをもって見れば、ダイのごとき簡単な地名も起原は必ずしも簡単でない。ただし関東地方の高台のダイも、元は奥羽のタイと一つであったかも知れぬ。もしそうならばさらに古くかつ面白い地名だと思う。

四六　丘と窪地の名

関東平野の丘陵と丘陵の間、いわゆる窪またはヤツという地形の処を、田畑に開いた場合に一つの特色がある。常磐線の利根川附近などは、そう言った風の田畑が丘の根方まで、ずっと境なしに続いているのである。浦和辺では、地が低く沼がちで水の多いためか、丘と田畑との境には溝があって、丘の裾（すそ）から湧（わ）く清水が直接流れこまぬよう、やや温かくなってから田へ落すようにしてある。だからそういう水路は一里も行く中（うち）には相当な川となるわけである。足立（あだち）郡一帯の川には、こう言う溝を源にしているものが多い。昨年この地方へ行ったおり、この溝の名を聞いたところ、ネエボリだと教えられた。字は根居堀と書くのだろうとのことであった。相応の教育ある人の答えであったが、牽強（けんきょう）な考えではない。根といい居といいよく当っている。ことに居の意義が、その古い用語例にかなっていると思うたことである。またこの辺で、丘と丘との間を開くとすると、最低部の瀇田（ふけた）から次第に水はけがよくなって、奥の高みに登るに従うて水が少なくなる。そのいちばん高い畑をシマバタ（島畑）と言うている。

四七　ウダ・ムダ

東条さんが地形方言の中で、水田を「ウダ」という尾張の例のみを引いておられるのは(土俗と伝説一巻八一頁)はなはだ物足らぬ。ウダは果して単純なる水田だろうか。東北地方の多くの宇田という地名には注意せられぬまでも、鴫わな張ると大昔の歌にもある大和の菟田県などは、田の字にウを添えた一つの種別とはどうして決められたか。自分などは、ウダは九州に多い牟田と同じ語とする『長門風土記』の説を、今も正しいと思う。同書阿武郡椿郷東分村松本船津組字無田ヶ原の条に「小畑へ行く道なり、家二軒あり、むたヶ原、ぬたヶ原・うたヶ原とも唱え、文字定かならず、地下書上には無田ヶ原とあり、明細絵図同様なり、俚俗の唱うるを聞かば、ぬたヶ原、ぬたろときこゆ」とある。実際周防・長門には、片はら牟田・堅牟田・大無田などのムダとともに、また何のウダという地名も多く、『風土記』には「湿地をウダという」とある。九州の牟田の沮洳を意味することは引証にも及ぶまいが、『成形図説』には淖田と書いてむだと訓ませ、近くは『佐賀県方言辞典』にも「ムダ、泥濘ふかき所」とある。『肥後国誌』巻十二上益城郡東水越村の条には「この谷の奥に千束牟田という大涅あり」ともある。この他豊後の田野長者の千町牟田の類、昔話にも例は多く、古くは康永三年の『詫間文書』にも、肥後安富庄の蒲牟田などとあって、久しく用いられていた語であることがわかる。ただしこのウダまたはムダが関東に多い何岱などのヌタと同じでアイヌ語のニタから出た語であるか否かはまだ疑いがある。アイヌ語ではウダというのは主として海岸の、内地でならばユラまたはメラなどというべき、浜続きまたは崎と崎との間のような地形らしい。『真澄遊覧記』を見ると、渡島亀田郡戸井村の附近に鎌宇多・

鴉（からす）ヶ宇多、なお西岸には宮の宇多・陰の宇多などもあり、同書巻十六、後志（しりべし）久遠村の条には、「うだつたい行けと浦人の路おしえたり」とも記している。本土の側にも外南部の牛滝村に仏ヶ宇多という所もあるから、だんだん南の方へ進んで、陸奥旧宇多郡などのうだも同様かも知れぬ。ただしこのウダはダの字が濁ってはいるが、アイヌ語なるからには元は清音で、砂原を意味するオタと同じであろう。従ってしばしば水田に開かれた西南日本の牟田の語原を、この方面に求めるのは少し無理のようである。

四八　グリ

海中の暗礁をグリということは、決して但馬（たじま）・丹後（土俗と伝説一巻八三頁）ばかりではない。これより東方の各地にも、『能登国名跡志』に珠洲（すず）郡高屋村の娵（よめ）グリこの沖三里にあり、低き島にて磯よりは見えかぬるなり。磁石島にて鉄を吸うといい、船固く戒めて一里四方には近よらずとある。越後でも尼瀬と出雲崎との間にある暗礁の主なるものに、マクリ・シワナグリ・イスズグリ等のあること、近年刊行の書『出雲崎』に見えている。長門の海上にもグリいたって多く、漢字は三水（さんずい）に玄の字（泫）を宛てている。同国『風土記』阿武郡宇田郷村宇田の条には、一合ぐり・宇田島ぐり・姫ぐり等あり。すべて「瀬ばえ」にて船通路相成り申さずとある。ハエというのも中国・四国の海辺で、弘く暗礁を意味する語である。また同郡江崎村の条「うそ越の岬より六町ほど沖寅卯の方に当りて中ぐりと申す瀬ばえ、広さ竪横ともおよそ四五十間も御座候。沖合船乗りまわしの義は、西北風ともに障りなく御座候云々」。大津郡津黄村のところには「畠島の東にせまたはぐりとて、平波の時は浪の底にて見えざる瀬あり。波荒き時は白浪立つ。漁船乗廻等に気をつくべき場所なり」ともある。暗礁を意味する瀬という語も、またハエという語もともにこの地方に存しているのは注意すべき事実である。『太宰管内志』には、筑前糟屋郡の海上、吾瓮島の東南一町に、洞島一名はなぐりと称する周約六十間、高さ十間ほどの立岩あることを載せ「山は皆立ちたる岩なり、方なる柱を立て並べたるがごとし」とある。すなわちこのグリは隠れ岩ではないのである。ハナグリのハナは多分は突出の意味であろうに、安芸か備後かのある山村の雨乞石にこの名があり、牛の形をした霊石の鼻に当る部分の穴に、綱を通して強く牽けば雨が降るゆえに、鼻繰石という説明もあったかと記憶する。九州には右のほかにも単に地上の石をグリと呼んだ例がある。薩州出水郷の加紫久利神社などはその一つである。古歌に「海の底奥津いくり」などと詠んだいくりが、これに言うクリと同原であることは、すでに認められている。『倭訓栞』に援用した『万葉集抄』には、山陰道では石を久利と呼ぶと出ており、しかも一方には何いくりという地名が若狭三方郡気山の海村にも多くあれば、あるいはまた丹波・近江などにもある。また『和漢三才図会』五十五の土の部には、涅、和名久利、水中黒土なりという『倭名鈔』の説を用いながら、しかもグリという濁音の仮名を用いている。『古名考』十にもやはり涅の字をもってクリに宛てているが、今見るごとき水中・陸上の岩石がすなわちクリならば、『倭名鈔』は最初の誤りで、『孟子』の和訓に涅を「くりにすれども」と読ませたのは第二次の誤りである。但馬の城崎温泉の近くではなはだ有名なる玄武洞の玄武岩は『笈埃随筆』巻二の石匠の条には、土人これを竹繰石あるいは滝繰石ともいうと記している。グリが本来は暗礁のことではなくて単に石を意味する方言であった好い証拠である。東京などでも道路に敷く小さな割石をワリグリと呼んでいる。色が黒いゆえにクリというかとの考えは、古人の不穿鑿に誤られた説である。

四九　金子屋敷

何々屋敷という小字の中には注意すべき者が多いかと思う。ことに今は田畠や山林となっていてなおその地名を存する者などは、何か普通の農民にあらざる者が居住したために、その地を別異にする風があった結果かと認められる。その一例として金子屋敷のことを言おう。もっとも金子という地名はいくらもある。武州では金子十郎家忠が出たという入間郡の金子村、あるいは上州の金古町のごとき、これらは沖縄や大島の兼久とともに、水辺の低地を意味したのかも知れぬが（続地名辞書）、金子屋敷はこれをもって推すことができぬように思う。ほかにもあるか知らぬが自分の心附いたのは、

羽前東置賜郡小松町大字上小松字金子屋敷
同　同　和田村大字和田字金子屋敷
同　同　亀岡村大字金子小屋

などである。地方の人に聞いたらいたって簡単なことかも知れぬが、自分はいろいろとひねくってみた結果、右の金子は一種の金工のことではないかと考えた。その仔細は次のごとくである。『東作誌』を見ると、今の美作苫田郡加茂村大字黒木字樫原に金屋護神という祠がある。銕山の守護神だという。同郡上加茂村大字物見にも金鋳護宮という祠が三つ、この地往古銕山ありしとある。また同じ村大字青柳字室尾の寺山にある三宝大明神は、祭神は大国主命・事代主命・宇賀魂命の三座で祭日は九月九日であって「相伝うこの神はタタラ師の持ち来たりし神なりと、ゆえに金鋳護の神ともいう。また山の神ともいう」とある。カナイゴという地名は中国地方には弘く分布している。石見那賀郡雲城村大字七条字若林谷には、金屋子と書いてカナイゴという小字もある。察するにカナイゴは本来タタラ師の別名であって、そのカナイゴの守護神なるがゆえに、金鋳護神などの名を用いたものでなかろうか。

次にまたカネイ場という地名がある。山陽・山陰のほか四国・畿内・東海の国々に及んでいる。通例は金鋳場と書きまた鐘鋳場、鏡鋳場の字も宛ててある。往々にして附近の大寺の鐘を鋳た処だという口碑を伝えている。たとえば美作の苫田郡一宮村大字西田辺と香々美村との境なる有木乢には、鐘鋳場という処あって、古万福寺の梟鐘を鋳ると伝え（作陽志）、遠州見付の只来坂は『見付往来』に鐘鋳坂とあり、家康浜松に在城せし時、同地五社神社の神官をしてカネを鋳させたと伝え、今の高等小学校の裏にある塚を金塚という（見付次第）。タタライはおそらくタタラ師住地の義であろう。また上総夷隅郡東村大字山田の銕鋳坂では坂の上の草堂に銕像の大日一軀を安置し、銕鋳坂は始めて大日の像を鋳たる地と伝えている（房総志料）。しかし関東以北に向えば、カネイバようやく少なくしてカネイ塚がようやく多い。武蔵などはこの名の塚のことに多い地方である。これに宛てた文字は金塚・金井塚等区々であるが、『新篇風土記稿』のごときは見るところあってすべて庚塚の字を宛て、すなわち庚申塚のことだろうと断じている。しかし庚申をただ庚というはずがない。東国人の舌ではカナイ、カネイもカノエに近く発音せられ、この混乱はあり得べき上に、この名の塚存する国々には、またカナイ神・金屋神が多いゆえに、自分はいわゆる庚塚のまた金鋳塚なるべきを信ずるのである。

カナイ神は最も多くは金井神と書くが、また叶神あるいは家内神とも書いている。これは多少の意味あることらしい。金子屋敷を挙げた羽前小松地方にもこの神は少なくない。常陸・岩代・陸前には正しく金鋳神と書いたものもある。金屋神は金工を金屋とも呼んだためかと思う。また金谷神とも書いてある。『新編会津風土記』によれば、若松城より三十町ほど西に鍛冶屋敷という地がある。葦名氏の時鎌倉より鍛冶を伴ない来たって住せしむと言う。この村の農民治右衛門が家に金屋神と題する一軸の巻物がある。本文は梵字をもって記し末に江州文宮導人廻国時示之、伝燈大阿闍梨重盛判、授者雪下正家伝之、慶長二年神无月吉日とある云々。近江はなぜか鋳物師に縁深く、栗太郡にも愛知郡にも多くの故跡がある。

鋳物師が塚に拠って居住したかという推測は、さらに二つの点よりこれを強められる。その一は出雲・相模・下野などの地名に銕糞塚というもの多くまた塚の附近もしくは土中より銕糞を出すことあり、今も鋳掛屋と称する徒には野外の一地に仮住してその業を営み、往々鋳糞を残して行くことである。その二は金鋳神が前述のごとく鍛冶にも鋳物師にも通じて祀らるるを見れば、当初踏鞴を取り扱いし種族は普通の農民より智巧の優越せる外来人で、需要に応じ天下を歴巡っていた者らしく、地中においてその技術を行うの風があったため、欧洲において幽怪なる隠れ里の伝説を発生せしめたと同じ状勢は、これにあっては塚の神の信仰となりこの徒またこれを挿んで田舎人に臨んだらしいことである。金鋳神が単に彼等の守護神であるならば、村里にこれほど多くの祠を遺すわけがない。この仮定はなお各地の金井神・金屋神等の伝説信仰を蒐集比較してみなければもちろんこれを実行することができぬが、ただ試みに引用しておくのは、屋久島の一民俗である。『人類学会雑誌』二二六号に、高山青嶂氏は、屋久島永田神社の祠官古市熊護氏の報告を引いて、この島涅歯の風習を述べて曰く「古来未染の女子もし懐妊するときは、鍛冶屋神に詣で賽銭を奉納し、鋳糞を申し請けて帰り、これに唐竹の葉と柳の葉とを混じて器に入れ水を注ぎて煎じその女に飲ましむ。人間の子ならば何事もなけれど、もし悪魔蛇類の子ならばただちに胎下するとて頑固尚古の者は今も往々かくのごとくす云々。鍛冶屋神は別に祠なく家の内に氏神のごとくこれを祀る。鍛冶の職をなす者の家に限れり。その祭神を僧侶は天照皇太神と称し、神職は金山大明神橐籥神なりという云々」。この神の名についても説があるが自分にはよく理解し得ぬ。要するに涅歯を魔除とする南島一般の思想に、鍛冶屋は来たり参与しているのである。橐籥とは吹子すなわち踏鞴の道具である。内地でもタタラという地名には、あるいは右の信仰と関係があるかと思う伝説がある。たとえば上野邑楽郡多々良沼では、万寿二年宝日向なる者来たり、この沼の水鋳物に良しとて居を構え、踏鞴を据え釜を鋳た。その趾を以前は字金糞と呼んだ。金糞が出たという（邑楽郡誌）。遠州榛原郡金谷宿の言伝えに、昔この地に住みし長者愛娘を某池の大蛇に取られ憤恨に堪えず、多くの踏鞴師を呼び寄せて一時に銕を湯に熔かしてその池に注いだ（河村多賀造氏談）。琳聖太子が上陸したという周防の多々良浜を始め、この地名の水辺に多いのはあるいは竜神信仰と因があるのかも知れぬ。なおゲザイという語の由来並びにこの徒の歴史を明らかにしたら有益であろうが、まだこの部面は真暗だ。

五〇　多々羅という地名

自分は久しく東西の各府県にわたってタタラという地名があって、とりわけ山中に多いことを注意していたがいかに砂鉄の分布でもおおよそ限りのあるものであろうから、その起原をことごとく鍛工または鋳工の居住に帰するのは無理であろうと思うていた。しかし小此木氏の諸国刀鍛冶の話を聴くに及んでこれにもしかるべき仔細のあることを理解し、かくのごとき多数のタタラは必ずしも原料の所在でなくとも、工人の分散してその業を営んだためであって、しかも燃料または用水の関係及び場所の清浄を保つ必要等からも逐次に移って行ったのかも知れぬと思うようになった。そこでそのお礼のため、かつは鉄が今日の問題であるのを機会として、この余白にすこしく各地のタタラを列記しておこうと思う。もちろんこれだけが自分の知る全部ではない。ただこれほどにも分布しているということを説くまでである。このついでに一言したいことは、鉄工所をタタラと称したことは近頃までの事である。『芸藩通志』巻五十九にも「炉所は鉱山遠からずして炭木の多き地を見立て打ち納むるなり。木伐り尽せばまた善き場所を撰びて打ち替うるという。五年八年に木の尽きざる所を択ぶなり云々」とあって、なお備後各郡物産の条に砂鉄鉱のことが詳しく述べてある。出雲の鉄鉱のことは『雲陽志』に見えている。筑前糸島郡怡土村大字川原には、山神山の中に東蹈鞴・西蹈鞴という地があって、その辺の田を耕せば往々にして鉄屑が出たという（筑前続風土記拾遺）。東国では上州邑楽郡多々良村の多々良沼に、大昔鋳物師が来て蹈鞴を沼の岸に据え、その跡の地名を金糞と称して、今でも金糞が出ることは前にいうたことがある（前項）。越後南蒲原郡鹿峠村大字曲谷の字蹈鞴沢は、往古この沢に鍛冶の住せるにより、その山を鉄屑山といい、沢をタタラサワと呼んだと、四年前に出た『嵐渓史』にある。鎌倉理智光寺の西に、鑪場と称する地がある。『新篇鎌倉志』一には開山願行上人大山不動を鋳た所と称すと記し、『攬勝考』五には、この辺にもとあった大楽寺の本尊不動の鉄像を鋳た所だというとある。『松屋筆記』十六に引くところの東大寺造立供養記の文「自二春日山一、白鳥飛来翔二多々羅上一、或飛二廻火炉之辺一、或上二下炎煙之中一云々」とある多々羅も同じくこれで、我々がフイゴ（吹皮）と称している一式の設備を、蹈鞴と呼ぶことは上古以来変らぬのである。

しこうしてこの語の起りはいわゆる吹皮が穴に当る音の形容にあるかと自分は思うていた

が、必ずしもそうでないかとも考えられるのはまず第一に鞴を用いざるただの炉をもタタラといったことである。『壒嚢抄』に「元三のお薬温むたたらなどは世の始めの物なりしが云々」とあり（和訓栞）、肥前北部で陶器窯に用いる一種の薪を今でもタタラギという（佐賀県方言辞典）。次に『新撰字鏡』には「錧、公換反、耒金、田器、太々良」とある。『新撰姓氏録』巻二十、山城国諸藩の内に任那から帰化したという多々良公氏というのは、欽明天皇の御宇に来朝して「金多多利金平居等」を献じたゆえに、これを誉めて多々良公の姓を賜った。その多多利というのは椯とも線柱とも書いて、糸を巻くために用いる三股の桛のごとき物だと言えば、何かこれらの金属品を通じて、同じタタラの称を下すべき仔細があったのかも知れぬ。右の任那には古くは多々羅という地名のあったこと、『書紀』継体天皇二十三年の条などに見えているから、賜姓の伝説はまた単に伝説に過ぎなかったとも見られる。とにかくにこの語原不明なるタタラという語が『書紀』編修の時代すでに蹈鞴という物に当てられており、しかもその語が半島より輸入した者と推測せらるることは、この地名が古く周防・長門・筑前・相模・安房などの海辺に存した事実と合わせて上代鍛刀工芸発達の道筋を語るものではないかと思う。なお前稿「金子屋敷」の一篇を参照せられんことを望む。

筑前遠賀郡八幡町大字尾倉字多々羅
豊後大野郡大野村大字中原字多々良
肥前南松浦郡奥浦村大字平蔵字多々良島
肥後阿蘇郡山西村大字宮山字多田良

日向東諸県郡穆佐村大字上倉永字鑪
薩摩鹿児島郡谷山村大字下福元字多々良
長門美禰郡共和村字嘉万小字タタラ
備後比婆郡八鉾村大字油木字間平小字鑪
備中阿哲郡新郷村大字釜字原ノ向小字鉱屋敷
伯耆西伯郡大山村大字鈩戸、鍛戸山
播磨宍粟郡三方村大字公文字タタラ場
信濃北佐久郡志賀村字多々良波
上総夷隅郡中川村大字大野字鑪鞴戸
下総香取郡大須賀村大字南敷字多々羅堂
常陸行方郡太田村大字矢幡字タタラ
上野群馬郡白郷井村大字中郷字鑪沢
下野塩谷郡泉村大字上伊佐野字鑪鞴戸
磐城石城郡窪田村大字窪田字多田羅以
陸中稗貫郡内川目村字鑪野
羽後北秋田郡上小阿仁村大字五反沢字タタラ沢

五一　トツラ・トウマン

これも諸国の山村に数多いトツラまたはツツラという地名は、前に挙げた多々良とは何の関係もないらしい。自分はこの小名ある地のしばしば谷川の岸であることと、東北ではもっぱらトツラといい中央部から西ではツツラばかり多いのを見て、二者はともに藤その他の蔓(つる)類を意味し、その地名の発生した事由は、単にこの植物の多くある所というところだけではなく、これを採取して最も利用する作業、すなわち筏(いかだ)を組むわざに便宜の多かったことにあるかと考えている。人の肩で材木を運ぶ労苦は、水さえあればこれを免れることができた。いわゆる一本流しはなかんずく最も簡便であるようであるが、管理と弁別とに存外の面倒がある。ゆえに昔の山民の運材法はどうしても筏が主たるものであったろう。筏を組むにはいわゆる川淀の潭(ふち)をなしてしばらく流木を駐(と)め得る所たることを要するが、それと同時に必要な条件は、なるべく近くに筏を結ぶツヅラの多く採取し得らるることである。和歌によく詠む青淵の上に藤の花の咲いている光景のごときは、風流に縁のない山賤(やまがつ)にとっても、また遁(のが)すべからざるものであったに相違ない。広い山中に地名を点じて行くことは決して気楽な仕事ではなかった。何となれば命名するからはこれを記憶する面倒が生ずるからである。これをしも忍んで地名を附けたのは、何か我々の祖先の生活と著しく交渉するところがあったものと見ねばならぬ。すなわち年々筏流しの季節に入ると連れ立ってその地に赴き、石を踏み水に足を浸して、鶯(うぐいす)の声でも聞きながら、静かに終日働いていたのでその地に親しくなり、他日人の手が剰(あま)ってその附近に畑を開き田屋を構える時に及んでも、昔馴染みの名を呼んで「あのトツラ沢の」というようになったのであろう。ある川筋では岸に幾所かのトツラまたはツツラがあって、しかも今は筏が通らぬのも時々はあるが、これはありそうなことで、木を伐り過ぎれば平水が低くなり出水が高くなるゆえに、山崩れがあり岩石が落ちたり出たりして、ついに筏を組む技術を忘れるまで中絶する場合も起り得る。次にはツヅラその物も次第に少なくなりつつある。手入れのよく届くという山にはもちろんこの植物がない。また稀(まれ)に淵に臨んだ岨(そわ)やホキの無用の岩ガラに、藤が延(は)えていても採る人が多ければ補充が続かなくなる。私はある監督の人とともに木曾の御料林をあるいて見た折に「どうもトウマンが乏しいので」と言う語をしばしば聞いた。トウマンはすなわち藤蔓のことであった。また筏で有名な吉野川の流域を通った時にも、何台となくその藤蔓を山中に運び込む荷車を追い越した。北大和の方から来るというたが、まさかに春日山の藤でもなかったろう。こうなると昔のツツラ淵の地では筏を組まぬ。これとは反対に川岸にいささかの平地ある場所を撰び、かねて用意をした横木の上で材木をよきほどに組み、その横木の片端を斜めに揚げてできた筏を川の中へそろり卸(おろ)す、まるで進水式のようである。

　このついでにいうが、山村ではツヅラの用途はもちろん筏のほかにも多かった。炭俵に藁(わら)縄(なわ)を使う時代になってもやまぬものは、谷川に渡す所々の橋に藤蔓を用いる風である。祖谷(いや)や米良(めら)の藤橋は別として、いわゆる丸木橋や一本橋を両岸に繋ぐにも、必要なものは松藤または白口藤などである。その橋材の両端のツヅラを通す穴の穿り方は、筏の材木の穴と同じであるらしいが、これも鉄線を代用する時代が来たらどう変るか分らぬ。トロまたは長トロなどいう地名も筏流しに始まった語かと思う。すなわち川水の緩流する部分のことで、水路を急ぐ者にはちょうど陸路の坂峠に当り、一夜を休息せんとするものにはまたあたかも、峠の茶屋あるいは坂元の宿に当るので、決して瀞八丁などと風景の詮議をする閑人の命名ではなく、実際生活と交渉があるので名ができたものである。

五二　破魔射場という地名

この地名は奥州から中国にわたって無数にあるが、まずその中から破魔射場の文字を宛てた者のみを挙げてみる。

常陸多賀郡黒前村大字黒坂字破魔射場
三河八名郡七郷村大字名号字破魔射場
伊勢鈴鹿郡関町大字新所字破魔射場
同　同　亀山町大字亀山東町字破魔弓場
美作真庭郡美和村大字樫東字鳴ノ殖小字破魔場
石見美濃郡豊田村大字安富（小保賀）字破魔射場
同　鹿足郡青原村大字柳字破魔射場

このほかにハマイバと仮名で書いた例ははなはだ多いが、それよりもさらに多いのは浜井場の文字である。これは従来の片仮名に字を当てる時に最も考え付きやすい。このほかに浜射場とある例もあり、また別に浜弓場または浜矢場と言うのもある。

五三　鉦打居住地

左に掲ぐる地名は以前鉦打部落の住んでいたためにできたものと思う。なかんずく下総の三ヶ尾のことは前にも話が出ている（柳田、念仏団体の変遷、郷土研究二巻二号）。これらの土地の現状はいかん。もしその附近の読者より御報告があるならば大なる幸いである。

常陸筑波郡鹿島村大字古川字鉦打
下総猿島郡弓馬田村大字弓田字鐘打
同　香取郡古城村大字鏑木字蟹打台
同　印旛郡公津村大字下方字鐘打
同　東葛飾郡福田村大字三ツ堀字鉦打
同　同　同　大字二ツ塚字西金打久保
同　同　同　大字西三ヶ尾字金打
武蔵南足立郡梅島村大字栗原字鉦打
同　西多摩郡小宮村大字乙津字鐘打場

甲斐南都留郡鳴沢村字磬叩
越後岩船郡大川谷村大字荒川口字カネタタキ
但馬城崎郡新田村大字立野字鐘タタキ
阿波那賀郡福井村大字下福井字鉦打

五四　京丸考

わが邦の海岸近い低地に住む人々は、山を知らなかった海部の子孫でもあるのか山家の生活に付いていつもえらい誇張をやるので困る。鹿猿の輩とても危険のない限りは里近く出て住むのに人ばかり深山幽谷に住み得るはずがない。そんな事をして山人を仙人扱いにしてもらいたくないものである。さてしばしば引合いに出る遠州京丸の牡丹の話、あれは今の周智郡気多村大字小俣京丸の一部である。人の住む在所である。路が遠くて悪いのは人家の数が少なく経済力が弱いためである。たまたまその土地の名を奥山などと呼ぶために、不当な概念ができてしまった。山中の牡丹ということは、すでに柳里恭が『雲萍雑志』にもこれを認めず、単に色紅にして黄を帯びたる花とある。石楠花だろうということである。しかるに馬琴はその紀行に京丸の伝聞を記して、巨大なる花片流れ出るなどと、ほとんど武陵桃源をもってこれを視たのみならず、さらにその作のたしか稚枝鳩か何かの中に、この地の事を取り入れて纐纈城の古譚の焼直しを試みている。しかし私は奥山の人奥山君を知っているが、同君も義理で少々は合槌を打つがよく聞くとただ淋しい一山村というに過ぎぬようである。地図で見ても奥山は天竜の水域でさして僻遠の地ではない。三河を廻れば村中まで車も通い、製糸その他の工場もある。その小俣字京丸はただこれから入り込んだ谷合というだけである。要するに一個の結構な盆地で、今でこそ軽便鉄道を架ける話がないから偏鄙などというが、四隣を山川で断ち切って纏まりよろしく、しかも出端の悪くない点から見れば、武家時代においてはまことに理想的の一荘園である。『掛川志』にあったかと思う。奥山郷は五村に分れているとある（山中の村には五箇と名づけ五の部落よりなるものが多いのはなぜであろうか）。今の周智郡奥山村大字奥領家及び大字地頭方、同城西村大字相月、磐田郡山香村大字大井、同佐久間村大字佐久間であるという。前の二村名は単に荘園制度の完備していた時代に、この村の拓かれたことを証するのみならず、後日領家と地頭との間に収納に関する諍訟があって、当時最も普通なる和与手段により、双方の間に下地を中分して、二個以上の所領となったことがよく分る。それほど物の判った人の住んでいた土地である。古老の説では、里ごとに里長一人あり、これを公門というとある。公門はすなわち公文であって、荘園第二級の事務員の名である。九文給あるいは雲久などと、その昔の給田の地名となって残っている例があるが、いわゆる名主・庄屋の元の形を示す名称として存するのは珍しい。また同じ『掛川志』に奥山郷は御料の地であって三年ごとに上番をした。仕丁一人ありこれを京夫丸というとある。御料というのはおそらくは三年に一度の京在番というのから来た推測であろうが、小俣京丸の京丸もやはり右の京夫丸から転訛した地名らしく見える。京夫とは京へ行くべき人夫ということである。丸は雑色などの名に常に用いられる語であれば、京丸という地は多分は京往きの夫役を、世襲的に勤めていた者の屋敷給田の地であろう。この推定が当れりとするならば、京丸などはこの山村の中で最も気の利いた世間師の住んでいた部落である。冬の囲炉裏の側の話のごときも、祇園・六波羅・嵯峨・北野で持ち切ったかも知れぬ。仙人などと馬鹿にはできぬ在所である。

五五　矢立峠

境の山に矢立という地名の多いのは注意する必要がある。秋田の大館から津軽へ越える官道に矢立峠がある。すなわち陸奥と出羽との最北の国境である。文化五年の紀行とて『地名辞書』に引用せる『終北録』にはこれに関する伝説を載せている。曰く矢立峠古くは矢立杉と称す。杉の老木ありて柵を繞せり。昔田村将軍この杉の木に矢を射立て木の半身をもって奥羽の境と定む云々。『落葉集』巻十七に相州足柄に矢立の杉あり。武道を祈る者この杉に矢を射立てて手向とするがゆえにこの名ありと見える。その出処と真偽とを知らざるも、人も知るごとくこの地もまた駿河との国境である。『俚言集覧』には甲州の笹子峠に矢立杉という名木あり、七抱半云々と見えている。笹子は国境ではないが郡内と国中とを隔絶する峠である。越中西礪波郡埴生村大字埴生字長に矢立山という地がある。これも加賀との境らしい。『越の下草』によれば越中より倶利迦羅道へ出づる間道なり、一に矢立越という。名義不詳。あるいはいう、昔石動(いするぎ)の城より遠矢を放ちしが立ちたる処なり云々。右のほかにも矢立という地は左のごとくあり、一々に就(つ)いて地形を明らかにしないが、国境の境ならずとすればすなわち荘郷の榜示(ぼうじ)の地点であろう。

磐城相馬郡玉野村大字東玉野字矢立沢
同　刈田郡七ヶ宿村大字渡瀬字矢立平
甲斐東山梨郡神金(かみかね)村上萩原組字矢立石
対馬(つしま)佐須村大字久根田舎(くねいなか)字矢立山

清水浜臣の『遊京漫録』には、紀州高野山の麓なる矢立という宿に云々とある。また『俚言集覧』に志摩磯部(いそべ)村に矢立の茶屋あり、俚俗に日本の家の建て始めという。今も表の方は蓆(むしろ)を用いて戸とすと見えている。もちろんヤタテの音から出た作り話であろう。

飛驒益田(ました)郡竹原村大字乗政字初矢峠

右の初矢のハツはハテ・ハシ・ハチなどと語原を同じくし、土地の端または境の義なることは、三河・尾張その他諸国のハツ崎、津の国の浦の初島、遠江(とおとうみ)の初倉荘等多くの例証がある。従ってこれも矢をもって境に名づくる一つの場合である。

矢の山中の祭に縁あるべきことは、諸国山中の地名に、矢神というものあるをもってこれを推測し得る。たとえば、

羽後平鹿(ひらか)郡沼館村大字矢神
磐城田村郡滝根村大字広瀬字矢大神

丹波氷上郡吉見村大字上田字矢神
播磨多可郡津万村大字寺内字矢神
石見那賀郡下松山村大字八神

等のごとし。これらの地にはおのおのその名の神があっただろうが、その神は矢を祀ったとするか、矢をもって祭をなしたのかは定めがたい。

磐城東白川郡高城村大字内川字矢祭

は、もし常陸久慈川の奥にあって、一に山釣とも書いた好風景をもって知られた矢祭山のこととすればまた国境にある。ただしいわゆる保内の地が陸奥に属した中代以前においては、国の境にはあらずして荘園の境である。矢をもって山の神を祭ることは古い習慣であるが、これはもっぱら狩猟に関し、境の神とは一見関係はないらしい。武家の故実に矢開のことがある。それよりも古くは『吾妻鏡』建久四年富士の狩の条に「御狩訖りて晩に属し、そこにおいて山神矢口等を祭る」とある。日向西臼杵郡の山中では狩の始めに鉄砲を一発放ちて山の神に手向くるを矢立という。思うに鉄砲使用以前には矢を放ちて祝したものだろう。これら古今の例はすべて山中で矢を用いて神を祭ることを示すのみでその由来を明らかにするには足らぬが、自分の臆測では、その矢はやがて山神と境を劃して相守るの意を含むこと、山口の祭と同じからんと思う。山口祭は古い祭である。山に入って採樵せんとする者がいわば山神の領分を侵さんとする一つの言訳である。しこうしてもしこの祭に矢を用いたとするも、狩猟に際し単に持ち合せた品を献ずるの趣旨ではなくて、別に意味があるはずである。

境に矢を立てるは串刺の意であろう。かく思う所以は次に挙げる二の口碑の偶合するがためである。

イ　下総香取郡久賀村大字次浦の民有山林中に径三間高一丈ばかりの塚がある。塚の名を矢指塚という。伝え言う、源頼義父子奥州より凱旋の途次、上総の海岸に上陸したる折、征矢百本を取り一里（小道）ごとに一本の矢を指したるに、九十九にして一本残りたればこの塚に埋む。俚謡あり曰く「九十九里矢指が浦に来て見れば一浦足らでそこが次浦」云々（香取郡誌）。

ロ　肥後下益城郡豊田村大字塚原には塚所々にあり。俚俗伝えていう。この塚は百ヶ所にありといえども百本の串を作りて塚ごとに一本ずつ立つるに一本は必ず残る。ゆえをもってこれを九十九塚という云々（肥後国誌）。

百塚・百穴などの名は、塚の数のはなはだ多いのを大数をもって呼べるものともいえようが、百の数に一つ足りない九十九塚に至っては意味なしとせぬ。九十九をツクモという理由は、『袖中抄』以来の諸説いずれも信を執りがたいからまずは他日の研究に譲ろう。ただここに申したいのは、右の九十九塚の伝説がはなはだしく熊野の九十九王子の思想に似たことである。『御幸記』などにも見えるごとく、京より三山に詣でるには、途次に九十九箇所の王子祠を拝し、その第百番目が熊野である。いわゆる塚の上におのおの一本の矢または串を立てるというのも、あるいはこれをもって熊野を祭ったものではなかろうか。

矢を串と称する今一つの証拠は、神武紀孔舎衛坂の戦の条に「流矢ありて五瀬命の肱脛に中れり云々」。『古事記』の同じ条には「五瀬命御手に登美毘古が痛矢串を負いたまいき」とある。『日本紀』の流布本もまたこれによりて流矢をイタヤグシと訓んでいる。これをもって思えば、後世イグシといい玉串と称し、形はまったく変じたがクシの原義はすなわち箭のことであろう。今日まで苗代の水口に挿むところの斎串が、竹の端に紙片などを挟んだのは、別に護符などの入れ物というのではなくて、昔の矢の形の遺ったものだろう。従って『万葉』のいぐし立てみわすゑまつる云々の歌も、神事に箭を用いる一例と見るべく、この箭はやがて注連縄と同一の趣味に基き、神境を標示するの目的と見られようか。

　串を境に刺すことは歴としたる出典がある。『書紀』の一書の素戔嗚尊の悪業を列挙した条に「春はすなわち渠槽を廃し及び溝を埋め畔を毀ちまた種子を重播す、秋はすなわち籤を挿し馬を伏す、およそこの悪事かつて息む時なし」とある。『釈紀』の述義にては籤を田中に刺し立つるは咒咀にしてもし強いてその田を耕す者あらば身ついに滅亡するなりと解いているが誤りである。串刺は『古語拾遺』にも「ひそかにその田に往きて串を刺して相争うなり」と見え、大祓の祝詞にも同じく畔放、溝埋、樋放、頻蒔、串刺と列挙してこれを天津罪すなわち新来の優等人種が犯すおそれある罪の中に数えたのを見ても明白であるごとく、他人がすでに改良を加え畔を作り水を引き種子を下した土地に、重ねて種を播きまず利用に着手したのは我なりと称して占有権を主張するのが不徳義なのと同様に、人の点定占有した土地に後から行って串を指し自分の標めた野なりと争うのを罪となしたのである。従っていわゆる公私共定の山野において平穏に串を刺すのは決して罪ではない。中世荘園新立の場合に、四至を定め地方官立会の上榜示を打ったのは、すなわち右の平穏な占有の形式で、榜示はとりもなおさず大なる串であり矢である。ただ神事・政事の次第に分離するに及んで、一方は法律上の方式となり、他の一方は信仰上の習慣となったのに他ならぬ。

『伯耆志』によれば、同国西伯郡日吉津村大字日吉津の伊勢大神宮に蔵する寛文八年の証文には「大神宮注連の内開高五石一斗これある処存知届け候、相違なく神納あるべき者なり」と見える。この注連の内は社地ではなくして神領である。すなわち昔のいわゆる標野である。『雲陽志』佐陀大社の記事に「昔は神領七千石あり、秀吉の時この神領を没収し二百十四人の神職七十五人となり堀尾氏の時また減じたり。しかれども今に至るまで毎年四月十月の両度、昔の神領七千石の地の四辺に榜示の幣を挿す。これを柴刺の神事と称す云々」とある。右の柴刺は平穏な串刺の遺習で、もし串はすなわち矢であること卑見のごとしとすれば、国邑の境に矢立の地名があることは由来久しいものと言ってよろしい。しかして時々の串または矢は朽廃して湮滅しやすいから特に土壇を築きその痕を明らかにし兼ねて境上の祭を営んだことは、かつて十三塚についてその一端を述べ今後もまたおいおい卑考をもって大方の教えを乞おうとするところである。それゆえに塚であって矢に縁のある名を持つものは反証なき限りこれを境の標章と見て差支えなかろう。矢立杉の杉の木もまた境界と由ありと思う仔細がある。改めてこれを述べよう。

『紀伊国続風土記』によれば、牟婁郡の村々には矢倉明神という小祠が多い。たいてい社殿はなく古木または岩を祀る。著者の説にはクラは方言山の嶮峻なる処を意味す。ヤはすなわちイワの約なるべしというている。他の国々でも相模の矢倉沢を始めとし類似の地名は多い。白井光太郎氏もクラは岩のことなりと言われた。今日ではこの意味に転じたかも知れないが、クラは岩倉または倉橋などという語があってただの岩石地ではない。元は岩組すなわち岩石の重畳した者をいい、しかも天然の岩組よりも主として人為のもののことであったろう。すなわち石床やミテグラなどと同じく、今日の語で石塚に当るのであろう。従って前にいうところの遠江の初倉（大井川右岸）、または諸国の戸倉という地はまた境の塚で、矢倉はすなわち矢指塚と同じである。御幣を塚に立てる例は求めれば多いだろうが、近江伊香郡古保利村大字柳野中にある幣塚は、昔この村の大音神社（大陰神？）の祭の日の十日前に、幣をこの塚の上に立てたからこの名があると、諸種の地誌に見えている。

　肥後飽託郡島崎村大字島崎に遠矢塚がある。田中に島のごとく見える小丘である。一名中島。昔遠矢を試した処という。備前赤磐郡葛城村大字国ヶ原には字矢井塚がある。信濃東筑摩郡東川手村に字矢トコがある。矢掛という地名も諸国にある。掛は掛神の義で沓掛と同じく、路傍の木または石に矢を掛けて神を祭ったのであろう。陸前石巻町大字港に矢祭石一名矢筈石がある。袋谷地という所の小流の畔で小石が多い。八幡太郎の軍士おのおの矢を投じて川の神を祭りしに、その矢石に化したりという口碑がある（封内風土記）。信州高遠町少林寺の境内に槻の古木がある。これを矢立の木という（木の下蔭）。矢をもって神を祭り武運を祈るというのも、また領内の安全の祈禱であろう。中世武家の武運というのはすなわち家運のことである。江戸でいえば町内安全のこと。矢祭を特に上品の習慣らしくいうのは故実家の一家言である。支那でも日本でも富貴康寧（ふうきこうねい）はまことに凡人の大事件で、このことだけは古今東西の差別を見ない。

解説　地名のアースダイバー

中沢新一

歴史学は文字に書かれた記録だけから、過去に関する情報を取り出そうとする学問として発達してきた。そのことを強く批判していた柳田國男は、文字化されていない資料からでも、立派に過去の生活像を再構成することができるような、歴史に関するオルタナティブな学問をつくらなければならないと考えて、民俗学を創造した。『地名の研究』は、そういう柳田國男が新しい学問を暗中模索していた時期に書かれた、きわめてパイオニア的で実験的な作品である。

土地に命名する行為は、かつては人間にとってきわめて重大な意味をおびていた。ある土地に名前を付けることによって、その土地は人間の意識の中に取り込まれ「人間化」される。これを人間の自然（土地）への働きかけと見ることもできるが、それは同時に命名を通して意識に取り込まれた自然が、今後はその名前を介して人間の意識に働きかけをおこなうということも、意味している。「土地の名前」を介して、人間の意識と自然が、「交差（キアスム）」の関係に入るわけである。

したがって、土地の名前を、たんなる社会的記号と見なすことはできない。土地の形状やその上で繰り広げられた生態系の活動などもふくめた、大きな意味での「自然」を、内側に折り畳み込んだ「交差性記号」として、地名はきわめて複雑な成り立ちをしている。

地名に代表される交差性記号を、たんなる記号として扱うことはできない。記号を「表現」と「内容」に分解してみたとき、たんなる記号の場合には、「表現」と「内容」はたがいに恣意的な関係にある。「キ」という音と樹木の概念である「木」の関係は恣意的であり、現代に新しく付けられる地名のケースのように、どこの町でもおかまいなしに、駅前の大通りに「銀座」とか「中央」とか名付けるようなことがおこる。ところが、古い由緒をもつ地名の場合には、自然の形状と地名とその歴史は緊密に結びついていて、記号の「内容」がその「表現」を、強く決定づけている。そのおかげで、地名を研究する民俗学者は、地名の特徴を調べて、その土地の歴史を再構成することができたりする。

地名研究は、そういう複雑な本性をもつ土地の名前を研究する、歴史学の一分野である。それについて、柳田國男はこう書いている。

億を越えるかと思うこの我々の地名は、いかに微小なものでも一つ一つ、人間の意思に成らぬものはない。（……）いわゆる人と天然との交渉をこれ以上に綿密に、記録しているものは他にはないわけである。これを利用もせずに郷土の過去を説こうとする人が、今でも多いということは私には何とも合点が行かない。（「地名と地理」一〇）

かつてはこの国土の上には、じっさいに「億を越えるかと思う」ほどの地名があり、その一つ一つに重要な情報が内蔵されていた。それは「人と天然との交渉」という交差的現実に関わる、綿密な情報の記録媒体であった。柳田國男の時代には、「これを利用もせずに郷土の過去を説こうとする人が、今でも多い」ことを、心配していればよかったが、現代では「地方行政の合理化」という名目のもとに、この貴重な記録媒体がつぎつぎに壊され、忘却されようとしている。『地名の研究』という本は、こういう現代にとっては、それが書かれた当時にもまして、深刻な意義をもつようになっている。

*

『地名の研究』のなかでも、「人と天然との交渉」の記録としての地名の特徴を遺憾なくしめしている印象深い一例として、「富士、風戸」の項をとりあげて、柳田國男の思考法の跡を追ってみることにしよう。

日本列島の海岸部には、「富士」「布士」「富戸」などと書いて、「フト」と読ませる地名がたくさんある。これには千葉県の有名な漁港である「富津（フッツ）」や、石上（いそのかみ）神宮系の「布都（フツ）神社」なども、仲間に加えることができる。また「発戸」「風戸」「払戸」などと書いて、いずれも「フット」と発音する地名も、同じ系統の地名と見てよい。

これらの「フト」「フツ」「フット」などは、いずれも海岸に面した漁村であり、しかも良港である。柳田國男はこうした地名がすべて、「ホド」という古代からの日本語に由来していることを、はじめから知っていた。ホド、すなわち女陰である。

この解釈が正しいことは、二万五千分の一または五万分の一の地図で確認することができる。これらの同系統の地の地形が、いずれも共通する特徴を持っているからである。


海岸に沿うて漕ぎ廻る船から見れば、二つの丘陵の尾崎が併行して海に突き出している所あたかも二俣大根などのごとく、その二丘陵の間からは必ず小川が流れ込み、川口の平地には普通の漁村に比すればやや繁華な邑落があって、川上へまたは山越に少々の商業運送を経営していると言う、航海者には見遁すべからざる主要な地点であるゆえに、特に地名が生じたのである。(「地名考説」一七　富士、風戸)

「二俣大根」または「馬蹄形」をしていて、いちばん奥まった所からは川が流れ込んでいる地形を、沖合から見いだした「航海者」が、そこを漁業と交易の適地と見て、住み着いた。古代人の好む想像力からすると、まさしくそこは「ホド」の地である。女性の「ホド」のように、生産の強度に溢れている土地。かくしてその土地は、古代の「航海者」たちによって、そのように命名され、名に恥じない発展をとげてきた。

この「航海者」たちは、海岸から内陸部にも入り込んでいった。河口から上流へと遡行していって、内陸に開けた盆地や大小の「野」を発見すると、そこへ住み着いて米づくりをはじめた。そのために、山中にも多くの「ホド」や「フト」が見いだされるのだ。「すなわちホド野であって、両山の間の低地で耕作民居に適する場所の義である」（同前）。そこには「風道野」「不動野」「府殿」「苻殿」などの文字で書かれる、「ホド」の地が広がっている。これには「窪（クボ）」や「保土（ホド）ヶ谷」などの地名を加えることができる。

この地名の場合、仰向けになった女性が両足を開き、その奥から水が流れ出しているという地形と、現実の女性のからだと、そのような地形に豊穣と吉祥を感じる古代人の連想力とが、一つに結びついている。自然地形、人間の中の自然である人体の形状、自然の生産力と女性の生産力をアナロジーで結ぶ思考とが、さらに上位のアナロジーでひとまとめにされて、この交差性記号はできあがっている。

近代人から見たらじつに露骨な地名とも言えるが、そういう命名をして平気であった、それどころかそのことを誇っていたかのような昔の人々に、柳田國男はむしろ深い愛情を感じていた。「昔の人の感情は驚くべく粗大であった。羞恥（しゅうち）と言う言葉の定義が輸入道徳によって変更せられたままでは、男女ともにおのおのその隠し所の名を高い声で呼んでいたらしい」（同前）。笑いをかみ殺しながら書かれた、上品で愛情深い文章である。

＊

ところでここで言われている「航海者」の実像について、私たちの歴史学は、柳田國男がこの文章を書いていた当時よりも、はっきりした知識をもっている。柳田國男は日本人を「米をつくる民族」と規定している。この考えでいくと、日本人はいわゆる弥生人である、ということになり、それ以前の列島先住民は一括して「アイヌ」と呼ばれて、日本人とは別種の人々だと考えられやすい。しかし現代の形質人類学や考古学は、それとは異なる日本人像を描き出そうとしている。

一万三千年ほど前に、はじめて新石器の文化をもった人類が、日本列島にたどり着いたことをしめす、確かな痕跡が南九州で見つかっている。彼らは表面に縄目のプリントをもつ独特の土器を所持していたために、「縄文人」と呼ばれるようになった。この縄文人はきわめて短期間に、列島の広い範囲に広がっていった。狩猟採集の経済による彼らは、東日本を好んで生活の場所とした。列島の西半分は常緑樹の森に覆われていたが、東日本には落葉樹の森が広がり、狩猟の対象である動物の多くが、ドングリの多い落葉樹の森に生活していたためである。

縄文人は多くの異なる氏族集団に分かれていた。そこには緊密な交易網が形成されていたが、縄文人の内部には多くの異なる言語や文化がおこなわれていたはずである。二千数百年前に、日本列島に「米をつくる」人々である弥生人（倭人）が渡ってきてからは、西日本から縄文人と弥生人の急速な混血が進むようになり、原日本人の基礎が形成されていった。「アイヌ」と呼ばれる人々は、弥生人との混血を避けて、北方へ生活の拠点を移していった縄文人の一集団から成長していった民族である。

現代考古学の描くこのようなシナリオに立ってみるとき、『地名の研究』の時期の柳田國男の見解には、いくつかの修正が加えられなければならない。アイヌもその一部である縄文人も、もともとは冒険心に富んだ「航海者」として、この列島にやってきた人々であり、海岸線に「ホド」地形を最初に発見したのは、こうしたことにきわめて敏感な彼ら縄文人であった可能性が高い。縄文人の用いていた言語の語彙のいくつかのものは、弥生人の言語のうちにそのまま持ち込まれている。それゆえ、たとえ種々の「アイヌ語辞典」の中に対応する語彙が見つけられぬ場合にも、たくさんの謎にみちた地名が、縄文人によって命名されたという可能性を排除することはできない。

つぎに列島にやってきた「航海者」は、弥生人とも呼ばれる倭人である。倭人は米づくりをおこなう海洋民であった。彼らはもともとは半農半漁を生活形態とした。河口部の潟などに水田を開き、本格的に米づくりがおこなわれるようになると、専門的な農業民とそうでない人々との分化がはじまる。したがって、近世的な記録の中で、農民（百姓）と規定されている人々の心性の中に「海人的要素」が見いだされることは珍しくない。また山中を生業の場とする狩猟民の文化の中に、縄文的要素と（非農業的な）倭人的要素の混交を見いだすこともできる。

ようするに、現代における地名研究は、柳田國男が想定した日本人像（＝米づくりをする民族）をいったん解体して、そこに「複雑に発達した縄文文化」という基礎、「倭人の伝統につながる海人的系譜」、「それらの混交として形成された日本文化の原型的古層」などの視点を導入しながら、新しく再構成された日本人像をもとに、作り直されていかなければならない。その意味で、偉大なパイオニア柳田國男によって切り開かれた地名研究は、多くののりしろを残した、未来に開かれている学問なのである。

＊

『地名の研究』において、表に立って表現されてはいないが、柳田國男の思考のひそかな前提となっているのは、地名の世界には、地質学で言われている地層とよく似た、「層序（層的な秩序）」があるという直感である。この段階の研究では、まず地名を「分類する」という側面が前に出てきているが、そうして分類された地名が層序的秩序をつくっているという直感は、文章のいたるところに感じ取ることができる。

この地名の層序についてまことにおおまかなことを言えば、いちばん下の層には、列島の先住民である「アイヌ」によってつけられた地名がある。その上に「米をつくる民族」である日本人によって命名された地名が被さっている。ただしこの「日本人」の中には、米づくりを主な生業とする人々ばかりではなく、山中で狩猟をするのを生業とする人々もいた。そしてさらにその上に、中世の荘園の開発以後に生まれた比較的新しい地名が乗っている。

地層の下に埋もれてしまった古い地名は、めったなことでは地表にあらわれてこないために、人々の記憶から早く消え去ってしまうことが多いが、場合によっては、最古層の地名がそのまま生き延びて、中世以降の人々にとって「謎の地名」と感じられることもある。『地名の研究』にあげられている事例に照らし合わせながら、この地名の層序的秩序のおおまかな輪郭を描いてみよう。

①縄文的古層が地表に露出しているケース。湿地をあらわすアイヌ語の「トマム」また「トマン」は、沼地をあらわす言葉であるが、これをもとにした日本語の地名に「堂満（ドウマン）」や「当麻（トウマ）」がある。また「ニト（濡れて腐った）」や「ニタト（沼地に樹の生じた部分）」というアイヌ語からは、日本語の地名「仁田」「仁田沢」「仁田平」などが作られている。「ヤチ」はアイヌ語でも沼沢をあらわしているが、この言葉は日本語でも草立（くさだち）の湿地のことをあらわし、「谷地」や「谷戸」という地名を生んだ。

これについて柳田國男は、こう考えた。「さて右三つのアイヌ語が、我々の部落の間にかくのごとく盛んに頒布せられおる事実は、果していかなる推論を下さしむるかと言うに、ある時代において我々の祖先とアイヌの祖とが雑処しておったことである」（「地名考説」一四）。

この推論は「アイヌ」を「縄文人」と、「我々の祖先」を「弥生人」と言いかえれば、ほぼ正しい形になる。「我々の祖先＝原日本人」が、先住の縄文人と海民系倭人である弥生人の混血によって形成されたという、現代の理解にしたがえば、彼らが共存しあっていた時代に共通の地名の呼び名として、縄文系の語彙が共用されていた、と考えることができる。この縄文系の語彙がそのままアイヌ語に保存されたと見れば、北海道から九州まで列島のほぼ全域に、この種の「アイヌ地名」が多数残されている理由も、納得いくものとなる。

②弥生的中層がネガの形で残されているケース。この層をしめす地名には、初期の水田開発の時期の記憶が保存されている。このなかには、水田耕作に不適切な土地を「徴づける」ために用いられたとおぼしき地名が、多く含まれている。たとえば横浜の「反町（ソリマチ）」などに付いている「ソリ」という地名は、きわめて古い来歴をもっている。多くの地方で、この語は「焼畑」を意味している。焼畑農耕は、水田による稲作が日本列島で開始されるよりもはるか以前からおこなわれていた、新石器型農業の技術であるが、水田に適さない土地では、その後もながいこと焼畑がおこなわれた。「ソリ」がおこなわれる土地と言えば、水田稲作に適さない土地という意味を持っていた。

北部九州によくある「古賀（コガ）」という地名ないし人名のもとになっているのは、「コウゲ」という語である。「高下」と書くことが多く、中国地方で広く用いられている。また北陸から東北で「カガ」「カノガ」という音に変化して、「加賀」のおおもとになった地名である。これは高原の草生地で、水の流れの乏しい処をさしている。水田に適した低湿地の反対語である。

水田に関わる地名は、中世以後つぎつぎと新しい呼び名に変化していったが、「非水田」をあらわす地名の多くが、そのままの形で残された。「水田稲作のネガ」のほうが、ポジよりも地名としての生命力が強かったと言える。

③上層部を覆っている新層をあらわす地名としては、「堀之内（ホリノウチ）」「根岸（ネギシ）」「土居（ドイ）」など、中世荘園的な生活を反映した語彙を、多く見かけることができる。全体に語感が新しく、意味の連想も容易であり、変形による難解化の度合いも少ない。

これらのわずかな例からもお分かりのように、地名は地質と同じように、複数の異なる組成が層をなして堆積している「層序」を形成している。地質の層序の場合と同様に、地震や地滑りなどによって最古の層が上層にさらされるようになっている場合もあれば、褶曲のあと水の作用で削り取られ、順序が逆転してあらわれていることもある。

こういう視点をすべて考慮しながら、地名研究は進められなければならない。『地名の研究』には、そういう視点が表立って論じられてはいない。しかし、地名語彙の中に隠された相互連関と層序をたちまちのうちに発見できてしまう、柳田國男の学問的「職人芸」をもって、ここには地名研究の課題と可能性のすべてが、すでにして見通されている。

*

ところでこの『地名の研究』で、私がもっとも柳田國男の天才を感じるのは、「新潟及び横須賀」の項目である。日本海側には「潟（ガタ）」という言葉のついた地名が多い。十三潟、八郎潟、香椎潟、そして新潟などが有名どころで、いずれも平地にできた湖を意味する

「ガタ」からつくられている。こういうガタが太平洋側にはきわめて少ない。そのかわりに、横須賀などにつく「須賀（スカ）」ないし「須戸」という地名が多い。スカはおそらく「州処」で、砂地の盛り上がったところを意味している。

この違いは、プレート上にある日本列島の組成と深い関係をもっている。プレートの運動によって、太平洋側の陸地はたえず隆起し、日本海側はたえず沈降している。このために太平洋側にはガタはいたって少なく、日本海側にスカを見ることは稀なのである。ガタにはかならず、河口に砂を運びだしてくる川がともなっていなければならない。問題は日本海側に多くのガタをつくりだした河川が、いずれも右の方向に向けて屈曲していることである。

柳田國男はこの理由をつぎのように推理した。

川口の一方に曲るということ、または多くの天橋立（あまのはしだて）のできる原因は、その地または近県に砂を持ち出す荒川のあることと、風位を統一するような地勢を具えた島、または海岸の山のあることである。（「地名考説」四三　新潟及び横須賀）

砂州が形成されるためには、大小の川の中流域から多量の砂が運び出されて、河口部に堆積する必要があることはもちろんであるが、それに加えて、沖から吹き寄せてくる風の走る方向を途中で曲げて浜に沿って吹く風に変える、特別な自然地形や人工的な施設が必要である。このうちもっとも規模が大きく、人工によらないものと言えば、島と海岸の山が考えられる。島や山があると、「シマキ（島巻）」の現象によって、そこに吹き当てられた風は、必ず屈曲するからである。

新潟という都市は、まったくこの条件にかなっている。信濃川、阿賀野川をはじめとする大小の川は、西南から吹く強い風によって、河口部で右すなわち東北の方へ曲がっている。浜沿いに一定方向に吹くこの風を生み出しているのは、海岸にもっそりと大きく横たわっている弥彦山の存在による、と柳田國男は推理した。

越後の弥彦山などはその記録があってもなくても、元は島に相違ない。その島のまず陸地と続いたのは、おそらくは寺泊（てらどまり）・出雲崎の方面で、東は今の十三潟のような大きな入海であったのであろう。信濃川の水はいかに多くてもあれだけの広い低地を充たすには足らない。ゆえにその両側に川と独立して多くの潟ができたのである。（同前）

驚いたことに、柳田國男がここに書いてあることは、ほとんどそのまま、現代の地質学があきらかにしていることと変わらないのである。試みに現代の地質学のめざましい達成である、いわゆる「第四紀地図」をしめしてみよう。この地図は海面の水位がもっとも上昇した六千年前頃の、新潟周辺の地形をしめしている（地図1）。

弥彦山は事実もと島であった。島の東には天橋立を思わせる砂州が長く伸びていったが、西の方では今の寺泊や出雲崎にあたるあたりで陸地と続いていた。島の東の砂州の内側に

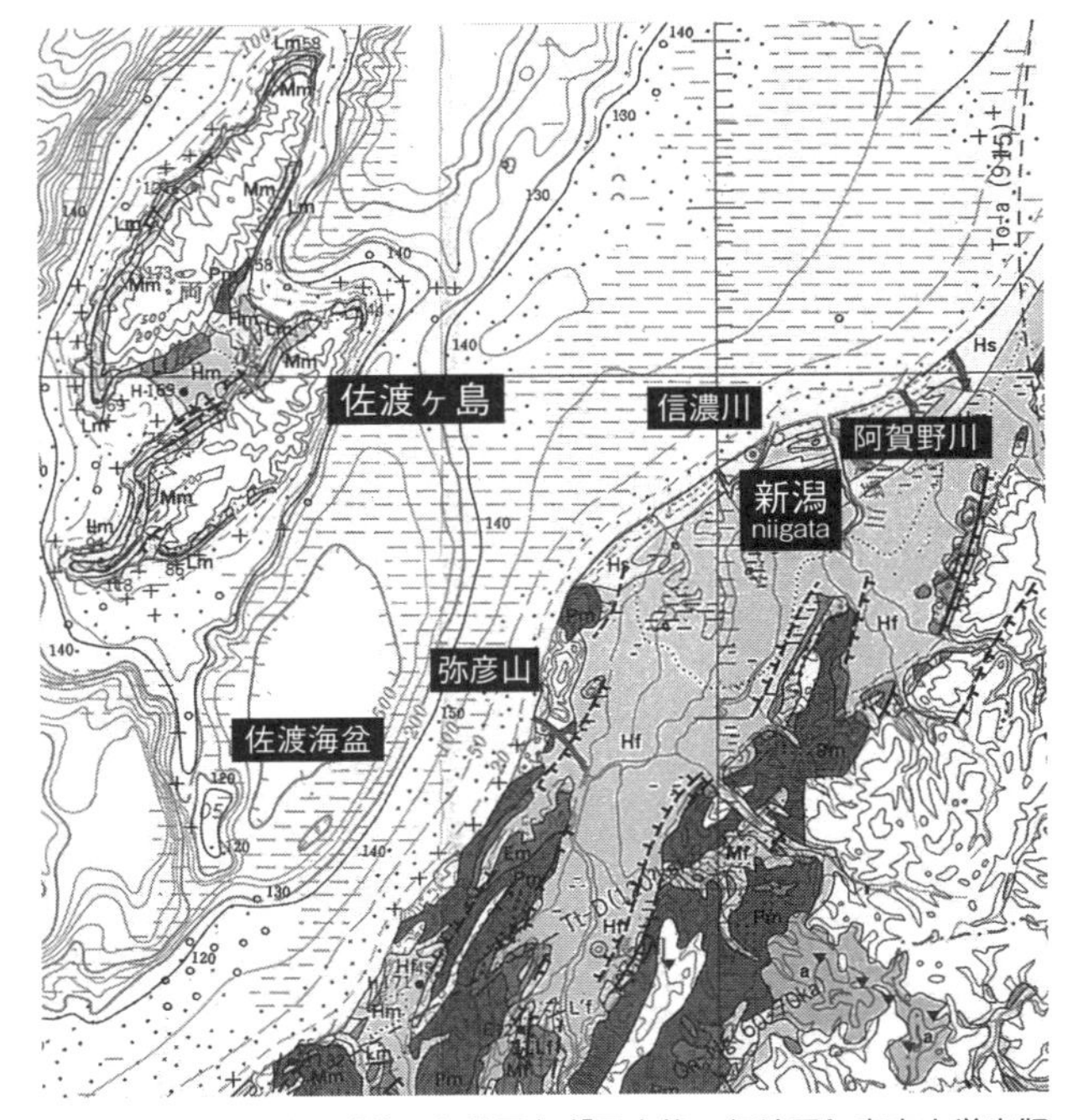

地図１　新潟地域の「第四紀地図」（『日本第四紀地図』東京大学出版会に地名を追記）

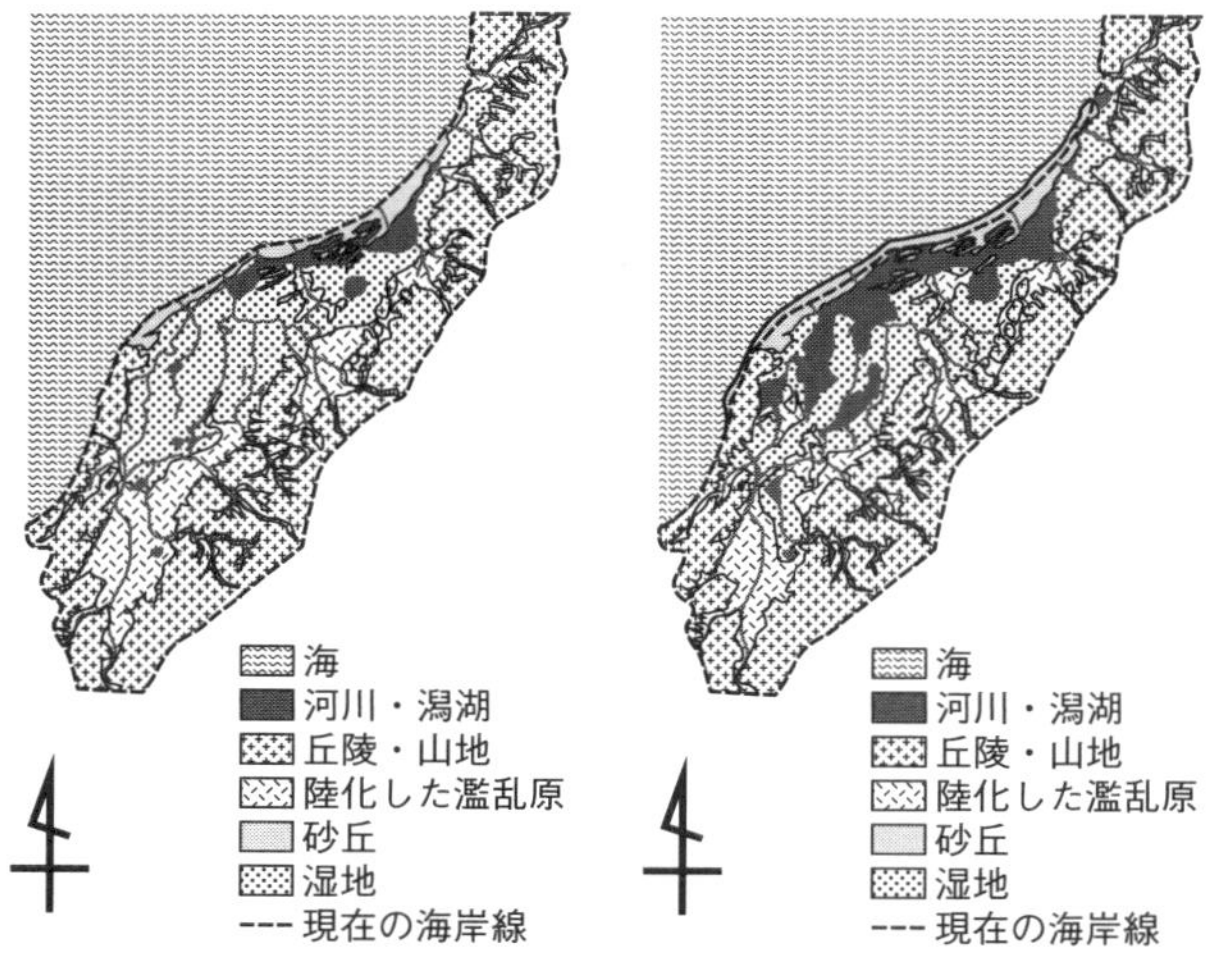

地図３　平安時代の古地理図（同右）

地図２　弥生・古墳時代の古地理図（『新潟市史　資料編 12　自然』新潟市を元に加工）

は、大きな入海ができたが、そこは信濃川の運び込む砂によって、しだいに多くのラグーン（ガタ）に変貌していった（地図2、地図3）。海岸部にできた大きな砂山の南斜面に、海人によって新潟の原型となる町がつくられたが、その町の精神的な中心となる白山神社は、小ラグーンをはさむ向こう岸の小島に設けられた。

プレートという概念すら知られておらず、地質学も地球学もまだ未発達であった時代に、柳田國男は五万分の一地図と旅の日の記憶だけを頼りに、海中に「見えない」弥彦山をまざまざと幻視し、その山が屈曲させる風位を感知して、浜沿いに吹く風が流れを右に曲げていく川とその川が運び込む砂の堆積を見届け、その先に出現する新潟という都市の生成を描き切って見せている。私にとって、柳田國男は新国学としての民俗学の創始者であるばかりでなく、自分がつくろうとしている「アースダイバー」という学問の、はるか時代に先駆ける予言者のように思えるのである。

（明治大学野生の科学研究所所長、思想家）

KODANSHA

本書は古今書院から一九三六年に刊行された『地名の研究』を底本としています。文庫化に当たっては、一九九〇年刊行のちくま文庫版『柳田國男全集20』および一九九八年刊行の筑摩書房『柳田國男全集　8』を参照し、一部を割愛しました。

なお、本書中には現在では差別的とされる表現も含まれますが、差別を助長する意図はないこと、著者が故人であることから、そのままとしました。

柳田國男（やなぎた　くにお）

1875年兵庫県生まれ。1900年東京帝国大学法科卒業。農商務省に入ったのち、法制局参事官、貴族院書記官長などを歴任。日本民俗学樹立の功績により、1951年文化勲章を受けた。1962年没。主な著書に、『遠野物語』『妖怪談義』『雪国の春』『海南小記』など。

定価はカバーに表示してあります。

地名の研究

柳田國男

2015年２月10日　第１刷発行
2024年６月24日　第６刷発行

発行者　森田浩章
発行所　株式会社講談社
東京都文京区音羽2-12-21 〒112-8001
電話　編集（03）5395-3512
販売（03）5395-5817
業務（03）5395-3615

装　幀　蟹江征治
印　刷　株式会社ＫＰＳプロダクツ
製　本　株式会社国宝社
本文データ制作　講談社デジタル製作

Printed in Japan

ISBN978-4-06-292283-8

「講談社学術文庫」の刊行に当たって

これは、学術をポケットに入れることをモットーとして生まれた文庫である。学術は少年の心を養い、成年の心を満たす。その学術がポケットにはいる形で、万人のものになることは、生涯教育をうたう現代の理想である。

こうした考え方は、学術を巨大な城のように見る世間の常識に反するかもしれない。また、一部の人たちからは、学術の権威をおとすものと非難されるかもしれない。しかし、それはいずれも学術の新しい在り方を解しないものといわざるをえない。

学術は、まず魔術への挑戦から始まった。やがて、いわゆる常識をつぎつぎに改めていった。学術の権威は、幾百年、幾千年にわたる、苦しい戦いの成果である。こうしてきずきあげられた城が、一見して近づきがたいものにうつるのは、そのためである。しかし、学術の権威を、その形の上だけで判断してはならない。その生成のあとをかえりみれば、その根は常に人々の生活の中にあった。学術が大きな力たりうるのはそのためであって、生活をはなれた学術は、どこにもない。

開かれた社会といわれる現代にとって、これはまったく自明である。生活と学術との間に、もし距離があるとすれば、何をおいてもこれを埋めねばならない。もしこの距離が形の上の迷信からきているとすれば、その迷信をうち破らねばならぬ。

学術文庫は、内外の迷信を打破し、学術のために新しい天地をひらく意図をもって生まれた。文庫という小さい形と、学術という壮大な城とが、完全に両立するためには、なおいくらかの時を必要とするであろう。しかし、学術をポケットにした社会が、人間の生活にとってより豊かな社会であることは、たしかである。そうした社会の実現のために、文庫の世界に新しいジャンルを加えることができれば幸いである。

一九七六年六月

野間省一

124
年中行事覚書
柳田國男著（解説・田中宣一）

人々の生活と労働にリズムを与え、共同体内に連帯感を生み出す季節の行事。それらなつかしき習俗・行事の数々に民俗学の光をあて、隠れた意味や成り立ちを探る。日本農民の生活と信仰の核心に迫る名著。

135
妖怪談義
柳田國男著（解説・中島河太郎）

河童や山姥や天狗等、誰でも知っているのに、実はよく知らないこれらの妖怪たちを追究してゆくと、正史に現われない、国土にひそむ歴史の事実をかいまみることができる。日本民俗学の巨人による先駆的業績。

484
中国古代の民俗
白川　静著

未開拓の中国民俗学研究に正面から取り組んだ労作。著者独自の方法論により、従来知られなかった中国民族の生活と思惟、習俗の固有の姿を復元、日本古代の民俗的事実との比較研究にまで及ぶ画期的な書。

528
南方熊楠（みなかたくまぐす）
鶴見和子著（解説・谷川健一）

南方熊楠――この民俗学の世界的巨人は、永らく未到のままに聳え立ってきたが、本書の著者による満身の力をこめた独創的な研究により、ようやくその全体像を現わした。〈昭和54年度毎日出版文化賞受賞〉

661
魔の系譜
谷川健一著（解説・宮田　登）

正史の裏側から捉えた日本人の情念の歴史。死者の魔が生者を支配するという奇怪な歴史の底流に目を向け、呪術師や巫女の発生、呪詛や魔除けなどを通して、日本人特有の怨念を克明に描いた魔の伝承史。

677
塩の道
宮本常一著（解説・田村善次郎）

本書は生活学の先駆者として生涯を貫いた著者最晩年の貴重な話――「塩の道」「日本人と食べ物」「暮らしの形と美」の三点を収録。独自の史観が随所に読みとれ、宮本民俗学の体系を知る格好の手引書。
電Ｐ

文化人類学・民俗学

711・712
C・レヴィ＝ストロース著／室　淳介訳
悲しき南回帰線（上）（下）
「親族の基本構造」によって世界の思想界に波紋を投じた著者が、アマゾン流域のカドゥヴェオ族、ボロロ族など四つの部族調査と、自らの半生を紀行文の形式でみごとに融合させた「構造人類学」の先駆の書。

715
宮本常一著（解説・田村善次郎）
民間暦
民間に古くから伝わる行事の底には各地共通の原則が見られる。それらを体系化して日本人のものの考え方、労働の仕方を探り、常民の暮らしの折り目をなす暦の意義を詳述した宮本民俗学の代表作の一つ。

761
宮本常一著（解説・山崎禅雄）
ふるさとの生活
日本の村人の生き方に焦点をあてた民俗探訪。祖先の生活の正しい歴史を知るため、戦中戦後の約十年間にわたり、日本各地を歩きながら村の成り立ちや暮らしの仕方、古い習俗等を丹念に掘りおこした貴重な記録。

810
宮本常一著（解説・田村善次郎）
庶民の発見
戦前、人々は貧しさを克服するため、あらゆる工夫を試みた。生活の中で若者をどう教育し若者はそれをどう受け継いできたか。日本の農山漁村を生きぬいた庶民の内側からの目覚めを克明に記録した庶民の生活史。

994
折口信夫著（解説・岡野弘彦）
日本藝能史六講
まつりと神、酒宴とまれびとなど独特の鍵語を駆使して藝能の発生を解明。さらに田楽・猿楽から座敷踊りまで日本の歌謡と舞踊の歩みを通観。藝能の始まりと展開を平易に説いた折口民俗学入門に好適の名講義。

1082
柳田國男著（解説・桜田勝徳）
新装版　**明治大正史　世相篇**
柳田民俗学の出発点をなす代表作のひとつ。明治・大正の六十年間に発行されたあらゆる新聞を渉猟して得た資料を基に、近代日本人のくらし方、生き方を民俗学的方法によってみごとに描き出した刮目の世相史。

1085
山折哲雄著
仏教民俗学
日本の仏教と民俗は不即不離の関係にある。日本人の生活習慣や行事、民俗信仰などを考察しながら、民衆に育まれてきた日本仏教の独自性と日本文化の特徴を説く。仏教と民俗の接点に日本人の心を見いだす書。

1104
宮本常一著（解説・神崎宣武）
民俗学の旅
著者の身内に深く刻まれた幼少時の生活体験と故郷の風光、そして柳田國男や渋沢敬三ら優れた師友の回想など生涯にわたり歩きつづけた一民俗学徒の実践的踏査の書。宮本民俗学を育んだ庶民文化探求の旅の記録。

1115
小松和彦著（解説・佐々木宏幹）
憑霊信仰論
日本人の心の奥底に潜む神と人と妖怪の宇宙。闇の歴史の中にうごめく妖怪や邪神たち。人間のもつ邪悪な精神領域へ踏みこみ、憑霊という宗教現象の概念と行為の体系を介して民衆の精神構造＝宇宙観を明示する。

1378
吉野裕子著（解説・村上光彦）
蛇　日本の蛇信仰
古代日本人の蛇への強烈な信仰を解き明かす。注連縄・鏡餅・案山子は蛇の象徴物。日本各地の祭祀と伝承に鋭利なメスを入れ、洗練と象徴の中にその跡を隠し永続する蛇信仰の実態を、大胆かつ明晰に論証する。電P

1545
筑紫申真著（解説・青木周平）
アマテラスの誕生
皇祖神は持統天皇をモデルに創出された！　壬申の乱を契機に登場する伊勢神宮とアマテラス。天皇制の宗教的背景となる両者の生成過程を、民俗学と日本神話研究の成果を用いダイナミックに描き出す意欲作。

1611
池田弥三郎著
性の民俗誌
民俗学的な見地からたどり返す、日本人の性。一夜妻、一時女郎、女のよばい等、全国には特色ある性風俗が伝わってきた。これらを軸とし、民謡や古今の文献に拠りつつ、日本人の性への意識と習俗の伝統を探る。

文化人類学・民俗学

1717
日本文化の形成
宮本常一著（解説・網野善彦）

民俗学の巨人が遺した日本文化の源流探究。生涯の実地調査で民俗学に巨大な足跡を残した著者が、日本文化の源流を探査した遺稿。畑作の起源、海洋民と床住居など、東アジア全体を視野に雄大な構想を掲げる。

電P

1769
神と自然の景観論　信仰環境を読む
野本寛一著（解説・赤坂憲雄）

日本人が神聖感を抱き、神を見出す場所とは？　人々を畏怖させる火山・地震・洪水・暴風、聖性を感じさせる岬・洞窟・淵・滝・湾口島・沖ノ島・磐座などの自然地形。全国各地の聖地の条件と民俗を探る。

1774
麵の文化史
石毛直道著

麵とは何か。その起源は？　伝播の仕方や製造法・調理法は？　厖大な文献を渉猟し、「鉄の胃袋」をもって精力的に繰り広げたアジアにおける広範な実地踏査の成果をもとに綴る、世界初の文化麵類学入門。

1808
人類史のなかの定住革命
西田正規著

「不快なものには近寄らない、危険であれば逃げてゆく」という基本戦略を捨て、定住化・社会化へと方向転換した人類。そのプロセスはどうだったのか。遊動生活から定住への道筋に関し、通説を覆す画期的論考。

電P

1809
石の宗教
五来（ごらい）　重（しげる）著（解説・上別府　茂）

日本人は石に霊魂の存在を認め、独特の石造宗教文化を育んだ。積石、列石、石仏などは、先祖たちの等身大の信心の遺産である。これらの謎を解き、記録に残らない庶民の宗教感情と信仰の歴史を明らかにする。

電P

1820
日本神話の源流
吉田敦彦著

日本文化は「吹溜まりの文化」である。大陸、南方諸島、北方の三方向から日本に移住した民族、伝播した文化がこの精神風土を作り上げた。世界各地の神話と日本神話を比較して、その混淆の過程を探究する。

電P

文化人類学・民俗学

1830
小松和彦著
日本妖怪異聞録
妖怪は山ではなく、人間の心の中に棲息している。滅ぼされた民と神が、鬼になった。酒呑童子、妖狐、天狗、魔王・崇徳上皇、鬼女、大嶽丸、つくも神……。日本文化史の裏で蠢いた魔物たちに託された闇とは？
電

1887
吉野裕子著
山の神 易・五行と日本の原始蛇信仰
蛇と猪。なぜ山の神はふたつの異なる神格を持つのか？ 神島の「ゲーターサイ」、熊野・八木山の「笑い祭り」などの祭りや習俗を渉猟し、山の神にこめられた意味と様々な要素が絡み合う日本の精神風土を読み解く。
電 P

1957
波平恵美子著
ケガレ
日本人の民間信仰に深く浸透していた「不浄」の観念とは？ 死＝黒不浄、出産・月経＝赤不浄、罪や病等、さまざまな民俗事例に現れたケガレ観念の諸相を丹念に追い、信仰行為の背後にあるものを解明する。
電 P

1985
B・マリノフスキ著／増田義郎訳（解説・中沢新一）
西太平洋の遠洋航海者 メラネシアのニュー・ギニア諸島における、住民たちの事業と冒険の報告
物々交換とはまったく異なる原理でうごく未開社会のクラ交易。それは魔術であり、芸術であり、人生の冒険である。原始経済の意味を問い直し、「贈与する人」の知恵を探求する人類学の記念碑的名著！
電 P

2047・2048
J・G・フレーザー著／吉岡晶子訳／M・ダグラス監修／S・マコーマック編集
図説 金枝篇（上）（下）
イタリアのネミ村の「祭司殺し」と「聖なる樹」の謎を解明すべく四十年を費して著された全十三巻のエッセンス。民族学の必読書であり、難解さでも知られるこの書を、二人の人類学者が編集した［図説・簡約版］。

2123
岡田 哲著
明治洋食事始め とんかつの誕生
明治維新は「料理維新」！ 牛鍋、あんパン、ライスカレー、コロッケ、そして、とんかつはいかにして生まれたのか？ 日本が欧米の食文化を受容し、「洋食」が成立するまでの近代食卓六〇年の疾風怒濤を活写。
電 P

文化人類学・民俗学

2137

東方的

中沢新一著（解説・沼野充義）

モダンな精神は、何を獲得し何を失ったのか？　偉大な叡智は、科学技術文明と近代資本主義が世界を覆い尽くす時が真の危機だと告げる。四次元、南方熊楠、シャーマニズム……。多様なテーマに通底する智恵を探る。

電P

2142

江戸の食空間　屋台から日本料理へ

大久保洋子著

盛り場に、辻々に、縁日に、百万都市江戸を埋め尽くしたファストフードの屋台から、てんぷら、すし、そば、鰻の蒲焼は生まれた。庶民によって生み出され支えられた、多彩で華麗な食の世界の全てがわかる一冊。

電P

2171

世界の食べもの　食の文化地理

石毛直道著

日本、朝鮮、中国、東南アジア諸国、オセアニア、マグレブ。諸民族の食を探求し、米、酒・麵・茶・コーヒーなど食べものから見た世界地図を描く。各地を探検した〈食文化〉研究のパイオニアによる冒険の書。

電P

2211

パンの文化史

舟田詠子著

日本語で書かれた、ほぼ唯一の、パンの文化人類学。膨大な資料と調査に基づいて古今東西のパン食文化を一望。貴重な図版写真も多数収録。世界中で多種多様に継承されたパンの姿と歴史と文化が、この一冊に。

電P

2216

日本の食と酒

吉田　元著

日本人は何を食べていたのか。中世の公家日記と寺院文書からその食生活を再現し、酒・醬、味噌、納豆などの製法から日本の食文化を最も特徴付ける発酵文化の歴史を跡付ける。これが日本食の原型だ！

電P

2226

イザベラ・バードの旅　『日本奥地紀行』を読む

宮本常一著（解説・赤坂憲雄）

明治初期、「旅に生きた英国婦人」が書き留めた日本人の暮らしぶりを読み解いた、著者晩年の名講義録。なにげない記述から当時の民衆社会の世相を鮮やかに描き出す、宮本民俗学のエッセンスが凝縮。

電P